A ilha dos anciãos

Ben Hills

A ilha dos anciãos
Os segredos dos centenários da Sardenha

Tradução
Luiz Roberto Mendes Gonçalves

Fotos
Mayu Kanamori

Título original: *The island of the ancients*
Copyright de texto © 2008 Ben Hills

Capa e fotografias internas copyright © 2008 Mayu Kanamori

Todos os direitos reservados. Nenhuma parte desta obra pode ser reproduzida ou transmitida por qualquer forma ou meio eletrônico ou mecânico, inclusive fotocópia, gravação ou sistema de armazenagem e recuperação de informação, sem a permissão escrita do editor.

Direção editorial
Soraia Luana Reis

Editora
Luciana Paixão

Editora assistente
Valéria Sanalios

Assistência editorial
Elisa Martins

Revisão
Maria Aiko Nishijima
Isney Savoy

Criação e produção gráfica
Thiago Sousa

Assistente de criação
Marcos Gubiotti

CIP-Brasil. Catalogação-na-fonte
Sindicato Nacional dos Editores de Livros, RJ

H547i	Hills, Ben
	A ilha dos anciãos / Ben Hills; fotos de Mayu Kanamori; tradução Luiz Roberto Mendes Gonçalves. - São Paulo: Prumo, 2008. il.
	Tradução de: The island of the ancients
	Inclui bibliografia
	ISBN 978-85-61618-56-8
	1. Longevidade. 2. Qualidade de vida. 3. Sardenha (Itália) - Descrições e viagens. I. Título.
08-4282.	CDD: 613.0438
	CDU: 613.98

Direitos de edição para o Brasil:
Editora Prumo Ltda.
Rua Júlio Diniz, 56 - 5º andar – São Paulo/SP – Cep: 04547-090
Tel: (11) 3729-0244 - Fax: (11) 3045-4100
E-mail: contato@editoraprumo.com.br / www.editoraprumo.com.br

SUMÁRIO

Introdução 09

1 Os genes de ouro de Zia Monne 16

2 Vinho, vinho tinto 40

3 Um cartão-postal do passado.. 74

4 Traças e a bolha de biotecnologia 112

5 Primeiro, pegue seu javali 144

6 O rato Matusalém 170

7 Sopa de peixe e grandes iates 206

8 Freiras e prêmios Nobel 242

9 Mingau, bacalhau e leite de jumenta 270

Epílogo 293

Fontes 297

Glossário de palavras italianas e sardas 301

Nota do autor 307

Agradecimentos 309

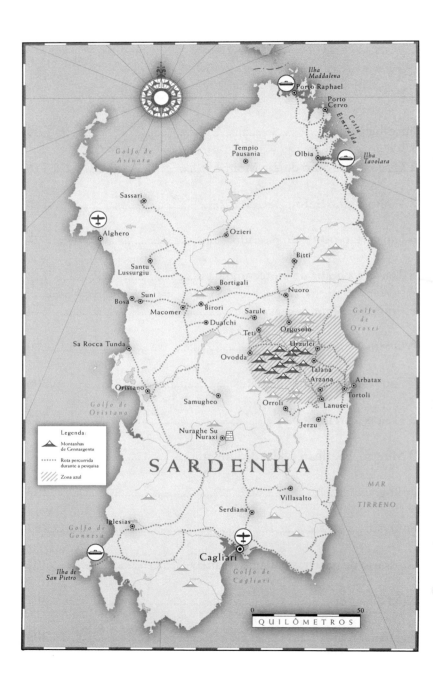

A kent'annos

(Que você viva cem anos)

– saudação sarda

INTRODUÇÃO

Antes de eu ler uma reportagem fascinante sobre o lugar, sempre havia pensado na Sardenha – se é que pensava – como apenas mais um destino de férias no Mediterrâneo; só barcos, praias e turistas de pacotes assando ao sol do verão. Mas aquele artigo mudou meu modo de pensar – e minha vida. Ele falava sobre uma estranha raça de gente pequena e morena que vivia, senão para sempre, muito além dos 70 anos que a Bíblia nos anima a esperar. Na verdade, os habitantes de um grupo de aldeias remotas nas montanhas centrais da Sardenha têm duas ou três vezes mais probabilidade de alcançar os 100 anos do que qualquer outro povo da Terra. Em certo momento, cinco das 40 pessoas mais velhas do mundo viviam lá, incluindo o homem mais idoso, Antonio Todde, que morreu com 112 anos. Talvez seja por isso que, em vez do habitual "Bom dia", os sardos se cumprimentam com a frase *"A kent'annos"* – "Que você viva cem anos". Há cidades que parecem lares de aposentados a céu aberto, com mais pessoas acima de 80 do que abaixo de 18; e os homens têm quase a mesma probabilidade de chegar aos 100 que as mulheres. Mas na verdade ninguém se aposenta – muitos deles levam vida extremamente ativa mesmo em idade avançada.

Qual é seu segredo? Será algum "gene da longevidade" herdado de seus misteriosos ancestrais neolíticos, os construtores dos *nuraghe*, curiosas fortalezas de pedra que ainda montam sentinela no alto dos morros por toda a ilha? Será sua dieta frugal de produtos orgânicos, cheios de antioxidantes, como o resveratrol no potente vinho Cannonau da Sardenha? Será o legado de uma vida de trabalho duro em um ambiente puro e sem estresse, longe das chaminés da Europa industrial? Deus teria influência nisso, como acreditam muitos sardos? É a atitude deles em relação à vida, uma alegre determinação a enfrentar o que vier pela frente? Ou os calorosos laços da vida em família, as comunidades integradas em que eles vivem, em que os idosos são tratados com respeito, em vez de ser afastados em asilos? Será tudo isso? Ou nada? Simplesmente tive de ir lá para descobrir.

Com minha parceira, a fotógrafa Mayu Kanamori, passei dois meses viajando mais de mil quilômetros pela Sardenha, entrevistando centenários, na primavera de 2007. Em nossa busca pelos segredos de sua longevidade, conversamos com 24 deles, sendo o mais velho uma mulher maravilhosa que estava comemorando seu 109º aniversário. Também conhecemos um vinicultor centenário, um dançarino folclórico centenário que insistiu em demonstrar sua disposição ficando de ponta-cabeça e uma mulher que planejava seu 100º aniversário e deu uma escapada ao café local para tomar um drinque com seu novo namorado, um "rapagão" de 67. A idade deles somava 2.432 anos, o que, se a vida de todos fosse colocada em fila, nos levaria de volta ao tempo de Heródoto, o "pai da história". Também entrevistamos suas famílias e amigos, seus médicos e os cientistas e sociólogos que os estudam há mais de uma década para ver que lições esses *anziani*, ou anciãos, podem dar a todos nós.

É claro que a busca do ser humano por uma vida mais longa é uma obsessão há milênios – muito antes de o mais famoso buscador da fonte da juventude, o conquistador espanhol Juan Ponce de León, chegar à Flórida em 1513. O mais antigo livro conhecido no mundo, o *Épico de Gilgamesh* – um longo poema inscrito em placas de argila em cerca de 2650 a.c. –, fala sobre Utnapishtim, um Noé sumério prototípico, que recebeu dos deuses a imortalidade por ter salvo todos os seres vivos de uma inundação. Matusalém, avô de Noé, segundo o Antigo Testamento, chegou à idade de 969 anos em boas condições – ele teve um filho aos 187. Dez dos primeiros imperadores do Japão viveram mais de cem anos. Na lenda do rei Artur, os cavaleiros buscavam o Santo Graal, o cálice do qual supostamente Cristo bebeu na Última Ceia, cujos poderes mágicos não somente prolongavam a vida como ressuscitavam os mortos. Etc., etc., etc. A literatura mundial está cheia dessas lendas.

O fato de esses mitos persistirem até hoje é um sinal de sua força. Geralmente eles têm em comum uma ou mais de três coisas. Primeiro, costuma haver a crença de que algum segredo que nossos ancestrais conheciam se perdeu ao longo dos séculos. O taoísmo, por exemplo, com seu ensinamento de que para alcançar a imortalidade os homens não devem desperdiçar seu precioso *ying* através da ejaculação, ainda tem seguidores na China. Recuperar esses conhecimentos, de preferência decifrando algum antigo manuscrito criptografado no estilo Da Vinci, é um tema popular. Em segundo lugar, há a história de Shangrilá, em que tribos isoladas de pessoas felizes de regiões montanhosas remotas – geralmente ajudadas por sementes de abricó e iogurte – desenvolvem um estilo de vida e uma filosofia que lhes permitem viver até uma idade incrível. Finalmente, há a teoria da "solução mágica", em que a ciência moderna "prova" que uma antiga panacéia – suco de groselha, leite das geleiras, geléia real, equinácea ou a dieta de Okinawa – é o segredo de uma vida longa e saudável.

A ILHA DOS ANCIÃOS

Muitas vezes parece que preferimos fazer qualquer coisa a aceitar que uma vida humana normal tem seus limites. É verdade que nos últimos 2 mil anos a expectativa de vida aumentou – mas em média isso só nos deu uma semana a mais de vida por ano. Na Idade do Bronze as pessoas podiam esperar morrer aos 18 anos; na Roma de César, com sua atenção à higiene, preparo físico e dieta mediterrânea, subiu para 22; na Idade Média as pessoas na Europa Central viviam até os 33; nos anos 1840 na Inglaterra e em Gales havia aumentado para 40. Em 1900, um ano antes de a Austrália se tornar um país, a expectativa de vida era de 56,5 anos; um século depois estava em 79,8. Mesmo com todos os milagres da medicina moderna, a pessoa mais velha que já viveu, com documentação confiável, ainda é a francesa Jeanne Calment, que morreu aos 122 anos, há mais de dez. E muitos cientistas renomados acreditam que já atingimos o fim do caminho, que por mais que se descubram novos segredos não conseguiremos prolongar muito mais nossa vida.

No entanto, isso ainda quer dizer potenciais 40 anos a mais de vida para o resto de nós, mortais "normais", e há indícios de que estamos tentando agarrar com força essa oportunidade. Os centenários já foram as pessoas mais raras; hoje são a faixa demográfica de maior crescimento no mundo. A tradição de o monarca enviar um cartão de parabéns às pessoas que completam 100 anos começou na Grã-Bretanha em 1917, quando Jorge V mandou apenas 24 cartões. Em 2006 a rainha Elizabeth II enviou 4.623. No final de 2007 estimava-se que havia 80 mil centenários só nos Estados Unidos, 30 mil no Japão, 15 mil no Reino Unido e quase 4 mil na Austrália. Demógrafos respeitáveis preveem que em todo o mundo mais de 3 milhões de membros da geração *baby-boom* (do pós-II Guerra Mundial) terão completado 100 anos em meados deste século.

É claro que não é o mero número de centenários que é significativo, é o índice *per capita* que conta, a probabilidade de que você, como indivíduo, viverá 100 anos. As chances de isso acontecer parecem ter duplicado só na última década, pelo menos nos países desenvolvidos. Os Estados Unidos e o Japão tinham estimados 26 centenários em cada 100 mil habitantes no final de 2007, e o Reino Unido, 25. A Austrália, curiosamente (porque tem maior expectativa de vida que os Estados Unidos ou o Reino Unido), teve um índice de apenas 15, mas esses números podem não ser confiáveis. É somente quando se investiga profundamente os dados que se começa a notar algumas diferenças drásticas, não nos países, mas nas regiões.

Infelizmente, para os criadores de mitos, nenhuma delas é um vale remoto nas montanhas ou uma província no Cáucaso rica em iogurte. A origem dessas histórias mais persistentes e perniciosas de Shangri-lá vem a ser uma matéria na augusta revista *National Geographic*, de mais de 30 anos. Nesse artigo, intitulado "Todo dia é um presente quando você tem mais de 100", um respeitado professor de medicina de Harvard contou que visitou três recantos inacessíveis do mundo onde as pessoas viviam comumente cem anos ou mais: uma remota aldeia nas montanhas do Equador, chamada Vilcabamba, os sopés dos Himalaias no Paquistão (lar do povo hunza) e as três repúblicas ex-soviéticas do sul do Cáucaso – Geórgia, Armênia e Azerbaijão. Infelizmente, nenhuma das alegações de longevidade feitas pelos habitantes pôde ser documentada por equipes de pesquisa posteriores, e a revista teve de emitir um pedido de desculpas. Mas, devido a sua enorme circulação e reputação geralmente impecável, a história continua viva. Até hoje empresários inescrupulosos estão ganhando fortunas vendendo abricós secos dos hunza, que "prolongam a vida", e iogurte cossaco.

Mas há quatro lugares no mundo onde os cientistas ficaram entusiasmados com a longevidade anormal, sustentada por registros confiáveis. Os atuais candidatos ao prêmio Fonte da Juventude são a ilha tropical de Okinawa, no sul do Japão, algumas gélidas aldeias de pescadores na costa atlântica do Canadá, uma gentil comunidade de Adventistas do Sétimo Dia comedores de nozes na Califórnia... e a Sardenha. Há mais de 20 anos (no caso de Okinawa), os cientistas estudam essas populações e tentam descobrir a combinação mágica de genes e estilo de vida responsável por sua extrema longevidade e pelo notável número de pessoas que vivem até 100 anos.

Das quatro, Okinawa tem sido estudada com maior rigor – e mais promovida. Os irmãos gêmeos e gerontologistas Bradley e Craig Wilcox venderam centenas de milhares de exemplares de seus livros sobre a dieta de Okinawa, enfatizando a "baixa densidade calórica" das refeições que consistem em arroz, legumes refogados e sopa de missô. Em comparação, nas cidades de Yarmouth e Lunenburg, na Nova Escócia, os cientistas estão interessados não tanto no estilo de vida da população, mas nas anomalias genéticas de seus moradores, todos aparentados. Quanto aos Adventistas do Sétimo Dia, eles provaram que têm a maior proporção de centenários em qualquer estudo científico válido. Apresentam oito vezes mais probabilidade de viver mais de 100 anos que outros americanos, graças a sua dieta vegetariana e à proibição de fumar e beber.

Mas, de todos esses grupos, os sardos são o mais misterioso. Tentei colocar suas idéias sobre por que vivem tanto em uma espécie de contexto, revendo as descobertas científicas mais atuais sobre os fatores que acreditamos influenciar na longevidade. Não peço desculpas por ter adotado um tom cético – há muitos idiotas bem-intencionados e charlatões na indústria da vida longa. Só utilizei publicações respeitadas como fontes, que são citadas quando necessário; outras fontes podem ser encontradas no fim do livro. Esta obra não pretende fornecer uma fórmula fácil para aumentar seus anos de vida; pelo contrário, tento explicar, em suas próprias palavras, por que essas pessoas notáveis acreditam que vivem tanto tempo.

Também quero lhe dar uma sensação dessa ilha fascinante – não os *resorts* reluzentes da Costa Esmeralda, mas a beleza árida do interior montanhoso, com suas florestas de sobreiros (árvores de que se extrai a cortiça) e rios velozes, as ruínas assombradas de antigas civilizações, o humor e a hospitalidade das pessoas e a riqueza e diversidade de sua culinária campestre. As receitas incluídas aqui foram anotadas na cozinha das casas e restaurantes onde comemos e adaptadas, pois javali selvagem, por exemplo, nem sempre pode ser encontrado. Embora sejam pratos típicos que os centenários da Sardenha apreciam, não tenho provas de que eles o farão viver um dia a mais; mas espero que tornem sua vida mais agradável.

A kent'annos!

Os genes de ouro de Zia Monne

CAPÍTULO 1

Ficamos acordados a noite inteira por causa do vento, o gélido *maestrale* que uiva através do Mediterrâneo desde as montanhas do centro da França, ruge e rosna como um grande urso ao redor das alamedas de pedra da cidade adormecida, batendo as janelas, fazendo estalar os telhados, mordendo os brotos tenros dos plátanos que cercam a praça escura. E agora amanhece, um sol vermelho aguado brota do mar Tirreno cor de chumbo lá embaixo, além do porto de Arbatax. As coisas não parecem promissoras para a grande comemoração planejada para hoje. Com o vento noroeste veio a chuva, e das montanhas desce uma neblina úmida com a cor e a textura da pele de um sapo. Agora sabemos por que esta aldeia se chama Arzana, que significa "lugar de neblina e vento frio" na antiga língua local.

A cidade vem se preparando há semanas para essa festa. Da escola local ouvimos trechos de música enquanto o coro infantil ensaia uma canção especialmente composta para a ocasião. A sede do conselho da aldeia tem estado cheia de homens atarefados com escadas, pendurando bandeiras nas paredes e montando fileiras de cadeiras dobráveis. O padeiro e o florista têm trabalhado em encomendas muito especiais. Repórteres de jornais de outras cidades e equipes de tevê estão instaladas. Não havia tanta animação desde o outono passado, quando Arzana realizou seu concurso Porcino d'Oro, um festival anual que apresenta receitas premiadas com os cogumelos "porquinhos de ouro" que crescem em abundância nas florestas de carvalhos das redondezas, onde vagam veados, javalis e *mouflons*, os ferozes ancestrais dos carneiros modernos, de chifres espiralados. E agora o tempo ameaça estragar a festa. "*In su mesi di maiu tremmi s'ainu*", como dizem aqui – "No mês de maio o burro treme".

Arzana não tem muito com que se entusiasmar. É uma cidade comum aninhada a 500 metros de altitude na encosta de uma montanha, na região mais isolada da Sardenha, que é uma das partes mais pobres da "antiga" União Européia, antes que os países depauperados da Romênia e Bulgária fossem autorizados a se sentar à mesa. A rua principal desafia a gravidade morro acima, cercada por casas estreitas e cinzentas de dois e três andares, com janelas fechadas e portas das quais se sai diretamente para o tráfego da rua. Há um hotel, um bar onde velhos de boina bebem café e jogam cartas, um açougue, uma barbearia e não muito mais. Equipamentos modernos como os caixas-automáticos ainda não chegaram, quanto menos os internet-cafés. Os galos cantam de madrugada, os quintais minúsculos são cheios de varais, uma família de cabras mastiga palha em uma manjedoura enferrujada e um homem com corte de cabelo marinheiro lava seu cavalo enlameado na rua.

O guia diz que a população é de 3 mil pessoas, mas parece um enorme exagero. Como todas as outras cidades da região de Ogliastra, entre o mar e os picos áridos das montanhas Gennargentu – assim chamada por causa das oliveiras silvestres que crescem aqui –, Arzana sofre há décadas o declínio populacional. Seus filhos emigram para *il continente*, como chamam a Itália, para trabalhar, e suas filhas se casam em outros lugares. Uma em cada três casas está abandonada e desmoronando em pilhas de pedras talhadas grosseiramente e tijolos de barro, pois as famílias se extinguiram ou os donos simplesmente abandonaram as propriedades que não conseguem vender.

Mas há uma coisa de que Arzana se orgulha muito, além de seus perfumados e rechonchudos *porcini*. "Os centenários", gaba-se o doutor Raffaele Sestu. "Aqui temos mais pessoas com mais de 100 anos que qualquer outro lugar do mundo." Pelo menos uma vez por ano, às vezes com maior freqüência, o carteiro chega com um certificado de congratulações do papa para os católicos que completam um século, e quase todo mundo nestas terras tementes a Deus é católico. É uma surpresa quando finalmente conhecemos o doutor Sestu, depois de várias negociações por telefone e e-mail, e descobrimos que ele mais parece um viking do que um napolitano. Um homem alto e ossudo, de seus 50 anos, com cabelo ruivo e ralo e olhos verdes agitados. Os morenos e pequenos legionários de Roma tentaram durante séculos exterminar esses "bárbaros" selvagens da região que chamaram de Barbagia – com evidente insucesso.

O doutor Sestu é o médico local. Ele foi prefeito de Arzana durante muitos anos e hoje chefia a *Pro loco* da cidade, organização voluntária criada para atrair o turismo e investimentos para a região. Ao longo dos anos ele teve nada menos que 15 pacientes centenários, e diz que em 2006 esta cidadezinha tinha quatro pessoas com mais de 100, 49 acima dos 90 e 100 com mais de 85 anos – uma em cada 20 pessoas (talvez até uma em dez, se minhas suspeitas sobre a verdadeira população estiverem corretas) superou em uma década ou mais a expectativa de vida normal humana. Ainda mais notável, quase a metade dos centenários são homens. Em outras partes do mundo as mulheres os superam em cinco ou seis para cada um.

A ILHA DOS ANCIÃOS

Hoje a cidade parece uma grande convenção de aposentados. Bisavós de costas encurvadas envoltas em xales pretos percorrem as ruas íngremes até as lojas, fofocam em voz alta de seus balcões em uma língua incompreensível para qualquer um nascido a mais de 50 quilômetros de distância, ou percorrem estradas rurais com sacos de produtos agrícolas equilibrados na cabeça. Nas encostas pedregosas, velhos retorcidos, com boina e coletes, pastoreiam rebanhos de carneiros, caminhando duas vezes por dia com a magra produção de leite presa ao peito e às costas em cestos que parecem garrafas térmicas.

Os aldeões aqui têm duas ou três vezes mais probabilidade de chegar aos 100 anos do que as pessoas de quase todos os outros lugares da Terra. E isso não se aplica somente a Arzana. Há outras 15 aldeias espalhadas pelas montanhas, a meia hora de carro daqui, que formam o coração do que os cientistas chamam de "zona azul"[1], que possui maior concentração de centenários que qualquer outro lugar do mundo. Na última contagem, em uma população distrital de 49 mil pessoas, havia 18 centenários; isto é, 37 a cada mil, o dobro do índice dos Estados Unidos, da Europa ou da Austrália. Ninguém realmente sabe por que isso acontece, apesar dos milhões de dólares gastos em uma década de intensos estudos científicos, mas há muitas teorias.

Qual é o segredo deles? É o lugar onde vivem, alguma magia no ar ou na água, ou talvez as ervas silvestres como o arbusto *elicriso,* de flores amarelas, colhido entre a farmacopéia dos campos? É o estilo de vida, austero e trabalhador, com uma dieta frugal e orgânica, rica em fibras e vinho tinto cheio de antioxidantes? É algum estranho gene herdado de seus ancestrais, uma antiga "população fundadora" de casamentos cruzados cujos segredos são lentamente decifrados

---

1 - Veja a localização da "zona azul" no mapa das páginas iniciais. (N. E.)

pelos laboratórios das universidades e empresas de biotecnologia da Sardenha? É a atitude em relação à vida, suas profundas raízes familiares em uma comunidade unida, sua crença em Deus? Ou tudo isso junto? Ou nenhuma das anteriores?

O doutor Sestu não poderia estar mais orgulhoso de um paciente do que da mulher que a cidade pretende homenagear hoje. Seu nome é Raffaela Monne, e ela é uma das mulheres mais velhas do mundo. Atravessou três séculos e hoje, neste dia chuvoso de maio, é seu 109º aniversário. O plano original era que as crianças fariam serenata diante de sua casa, mas o tempo ruim impediu; o local mudou para o salão da aldeia. Fica em frente à igreja de Santa Maria Regina della Pace, um prédio simples mas recém-pintado, do qual, na véspera, a estátua de Nossa Senhora, Rainha da Paz, foi retirada para seu percurso anual pela aldeia, através de uma chuva de pétalas de rosa, seguida por uma banda de metais, cavaleiros e uma procissão de cidadãos vestidos com trajes folclóricos coloridos. Agora a chuva está lavando as flores (e o esterco dos cavalos) e o vento rasgou as fitas rosa, azul e branco que enfeitavam a igreja. Mas dentro do salão tudo é excitação com o som estridente de 200 crianças conversando à vontade.

As crianças fizeram uma bandeira com 109 figuras de papel. Ela envolve o fundo do salão e diz "Querida *zia*, Feliz Aniversário. Não se canse apagando as velas – nós as apagaremos para você". O bolo, uma construção de dois andares com cobertura rosa e branca e uma vela "109" no topo, está sobre uma mesa no fundo do salão, juntamente com vidros de *abbamele*, uma delícia local feita de mel, pólen, água e casca de laranja, que a própria Raffaela Monne preparou para as crianças. O centro do palco está adornado com um cartaz em tamanho natural de um distinto ancião que se tornou o símbolo promocional da cidade, um pastor de rosto sério chamado Cicitu Ferrai, com uma barba de Papai Noel e a estranha meia de lã de meio metro de comprimento que os homens sardos usavam na cabeça até cerca de duas gerações atrás. Há uma legenda sob a antiga fotografia, que diz: "Rumo aos 100 anos... e mais". O pessoal do turismo acrescentou o "e mais" há alguns anos, quando ficou claro que mulheres como Raffaela Monne fariam os centenários parecer jovens.

Enquanto esperamos a chegada da aniversariante, apresento-me ao prefeito, Mario Melis, um homem elegante, de feições marcadas, usando jeans e um paletó de veludo marrom, que admite estar um pouco preocupado porque no último ano três centenários de Arzana morreram. Todo ano, desde 1991, a *Pro loco* organiza uma festa de Natal para os centenários da cidade, que leva o nome da saudação tradicional, *A kent'annos*. "No ano passado tínhamos quatro", diz Melis. "Hoje temos apenas uma... mas há mais uma que deve fazer 100 anos no mês que vem, e rezo para que ela consiga... desculpe, ela chegou."

Ele corre para a porta e segura o braço da mulher que acaba de chegar e parece uma pequena boneca. No outro braço está o doutor Sestu, que apanhou Raffaela em sua casa a algumas ruas de distância e a trouxe em grande estilo em seu novo BMW 4x4 cinza metálico. Para um médico, não deve ser má publicidade ter pacientes centenários. Sempre miúda (seu apelido quando era menina era *peperoncino*, ou pimentinha), mas ainda menor agora que a idade a encurvou e comprimiu suas cartilagens, Raffaela é uma das menores mulheres que já conheci. Ela mal alcança a cintura dos dois homens, as crianças a cercam cantando "Feliz aniversário, querida *zia*", algumas de 10 anos são mais altas que ela. Vestida em um imaculado vestido de viúva – não fazem roupas tão pequenas, por isso ela mesma costura as suas –, com um lenço preto sobre os cabelos grisalhos, xale preto nos ombros e uma linda blusa branca engomada, enfeitada com renda e botões de madrepérola, enfiada na saia de lã escura até o chão. Suas sobrancelhas são arqueadas sobre os olhos castanhos alertas, e sua boca está franzida em concentração. Ela se arrasta para ocupar o lugar de honra no "trono" – uma cadeira de escritório azul que a faz parecer minúscula.

Os garotos do coro, em suas túnicas, cantam, recitam pequenas odes em louvor, que compuseram para a ocasião, carregam buquês de rosas, gérberas e brássicas, e finalmente lhe apresentam o bolo. Ela consegue apagar as velas com alguns sopros.

Os repórteres se empurram, ávidos para saber a opinião dela sobre a grande notícia do dia: um agricultor chamado Giovanni Battista "Titti" Pinna alcançou a liberdade (segundo ele) usando uma colher para cavar um buraco onde foi mantido prisioneiro durante 250 dias por seqüestradores que exigiam 480 mil dólares – coisa que ainda acontece com perturbadora freqüência nas terras inóspitas da Barbagia. Apesar de a polícia congelar as contas dos parentes nesses casos, para impedir o pagamento de resgate, a velha e esperta Raffaela Monne acompanha a história e tem suas dúvidas. "Ele está livre?", pergunta aos jornalistas. "É evidente que alguém pagou o resgate." No dia seguinte as manchetes do jornal local dizem: "A vovozinha da Itália chega aos 109 – Raffaela Monne está feliz com a liberdade de Titti".

Alguns dias antes, estávamos sentados em cadeiras miniatura ao redor de uma lareira vazia no número 36 da Via Napoli, rua onde Raffaela Monne viveu toda a sua longa e ativa vida. Seu querido amigo e médico Raffaele Sestu estava lá, assim como sua sobrinha de 70 e tantos anos, Maria Mulas, e o marido desta, Attilio Pisu. (As mulheres da geração de Maria na Sardenha geralmente eram confinadas aos deveres caseiros e maternos, mas tradicionalmente mantinham seus nomes de solteira.) Raffaela nos recebeu com palavras gentis, uma bandeja de refrescos e um beijo em cada face – sua pele enrugada macia e quente como uma asa de borboleta.

Até um ano atrás, Raffaela vivia sozinha do outro lado da rua, em uma antiga casa semi-arruinada de tijolos de barro e concreto, com uma nogueira no quintal da frente. Um dia, quando ela tinha 103 anos, o doutor Sestu foi chamado com urgência a sua casa. Esperando encontrá-la morta ou gravemente ferida, descobriu que ela havia caído da árvore enquanto colhia nozes. "Foi incrível", diz o médico, balançando a cabeça com uma descrença fingida. "Ela não quebrou nada; na verdade quase não passou um dia doente em toda a sua vida. Fora uma dose de resfriado. No ano passado ela caiu e quebrou um dedo da mão direita e nem me chamou; apenas enfaixou o dedo em um pedaço de pano e me contou um mês depois, quando já tinha sarado. Todas as suas medições são perfeitas, como as de um rapaz em forma: pressão sanguínea 12 por 8, colesterol 160, triglicérides 80."

Raffaela não foi morar com a sobrinha porque se tornou frágil e dependente; foi Maria quem caiu e quebrou a perna. Sua tia, quase 40 anos mais velha, insistiu em mudar-se, explicando, talvez com um brilho nos olhos, "porque não posso deixar você sozinha, você precisa de ajuda".

Como Raffaela Monne sobreviveu todos esses anos até se tornar uma das célebres *anziani* (anciãs) da Sardenha?

Durante seis semanas, Mayu e eu dirigimos mais de mil quilômetros por algumas das estradas mais assustadoras da Europa, ao redor de montanhas ermas, lagos sombrios e praias reluzentes da Sardenha, em busca da fonte da juventude, ou pelo menos de algumas pistas para uma vida saudável e produtiva, duas ou três décadas além do que se considera normalmente o fim de nossa vida natural. Nossa missão não era mergulhar muito nas descobertas dos cientistas que examinaram, pesaram e mediram, preencheram formulários e seqüenciaram genomas durante mais de uma década, mas perguntar aos próprios centenários o que em seu modo de vida teria contribuído para sua longevidade.

Entrevistamos mais de 20 pessoas com 100 anos ou mais, de todos os estilos de vida e em todo tipo de condição, assim como seus médicos, seus cuidadores e os pesquisadores que estudam esse fenômeno. A maioria dos centenários era constituida de pobres agricultores de subsistência ou a esposa deles, mas alguns eram ricos o suficiente para se permitir o luxo de dentaduras, óculos e aparelhos de audição. Alguns estavam presos à cama havia anos, outros desfrutavam longas conversas com seus pares no bar da aldeia, e um ainda pedalava sua bicicleta e insistiu em ficar de ponta-cabeça para nos mostrar como estava em forma. Muitos tinham a audição um pouco difícil, alguns estavam cegos e uma senhora, aparentemente à beira da demência, ficou gritando para nós: "Fodam-se". Todos tinham uma história para contar, e a maioria tinha idéias definidas sobre por que tinham alcançado e superado a fronteira da existência humana normal.

Quando o nosso Ford cheio de cicatrizes embicou nervosamente nas ruas estreitas de Arzana e Narelle, nosso navegador eletrônico, buscava uma estrela – na verdade um satélite – para nos orientar pela ratoeira, tínhamos muito mais perguntas que respostas.

Nossa grande esperança era que Raffaela Monne nos ajudasse em nossa missão. Apesar de ela ser a mais velha centenária que conseguimos encontrar, é física e mentalmente uma das mais ágeis e sua memória é aguda, suas faculdades mal foram afetadas por sua longa jornada desde o passado. E que jornada! No ano em que ela nasceu, 1898, a rainha Vitória estava no trono britânico, a Guerra Hispano-Americana tinha apenas começado com o afundamento do navio de guerra *Maine*

Raffaela Monne

no porto de Havana, o casal Curie tinha descobrido o rádio, o primeiro aeroplano ainda não havia voado, faltava meio século para os antibióticos e a expectativa de vida média nessa parte da Itália era inferior a 50 anos. Ela nasceu no mesmo ano em que o dramaturgo Bertolt Brecht, o ex-primeiro ministro chinês Zhou Enlai, o escultor Henry Moore e o cantor Paul Robeson – todos mortos há muito tempo.

Sentada em sua cadeirinha na confortável sala da casa de sua sobrinha, Raffaela nos conta sobre seus primeiros anos de luta. Seu pai foi um pastor de cabras, e apesar de só haver quatro crianças em sua família – dez ou 12 eram comuns naquele tempo –, ele não pôde pagar escola para elas. Desde os 4 anos Raffaela teve de trabalhar na terra da família, plantando legumes para comer. As casas não tinham eletricidade nem água corrente, mas se você tivesse sorte havia um sanitário de terra nos fundos. Até hoje ela não sabe ler ou escrever, além de assinar seu nome, e nunca viajou mais longe que a capital da Sardenha, Cagliari, a menos de 100 quilômetros de distância. Algo que ela não quer repetir, pois levou 16 horas no *trenino verde*, a pequena e estreita ferrovia da Sardenha, que anda em ritmo de caramujo. "É como ir à Austrália hoje", ela brinca.

A família Monne parece possuir um gene dourado, ou uma combinação de genes que os predispõe a uma vida mais longa. Os gerontologistas, praticantes da relativamente jovem ciência da longa vida, concluíram que ter um irmão ou irmã centenário significa que você tem de oito a 17 vezes mais probabilidade de chegar aos 100 do que outras pessoas, dependendo do seu sexo. Na família de Raffaela, havia a avó Sofia, que viveu até 107, e uma prima, Rita, que morreu em 2001 aos 101, outra veterana de três séculos. Infelizmente, não podemos ter certeza dessas idades, pois o governo italiano só começou a registrar os nascimentos na década de 1860, e os idosos são notoriamente inclinados a exagerar, mentir ou esquecer. No caso de Raffaela, porém, sua certidão de nascimento está orgulhosamente emoldurada na parede. Na verdade, todos os centenários que entrevistamos estavam igualmente documentados.

Todos os irmãos de Raffaela viveram muito além da marca bíblica dos 70 anos: a irmã Marianna chegou a 86, o irmão Vincenzo a 88 e a irmã Nicolina a 93. Ela foi casada com um agricultor chamado Angelo Stocchino, seu primo-irmão, um caso nada raro nestas aldeias, onde o grau de consangüinidade é extremamente alto – o que pode reforçar qualquer aberração genética, é claro. Primos casam com primos; tios, com sobrinhas, sendo a única barreira uma taxa que se devia pagar para obter a autorização do bispo. Em algumas partes da região de Ogliastra, 90% dos homens escolhem uma noiva da mesma aldeia, senão da mesma família. Dizem que a invenção da bicicleta salvou muitas dessas comunidades da extinção porque ampliou a área de casamentos às aldeias vizinhas.

O dia de seu casamento, Raffaela conta com uma lágrima rolando pelo rosto, foi o mais feliz de sua vida. Em 75 anos de casamento, Angelo "nunca disse uma palavra feia para mim, tivemos uma vida linda e feliz juntos". Seu único lamento é que não puderam ter filhos. Quando seu marido morreu, aos 101, pouco depois de suas bodas de diamante, ele era o terceiro centenário na família Monne. Alguns anos depois Raffaela tornou-se a quarta.

Então Raffaela tem a natureza do seu lado, mas e sua alimentação, seu estilo de vida? Como a maioria dos centenários com quem falamos, ela disse que comia "de tudo". Levou algum tempo para o verdadeiro sentido dessa palavra filtrar pela barreira da língua. Sua primeira língua é um obscuro dialeto montanhês que tinha de ser traduzido duas vezes para nós – uma para o italiano, por seu médico, e depois para o inglês por nossa intérprete, Simonetta. Afinal, entendemos que Raffaela não estava dizendo que não se importava com o que comia, mas que naquelas aldeias de vida dura comia-se o que havia, ou se passava fome. Frutas e legumes da horta, leite e queijo feito em casa do rebanho de Angelo – e de vez em quando carne, mas Raffaela brinca: "Não sei se era roubada", porque os carneiros, cabras e porcos eram sua riqueza e geralmente as famílias de pastores só comiam carne quando um animal morria de doença, acidente ou velhice. Tudo era cultivado organicamente – não porque os sardos do século passado fossem muito conscientes ou ecológicos, mas simplesmente porque não podiam comprar os fertilizantes e pesticidas que os agricultores de outros lugares utilizavam em suas plantações. Tudo o mais de que precisavam era obtido à base de troca. Em um ano abundante Raffaela lembra-se de colher 200 quilos de feijão, que trocou por trigo, que ela mesma moeu e assou em *pane carasau* – discos de pão crocantes que ainda são o principal carboidrato da dieta sarda.

Para Raffaela foi uma vida muito ativa fisicamente – além de trabalhar no campo e cuidar da casa, ela muitas vezes tinha de levar suprimentos para o marido que cuidava do rebanho em pastagens distantes. Não era nada para essa mulher pequena e de fibra carregar uma trouxa durante oito horas nas trilhas íngremes e acidentadas nas montanhas, até que ela conseguiu um cavalo, que montou até mais de 80 anos. Na juventude foi conhecida como uma ótima dançarina, e sempre foi à igreja aos domingos – nem tanto por devoção, mas porque depois costumava haver baile na praça, onde "se podia conseguir um bom namorado".

Hoje ela não se locomove tanto. Até alguns anos atrás, quando sua visão começou a diminuir, ela costurava, fazia renda e tricotou um par de meias de caça para seu médico. Hoje fica principalmente em casa – sentada do lado de fora quando o tempo está bom, esperando que amigos a visitem para conversar. Nunca tinha passado um dia de cama até recentemente, e de qualquer modo nunca pôde comprar remédios industrializados. Colhia ervas silvestres nos campos e florestas, especialmente o espinhoso arbusto de artemísia, gênero cuja espécie inclui o absinto, que dá o teor alucinógeno à bebida do mesmo nome. Estas são usadas como remédio desde o tempo dos antigos gregos. Raffaela as moía fazendo uma espécie de *pesto*, que aplicava como pomada para aliviar dores de dente e de estômago. Eu olho com desconfiança para o doutor Sestu enquanto ela nos conta isso. Ele ri: "Não há explicação científica, mas funciona para eles. Além disso", acrescenta, "era só o que tinham".

Uma última coisa sobre o estilo de vida de Raffaela. Ela ainda gosta de um pouco de vinho, como em toda a sua vida – geralmente apenas meio copo de tinto antes do almoço e do jantar, todos os dias. E depois um golinho de *filu 'e ferru* ("fio de ferro"), a forte aguardente sarda, assim chamada porque os camponeses ainda a destilam em segredo das autoridades, enterrando-a em um campo sob um alçapão ligado a um arame, que é só o que aparece acima do solo.

A ligação entre o consumo modesto de vinho tinto e um coração e sistema circulatório saudáveis atraiu enorme atenção dos cientistas nos últimos anos, muito mais que outros suplementos dietéticos igualmente promissores que são considerados prolongadores da vida, como nozes ou coalhada. Parece haver uma rara correlação, feita no céu, entre fazer o que gostamos e fazer o que é bom para nós.

Uma pesquisa publicada em revistas científicas respeitadas como *Nature* mostrou que substâncias chamadas polifenóis (especialmente um chamado resveratrol), que são encontradas em alta concentração na casca das uvas tintas, têm o efeito de dilatar os vasos sanguíneos, assim prometendo prolongar a vida ao reduzir a pressão do sangue e o desgaste geral do sistema circulatório. E os vinhos feitos de uvas de casca grossa, menos apreciados, como o célebre Cannonau da Sardenha, contêm níveis mais altos de resveratrol, que as "variedades nobres" mais apreciadas, como a Merlot. As antigas técnicas de fabricação do vinho usadas aqui, como a fermentação do vinho pela maceração sobre as cascas durante semanas, e sem filtrá-lo tanto quanto nas vinícolas modernas, extraem mais desses compostos benéficos.

Tudo isso seria um mistério para Raffaela. O que ela sabe é que gosta da bebida terrosa, altamente tânica, com forte teor de álcool e feita em casa – muitas vezes trazida por agricultores amigos em garrafas plásticas de água mineral de 1,5 litro. Ela a ajudou a viver muito, então *salute!* Talvez o ousado piloto de caça e poeta italiano Gabriele d'Annunzio tivesse percebido isso quando visitou a Sardenha um século atrás e declarou:

> A ti dedico meu corpo e alma, vinho da ilha ... que possas fluir sem cessar para a taça, e da taça para a goela. Que eu possa me alegrar com teu odor até meu último suspiro. Que meu nariz tenha sempre tua cor vermelho-vivo.

Pergunto a Raffaela por que ela acha que viveu tanto. "Os bons genes são importantes, é claro", ela diz. "Então é trabalho duro e uma dieta saudável, mas..."

– Mas o quê? – insisto.

– Destino... era o meu destino.

Raffaela Monne não veio de uma família rica, mas muitos gerontologistas acreditam que os ricos vivem mais, teoria criada há alguns anos depois da observação de lápides nos cemitérios da Escócia. Trabalhando sob a suposição de que quanto mais rica a família maior o mausoléu, os pesquisadores chegaram à correlação de que quanto maior a tumba mais velhos os mortos enterrados sob ela. Seja porque eles podem pagar casas, alimentos e tratamento médico melhores, ou porque as pessoas mais instruídas cuidam mais de sua saúde, me pareceu uma hipótese plausível. Assim, em uma manhã de domingo, com águias pairando acima do grande volume de granito do monte Idolo e chuviscos finos molhando o paralelepípedo, Mayu e eu caminhamos até o cemitério local, instalado em uma encosta pouco afastada da cidade entre campinas cheias de flores.

Aqui, cercadas por um muro do tamanho de uma muralha de castelo, à sombra dos ciprestes de 20 metros de altura, estão as sepulturas de quase todo mundo de Arzana desde a II Guerra Mundial e é um desafio interessante adivinhar quais são as mais caras. Os sardos podem levar vida simples e modesta, mas na morte eles preferem demonstrações de riqueza vistosas, quase cafonas. É em mármore cinza ou preto, ou o valorizado rosa translúcido de pedras das minas ao redor de Orosei? É enfeitado com bronze, com vasos combinando, estátuas da Virgem Maria e *putti* rechonchudos tocando harpa? É um nicho na parede, um sarcófago isolado ou um mausoléu maciço? As lápides estão recém-lavadas, as flores são frescas ou de plástico, há uma vela votiva dedicada ao padre Pio queimando (e adequadamente rotulada "Não coma")?

E o que nos dizem as fotos que adornam esses túmulos – os falecidos usavam aventais, ternos domingueiros, vestidos de baile?

O maior de todos fica logo após os portões do cemitério; não é exatamente uma cripta, mas uma construção do tamanho de uma igreja paroquial, com suas paredes brancas perfuradas por enormes portas duplas e estendendo-se dois andares até o telhado. É maior, e deve ter custado mais, que a maioria das casas da aldeia, e é o local do descanso final de um dignitário chamado Tomaso Nieddu. Infelizmente, sua lápide parece ter sido trazida de outro lugar (a maioria dos cemitérios da Sardenha foi criada depois da II Guerra Mundial, quando as autoridades municipais tomaram da Igreja a responsabilidade de cuidar dos mortos) e não apresenta datas.

Não demoramos a descobrir o primeiro de uma dúzia de centenários enterrados aqui. Pelas fotografias em seu túmulo, Serafino Nieddu preferia o tradicional terno preto e branco dos camponeses que hoje só são vistos em festividades. Ele nasceu em 1864, apenas três anos depois que a Itália se tornou uma nação, e morreu em 1965, com 100 anos. Angelo Stocchino, marido de Raffaela, repousa ali perto em um sarcófago de mármore cinza. Enquanto olho para sua foto com uma cigarrilha na boca, pergunto-me quanto mais ele teria vivido se não fumasse. Vincenzo Loddo (1875-1979) usa uma espécie de quepe militar. Ali perto está outro fumante centenário, Tomaso Lai (1889-1991), com sobrancelhas grossas, mandíbula quadrada e um cachimbo preso firmemente aos dentes. Ele jaz ao lado de outro membro da família Lai, Francesco, que morreu apenas dois dias depois de completar 99 anos. Depois há Edoardo Ferrai (1903-2004), parecendo mais elegante em um boné xadrez cinza, camisa listrada e gravata azul, deitado junto de sua esposa, uma jovem de 88 anos.

Seguimos pelos caminhos íngremes, ouvindo o canto dos cucos, cumprimentando mulheres que lavam os túmulos e arranjam maços de rosas, gladíolos e helicônias de bicos laranja. Depois, para nossa surpresa, encontramos a tumba do homem mais velho do mundo. Segundo a inscrição, Emanuele Muceli – um homem grisalho e sorridente, acompanhado na eternidade por um Cristo de bronze sofredor, coroado de espinhos, com uma vela apagada e vasos de flores mortas – nasceu em 1802, na época de Napoleão, e morreu em 1983, com a idade de 181, se não me falha a aritmética.

A ILHA DOS ANCIÃOS

Devo explicar aqui que me surpreendi a manhã toda com o número de túmulos dos quais haviam sido retirados os números de bronze, deixando-se apenas os buracos dos rebites. Certamente neste lugar de superstição e veneração aos ancestrais nenhum vândalo se arriscaria à ira divina desfigurando um túmulo. Então comecei a notar que nunca eram os números que formavam os dias ou os meses, somente os anos haviam sido arrancados. Parentes enlutados que visitavam os falecidos tinham descoberto a data errada no túmulo e a removiam. Se os parentes, muitos deles analfabetos e sem documentos formais, se enganaram ou se os pedreiros – nem todos gênios intelectuais como Michelangelo – cometeram os erros é incidental. O cemitério de Arzana é a prova de que simplesmente não se pode confiar na memória quando se documenta o que é muito antigo; só se deve acreditar em registros meticulosamente cruzados. Esse ponto foi ainda mais confirmado quando encontrei o túmulo de Francesca Pirarba, uma mulher vesga com um lenço de cabeça preto, que parecia ter seus 70 anos. Seu mau humor talvez se explique pelo fato de que ela parece ter morrido dez anos antes de nascer. Suas datas estão registradas como 13.4.1988-18.10.1978.

Que dizer da teoria de que só os pobres morrem jovens? Nos fundos, nas arquibancadas eclesiásticas, onde os ornamentos fúnebres são mínimos e os caixões se empilham de três em três, de modo que se precisa de uma escada para limpá-los, encontrei nada menos que quatro centenários. Em comparação, no maior mausoléu do cemitério – aquele do tamanho de uma igreja junto aos portões –, a pessoa mais velha enterrada é Raffaele Campus, que morreu em 1953 aos 72. Duas outras pessoas enterradas nessa capela familiar não chegaram aos 30: Gino Pirarba morreu aos 27 em 1948 e Adelina Puddu "uniu-se aos anjos no céu" em 1909 aos 28.

Tentamos fazer uma inspeção semelhante em outro pequeno cemitério na aldeia de Sili, perto de Oristano, no oeste da Sardenha, com os mesmos resultados inconclusivos. É claro que isto não constitui um estudo científico, é mais uma pesquisa amadora e uma maneira tranqüila de passar uma manhã de domingo, mas de todo modo me parece que na Sardenha, diferentemente da Escócia, o dinheiro não pode comprar uma vida mais longa.

De volta ao 36 da Via Napoli há, como você pode imaginar, muito mais a conversar enquanto a tarde escurece e se faz noite. O doutor Sestu nos diz estar convencido de que o forte sentido de comunidade em cidades pequenas como Arzana – ao longo de milênios as pessoas aprenderam que a cooperação é a única maneira de sobreviver às ameaças externas, desde os romanos – é um fator de sua longevidade. Diversas vezes, enquanto tentávamos encontrar casas com numeração excêntrica no labirinto de ruelas, aprendemos que tudo o que se precisa fazer é perguntar a um passante como se chega à casa de Zia Monne – ou qualquer outra – e ele não apenas saberá, como imediatamente deixará tudo o que estiver fazendo e o acompanhará até lá pessoalmente. Quase todos os centenários da Sardenha, inclusive os que estão acamados e incapacitados de agir sozinhos, são cuidados por suas famílias, mesmo com enormes sacrifícios, em vez de ser entregues a instituições para idosos.

"Uma das coisas mais incríveis em meus centenários é que todos têm uma vida familiar muito bem-sucedida", diz o doutor Sestu. "Há muito amor em sua vida, e nenhum deles tem medo da morte." Raffaela sorri quando ouve isso. "Você me pergunta que lições aprendi na vida?", diz. "Relacione-se com todo mundo e esteja em paz com todo mundo."

Parece também que os centenários mantêm seu senso de humor sardônico (interessante: a palavra parece ter raízes na antiga ilha, de-

35

Antonio Argiolas

rivada do nome de uma planta que quando ingerida causava o riso convulsivo, levando à morte), para não falar em um interesse pela vida surpreendentemente apimentado, muito além da idade em que você poderia pensar que havia muito de que rir, quanto menos desejar. Aos 104 anos, um dos pacientes do doutor Sestu foi convidado para uma festa e quando chegou espiou ao redor da sala e declarou: "Puxa! Todas as mulheres são velhinhas. Vamos embora". Outro, Edoardo Ferrai – cuja tumba visitamos – foi levado de cadeira de rodas em seu 100º aniversário para ser entrevistado por duas equipes de tevê internacionais que tinham chegado a Arzana. A equipe francesa era formada por uma mulher muito bonita e a jornalista da equipe japonesa era uma mulher de meia-idade. Quando a entrevista francesa terminou, o doutor Sestu disse a Edoardo que estava na hora de responder às perguntas da japonesa. "Você acha que estou louco?", riu o centenário, fazendo olhares para a elegante *mademoiselle*. "Vou ficar com a bonita."

Eu também soube, por outro médico em outra cidadezinha, que certo dia recebeu um telefonema de uma colega pedindo-lhe para visitar um paciente dela de quase 100 anos que havia adoecido. Ela se recusava a atendê-lo porque ele tinha o hábito de fazer sugestões impróprias e de apalpá-la. Acontece que o velho lobo tinha sofrido um infarto causado por uma noite de sexo com uma *overdose* de Viagra. Ele se recuperou e gozou a vida por mais alguns anos.

O doutor Sestu está convencido de que assim como os fatores ambientais – estilo de vida, dieta, família, ar puro e água pura filtrada por granito – "existe, certamente, um fator genético" na longevidade dos sardos. Raffaela Monne é uma dos mais de mil centenários sardos que concordaram em dar amostras de sangue para um grande projeto de pesquisa que é conduzido há uma década, entre a Universidade Sassari no noroeste da ilha e um consórcio entre o governo e o setor privado baseado perto de Cagliari. Equipes de pesquisadores estão analisando seus genomas para tentar identificar mutações que poderão dar uma pista de sua longevidade. Eles esperam isolar proteínas cuja liberação é provocada por suas anomalias genéticas. Estas poderiam ser sintetizadas e usadas para evitar as principais causas de morte prematura: doença cardíaca, derrame e câncer.

No entanto, o doutor Sestu é surpreendentemente tímido quando lhe pergunto se espera que os segredos dos "genes da longevidade" logo sejam decifrados. "Espero que nunca os descubram", diz o médico, "porque os maiores interessados na pesquisa que está sendo feita aqui são as companhias de seguros americanas. Muitas pessoas me pedem sugestões sobre como viver mais e, apesar de eu ser médico, digo: 'Fique bem longe dos médicos, porque na maioria das vezes eles não lhe farão bem' ".

É um pouco difícil determinar o que ele teme nesse potencial Admirável Mundo Novo genético – o lado negativo de uma revolução médica que promete os maiores avanços na longevidade humana desde o advento do suprimento da água limpa, do parto seguro, da vacinação e da penicilina. Talvez sua preocupação seja que muitas pessoas simplesmente não vão querer saber se sua análise genética apresentar alguma anomalia. Até James Watson, que ganhou um Prêmio Nobel por sua participação na descoberta do "mapa da vida", pediu à equipe que seqüenciou seu genoma que não lhe contasse caso encontrasse um indício de um caso precoce de doença de Alzheimer. Talvez o doutor Sestu tema uma classificação genética compulsória, com seguros mais caros para os considerados de risco, alguns que tenham o seguro recusado e outros solicitados a sofrer cirurgia genética? Talvez. Mas o que ele diz na verdade é: "Eles deveriam deixar lugar para a magia e a fantasia na vida. Não precisamos de explicação científica para tudo. Em todo caso, não acho que uma proteína possa explicar isto". O doutor Sestu acaricia a mão de Raffaela Monne enquanto ela olha para seus olhos verdes. "Isto é uma espécie de milagre."

Na saída, pergunto a Raffaela se ela tem ambições de bater o recorde da francesa Jeanne Calment, a pessoa mais velha confiavelmente documentada, que tinha 122 anos e 164 dias quando faleceu em 1997. Calment, que conheceu Vincent Van Gogh, ainda andava de bicicleta pela cidade de Arles aos 100, adorava chocolate e um gole de vinho do Porto, só parou de fumar por insistência do médico, aos 119, e costumava se gabar: "Só tenho uma ruga, e estou sentada sobre ela". Talvez ela seja mais conhecida pelo acordo que fez com o tabelião quando tinha 90 anos: vendeu-lhe sua casa em troca de uma mensalidade de US$ 500. Quando Jeanne Calment morreu, o tabelião havia sido enterrado muito antes e ele e seus herdeiros tinham pago o triplo do valor da casa. E Raffaela acha que poderá superá-la?

– Hummm –, ela avalia.

– A senhora ainda é uma garota –, o doutor Sestu a encoraja.

– Ah, está bem. Eu irei até onde conseguir.

Ele parece aliviado. Os idosos na Sardenha não são considerados um fardo para a sociedade, como são em muitas partes do mundo. Longe disso. São os garotos e garotas-propaganda dos órgãos de turismo locais. Uma cidade que visitamos realmente vende cartões-postais com fotos de seus *anziani*. "Nossos velhos são um tesouro", diz o doutor Sestu. Cada vez que um centenário morre, é como se uma biblioteca fosse incendiada."

Raffaela Monne foi a mais velha e, de muitas maneiras, a mais interessante dos muitos centenários que encontramos em nossa viagem pela Sardenha. A conhecemos três semanas depois de nossa chegada à ilha...

Vinho, vinho tinto

CAPÍTULO 2

Despencando da noite negra, nosso Airbus se aproximou da cidade adormecida de Cagliari. Um vôo noturno de Roma não é a maneira mais romântica de chegar à Sardenha. O avião passou raspando em um porto iluminado, inclinou-se na direção de uma refinaria de petróleo com o clarão amarelo de sua chama refletido na água de um pântano e escorregou para a pista do aeroporto de Elmas. Não tivemos a mesma visão mágica que aguardava D. H. Lawrence quando desembarcou do *ferry-boat* da Sicília e encontrou uma cidade "empilhada no espaço, quase uma miniatura, e me faz pensar em Jerusalém sem árvores, sem cobertura, erguendo-se nua e orgulhosa, remota como se tivesse recuado na história, como uma cidade em um missal de monge, com iluminuras". Não, para nós foi uma viagem de carro por ruas escuras e estreitas, com vislumbres de um castelo de paredes brancas sobre um monte, um restaurante animado ao ar livre, com guirlandas de luzes, bonecos congelados na vitrine de uma loja de departamentos e depois a subida aos tropeços de uma íngreme escada de mármore até o quarto. Um exame mais detalhado da "jóia de âmbar" de Lawrence teria de esperar até o dia seguinte.

Fomos despertados tarde pelos sinos de igrejas, com a fachada rococó arruinada da Chiesa di San Michele pairando sobre os telhados de terracota a apenas um quarteirão da janela do nosso quarto. Nossa casa nas próximas duas semanas seriam os dois andares superiores de uma casa em terraço do século XVIII no bairro medieval de Stampace, assim chamado porque durante séculos, na época da ocupação espanhola, os sardos foram proibidos de ficar à noite na antiga cidadela acima de nós. Qualquer um que os guardas apanhassem seria atirado das muralhas para morrer estatelado nas ruas abaixo, com a invocação *stai in pace*, "descanse em paz", soando em seus ouvidos.

O apartamento em que estávamos pouco havia mudado nos cerca de 300 anos desde que fora construído – vigas toscas, assoalho de madeira enegrecido, paredes grossas revestidas de gesso desgastado perto das dobradiças das portas e revelando antigos blocos de granito, altas janelas com folhas, uma porta dupla digna de uma fortaleza, guardada por três fechaduras fortes, uma corrente e um cadeado antigo que exigia cinco voltas da chave. Tinha sido usado ultimamente como ateliê de uma artista, e Randi havia deixado no lugar sua marca criativa – um tear onde ela fazia tecidos tingidos à maneira tradicional, pinturas e instalações e um poema rabiscado na parede.

Depois do desjejum de bolo de ricota, saímos para explorar a cidade incrivelmente silenciosa. Era *La Liberazione*, o feriado em comemoração ao dia de abril de 1945 em que o exército nazista (juntamente com o ditador italiano Mussolini) fugiram de Milão. Tivemos de adiar nossa pesquisa porque os bares estavam cheios de velhos soldados embriagados, com o peito coberto de medalhas; e de qualquer modo ninguém sonharia em trabalhar em um feriado. Também era o dia de São Marcos, o santo patrono de Veneza, que era marcado por uma missa na Igreja de San Michele, celebrada por um padre de aparência frágil, batina vermelha e uma boina preta na cabeça, que parecia – como a metade da congregação – ser um dos centenários de Cagliari.

As ruas de paralelepípedos sinuosas e íngremes de Stampace são uma parte pitoresca de Cagliari que sobreviveu aos bombardeios aliados no final da guerra, que destruíram meia cidade. "Eles bombardearam até os mortos no cemitério", disse-nos um sobrevivente indignado. Essa foi apenas a última, e de modo algum a mais sangrenta, invasão que a Sardenha – uma ilha em situação estratégica, pouco maior que Gales e com um terço do tamanho da Tasmânia – sofreu ao longo de milênios. Quase todas as potências mediterrâneas deixaram sua marca no lugar, em sua capital e sua população, dando aos sardos uma das mais complexas heranças genéticas do mundo.

Para ser franco, hoje a cidade mais parece o interior da Espanha, com tons de um bazar saariano – o que de certa forma é – do que parte da Itália. Mil anos antes de Cristo os fenícios de vestes púrpura do atual Líbano chegaram em suas birremes remadas por escravos, em busca da reluzente obsidiana preta, de ouro e estanho. Então vieram os cartagineses da cidade que hoje se chama Túnis para saquear a riqueza mineral e agrícola da ilha. Os romanos os derrotaram nas chamadas Guerras Púnicas – uma das grandes batalhas navais da Antigüidade foi lutada ao largo da Sardenha – e governaram Cagliari até o século V desta era, deixando um legado de estradas, termas e um anfiteatro no alto de uma encosta que domina a cidade; hoje no verão orquestras tocam onde outrora gladiadores combateram leões com redes e tridentes.

Com a queda do Império Romano, os vândalos vieram do norte da África e, bem... vandalizaram o lugar, até que foram vencidos pelo Império Bizantino, que dividiu a ilha em quatro regiões administrativas que permaneceram até tempos modernos. Seus estranhos afrescos estilizados ainda podem ser vistos em uma necrópole labiríntica perto da cidade de Bonorva. Com o declínio de Bizâncio, o poderoso reino de Pisa reivindicou a Sardenha, construindo grandes igrejas barrocas como Sant'Anna e as enormes muralhas de calcário que protegem o centro velho da cidade. E então vieram os conquistadores espanhóis (mais precisamente catalães e aragoneses) em uma poderosa frota de 300 navios de guerra, para capturar a ilha e submeter seus cidadãos a quatro séculos de uma cruel colonização e uma limpeza étnica em que os sardos foram banidos de sua cidade mais importante.

Com a derrubada dos espanhóis, a Sardenha tornou-se parte do domínio dos duques de Piemonte e Savóia, que ocupa os Alpes além das atuais fronteiras da França e da Itália. Eles eram senhores principalmente ausentes, mas um deles, Carlo Emanuele IV, refugiou-se em Cagliari com sua corte enquanto Napoleão assolava a Europa. Os moradores mostram as balas de canhão incrustadas na parede da nave da Igreja de Sant'Efisio, a poucos minutos de caminhada de nosso apartamento em Stampace, e atribuem ao santo a tempestade que afastou a frota francesa invasora. Finalmente, depois de dois séculos e meio de domínio da casa de Savóia, a Itália tornou-se uma nação e Vittorio Emanuele II do Piemonte, Savóia e Sardenha foi coroado seu primeiro rei. Foi um momento de orgulho para uma ilha que se havia autogovernado apenas durante algumas décadas em 3 mil anos de história registrada. Embora eles tenham sido derrotados, escravizados e seqüestrados por piratas bárbaros, os sardos – especialmente em seus enclaves montanhosos da Barbagia – nunca foram assimilados. Uma história da Sardenha se intitula, adequadamente, *A Ilha Inconquistável*.

Milênios de invasões e colonização deixaram um extraordinário legado nas línguas da Sardenha, hoje uma verdadeira Torre de Babel. O sardo padrão é uma língua inventada por conveniência, como o suaíli ou o pídgin. No oeste a língua predominante é a "língua dourada" dos *logudorese*, a mais arcaica e mais próxima do latim dos legionários dentre todas as línguas românicas, com palavras como *kentu* (cem), *cras* (amanhã) e *pejus* (pior). Nas grandes planícies do sudoeste fala-se um *campidanese* hispanicizado, e na região setentrional de Gallura há ecos lingüísticos das línguas medievais de Pisa e Gênova. Na bela cidade portuária histórica de Alghero não se fala sardo, mas o catalão de seus conquistadores do século XV. A cidade é conhecida como Barceloneta, ou "pequena Barcelona".

Misturadas a essa *bouillabaisse* lingüística há palavras dos colonos *nuraghi* da Era do Bronze, como *nura* (abismo) e *kankarm* (grilo ou gafanhoto), e influências etimológicas e gastronômicas que têm clara origem árabe. Um prato tradicional da Sardenha é o *fregola* com aroma de açafrão, uma espécie de cuscuz árabe. Encontram-se acentos estranhos e letras como o Y que não existem em italiano. Durante séculos de duro isolamento, cada cidadezinha e aldeia desenvolveu seu próprio dialeto desses grupos lingüísticos, alguns deles – como o dialeto da aldeia de Noragúgume, no topo de uma colina a noroeste de Cagliari – falados apenas por 300 a 400 pessoas. Isso torna a conversa muito complicada, porque embora todos os sardos mais jovens falem italiano, além de um ou dois dialetos locais, a maioria dos centenários ou nunca aprendeu italiano ou se sente mais à vontade na idade avançada com o dialeto de sua infância. Certa vez, nosso intérprete, um lingüista profissional que nascera em uma cidade a apenas 40 km de distância, não entendeu nada do que dizia uma mulher que tentamos entrevistar.

Não é preciso examinar muito para também encontrar influências estrangeiras na arquitetura, especialmente no histórico Stampace. As casas têm balcões de ferro fundido, janelas com folhas de madeira e floreios arquitetônicos que ficariam mais à vontade em Barcelona do que em Roma. Continua de pé a Torre dell'Elefante, o maciço portal pisano que guarda a entrada da cidade antiga, em cuja grade os espanhóis penduravam em cestos de ferro as cabeças dos rebeldes executados. A uma curta caminhada daqui, com o sol esquentando nosso pescoço, encontramos a Piazza Yenne, a principal da cidade, que é cercada de restaurantes ao ar livre, bares e sorveterias, aonde toda Cagliari vai no início da noite para um passeio, um sorvete ou uma taça de café bem forte.

Daqui, o amplo bulevar de Largo Carlo Felice, margeado de jacarandás e cheio de africanos com túnicas coloridas vendendo bolsas falsificadas, se despeja como um rio no golfo dos Anjos, onde um grande navio de passageiros parte para a Tunísia. Na beira-mar, bordejada de palmeiras e olaias, ficam os edifícios públicos da cidade, abrigados por uma bela colunata de lojas e cafés, que ostentam a bandeira do último senhor da cidade, o círculo de estrelas sobre fundo azul-marinho que representa a União Européia. Ela ganha precedência nos muros de calcário da prefeitura sobre a vermelha, branca e verde da Itália (as cores da pizza margherita) e a curiosa bandeira sarda, que apresenta as cabeças de quatro *blackamoors*[2] com faixas brancas na cabeça, às vezes vendando seus olhos. Sim, Cagliari é "estranha e pedregosa", como observou Lawrence, mas também é uma cidade de grande personalidade, cujas pedras são marinadas no sangue da história, em uma localização surpreendente nas costas do Mediterrâneo, "perdida entre a Europa e a África e pertencente a lugar nenhum".

As pessoas também são diferentes, com um quê de não-italianas. Vendo-as conversar nos cafés, não se notam os toques, os apertos, os gestos operáticos e as expressões exageradas dos italianos do norte; eles são mais formais, mais reservados. Há um visual sardo aqui no sul, de onde Túnis está mais próxima que Roma, especialmente entre

---

2 – Criados negros. (N. T.)

as mulheres, com seus traços morenos marcados e olhos pretos corajosos, tão escuros que a pupila e a íris se fundem. Lawrence comentou sobre suas maneiras quase um século atrás:

> São divertidas, essas garotas e mulheres camponesas, tão ríspidas e desafiadoras. Elas têm costas retas como paredes e sobrancelhas decididas, bem traçadas. E são incrivelmente alertas. Não há os gestos contidos do Oriente. Como aves velozes e precisas, elas correm pelas ruas e parece que lhe dariam um golpe na cabeça em vez de olhar para você. A ternura, graças a Deus, não parece ser uma qualidade sarda.

Mas a simpatia e a hospitalidade das cidades pequenas, sim. Peça indicações em qualquer lugar e você será pessoalmente acompanhado até seu destino. E de vez em quando éramos convidados a entrar na casa de estranhos para beber ou comer. Nossa apresentação à culinária sarda, na casa de uma nova amiga em Cagliari, foi promissora.

ESPAGUETE COM BOTTARGA

BOTTARGA – ovas secas de tainha ou atum é uma das delícias gastronômicas da Sardenha. Há em duas versões: fresca, em blocos pegajosos cor de âmbar; ou seca e em pó, que é melhor para este prato rápido e simples.

500 gramas de espaguete de trigo duro
2-3 dentes de alho
1 pimentão pequeno
3 colheres de sopa de azeite de oliva extra-virgem
50 gramas de bottarga em pó

Despeje a massa na água fervente e salgada e cozinhe até ficar al dente. Enquanto isso, refogue o alho e o pimentão picados no azeite, sem escurecer. Escorra a massa e coloque-a em uma tigela funda de louça. Despeje por cima o óleo com alho e pimentão e salpique com a bottarga, mexa e sirva com salada verde e uma taça de vinho tinto leve ou rosé. Um Grenache como o Tavel funciona bem. Dá para um almoço rápido para seis pessoas.

Algumas semanas após nossa chegada à Sardenha, somamos os presentes que tínhamos recebido dessa gente generosa: um litro de vinho Cannonau feito em casa, duas garrafas de excelente Turriga e uma de murta (licor destilado das frutinhas pretas do arbusto), um cesto de bolinhos doces, um tijolo de barro feito a mão, quatro *sebadas* fritas (sobremesa recheada de queijo), um exemplar da biografia do homem mais velho do mundo, 24 pães, uma rocha que seria a semente da qual cresceria uma montanha, uma tigela de morangos e uma de nêsperas, duas camisetas mostrando um pão esculpido em uma espécie de coroa de espinhos, um DVD dos cantores de Bitti, um pedaço de obsidiana brilhante e uma aliança de casamento tradicional. Como disse Lawrence:

> As pessoas pareciam calorosas e de boa índole, como seres humanos. Havíamos nos habituado tanto aos sicilianos inumanos de alma antiga, que são tão corteses e completamente insensíveis.

Aqui há um ritmo de vida tranqüilo que no início os estrangeiros acham irritante. Os sardos refinaram a *siesta* espanhola, transformando-a em arte elevada. Às 13 horas em ponto em Stampace e em toda cidade e aldeia ao longo e ao largo da Sardenha ouve-se o som das portas metálicas baixando na frente das lojas e há um pequeno congestionamento de tráfego quando todos vão para casa almoçar. Depois é o silêncio, rompido somente pelo ruído de garfos e facas nos milhares de pratos de *minestrone, pasta* e porco, e o tilintar das taças de vinho. Durante três ou quatro horas, à tarde, todas as lojas, bancos e repartições públicas fecham. Até a rude policial de estacionamento não emite multas entre 13 e 14 horas. As ruas ficam desertas; nada se move. Em uma cidade pequena até avistamos um café fechado para almoço. Depois da refeição, todas as janelas são fechadas contra o sol e toda a Sardenha vai para a cama. Nada tem permissão para perturbar a sagrada sesta. Pode ser frustrante se você estiver aqui a negócios, mas não podemos deixar de nos perguntar se esse modo de vida descontraído é um dos ingredientes secretos da longevidade sarda.

Então, no Largo Carlo Felice, você nota o primeiro sinal de que o mundo exterior, com seu estresse e seus infartos, está se impondo à tranquila Cagliari. O Banco di Roma acaba de colocar uma placa na vitrine que declara desafiadoramente: "Aberto no horário de almoço". Podemos imaginar os moradores balançando a cabeça. Nada de bom veio de Roma, e agora esse ataque a seu estilo de vida. O que virá depois? Trabalho para os velhos? Aumentar a idade da aposentadoria? *Basta!* Chega deste século XXI.

Estávamos começando a relaxar quando o feriado terminou e tivemos de começar nossa investigação. Conduzidos por Narelle, rumamos a oeste, afastando-nos do centro histórico da cidade, por uma terra industrial abandonada, com o fulgor rosado da cidadela desaparecendo pela janela de trás do carro. Este era o fim da parte comercial da cidade, onde os turistas raramente se aventuram. Passamos por uma fábrica de cimento coberta de pó, a indústria química que tínhamos visto do avião, com chamas ainda cuspindo de suas chaminés listradas de vermelho e branco, e uma mina abandonada. Um bando de flamingos cor-de-rosa de aspecto tristonho claudicava em uma lagoa enlameada. Graças ao aquecimento global, eles não se incomodam mais em migrar para a África no inverno.

Salvatore Spano

Aos poucos a feiúra urbana deu lugar a aldeias de estufas de vidro e depois à paisagem agrícola de Campidano, o grande celeiro da Sardenha, que alimentou as legiões romanas. Havia vinhedos sem suporte de treliça, os troncos curvos das videiras brotando do solo pedregoso como os braços pretos de guerreiros enterrados segurando novos brotos verdes, oliveiras prateadas e espirradeiras em arbustos escuros. Era o final da primavera, a mais bela estação para se visitar a Sardenha, e os campos eram um arco-íris de flores silvestres – boragos azuis, margaridas douradas, maços etéreos de cardos rosa, nevascas de camomila silvestre branca.

O campo se diluía nas encostas áridas típicas da Sardenha. Os franceses e os corsos as chamam de *maquis* (nome que também deram aos combatentes da Resistência que se escondiam dos nazistas nessa espécie de caatinga impenetrável), os sardos a chamam de *macchia* – um terreno árido, marcado pelos incêndios que o assolam no verão. Só os mais resistentes conseguem se manter aqui nesta paisagem confusa e fraturada, cinza-azulada, de murtas, zimbros espinhosos, rosmarinho e sálvia. O odor deste herbário a céu aberto é o aroma da Sardenha. À distância, nos penhascos cinza de uma serra baixa, nossa motorista/intérprete Alice indicou curiosos retângulos pretos, as entradas dos *domus de janas,* as "casas das bruxas" do folclore sardo. Os arqueólogos modernos acreditam que eram antigas câmaras mortuárias da era neolítica, escavadas na rocha viva.

Montanhas, florestas, fazendas, lagoas, oceano e a *macchia* – tudo em apenas meia hora de carro. A Sardenha não é tanto uma região, quanto um continente compacto, uma Europa encolhida, com a Sierra Morena da Espanha lado a lado com o litoral acidentado da Escócia e as florestas sombrias da Transilvânia; as praias tórridas da Dalmácia junto às encostas ásperas do Luberon e os charcos da Holanda. Todas as características da paisagem são em miniatura. A montanha mais alta, La Marmora, tem apenas 1.834 metros (pouco maior que o Ben Nevis, menor que o monte Kosciuszko), e seu rio mais longo é o turbulento Tirso, que com seus 150 km de comprimento tem a metade da extensão do Tâmisa e um vigésimo da do Murray. Os sardos dizem que quando Deus terminou de criar a Terra descobriu que tinha lhe sobrado um pouquinho de granito e então fez a Sardenha.

Rumamos para a aldeia de Serdiana, um grupo de casas de tijolos de barro no meio dos campos e vinhedos de Campidano. Serdiana, porém, tinha duas pessoas especiais que talvez pudessem responder a algumas de nossas perguntas: o mais velho viticultor da Itália (e talvez do mundo) e um dançarino de barbas brancas como um elfo, que veio a ser o mais vigoroso centenário que encontramos na Sardenha, um homem capaz de dançar mais que pessoas com a metade de sua idade.

Antonio Argiolas estava trabalhando em uma mesa de seu escritório, em um grupo de prédios brancos que formam a Cantina Argiolas, a marca de vinho mais prestigiosa da Sardenha. Enquanto esperávamos por ele, folheamos uma pilha de revistas e guias de vinhos sobre uma mesa na recepção. Nas paredes havia fotos em tom sépia dos primórdios da vinícola e certificados dos prêmios que ganhou, notadamente o máximo "três taças" concedido em 2006 para seu melhor produto, o Turriga, pelo *Gambero Rosso*, a maior autoridade em comida e bebida da Itália. Seu criador – cuja assinatura aparece no rótulo de seus vinhos – era um homem pequeno e curvo de barba grisalha, pesando no máximo 50 quilos (acredito), com a boca repuxada por causa dos anos sem dentes, olhos castanhos profundos e longínquos e um par de grandes olheiras de duende. Ele vestia um cardigã marrom, apesar do sol forte lá fora, e tinha na cabeça uma boina bege, que substituiu a longa meia de lã preta como acessório essencial dos sardos de sua geração.

Sua cunhada Pina se ofereceu gentilmente para ajudar na tradução (sardo-italiano-inglês), mas Antonio Argiolas não precisava de ajuda com a memória. Aos 100 anos, mantinha o título de presidente da empresa e vinha trabalhar todos os dias para supervisionar três gerações de sua família que hoje dirigem o negócio florescente. Seu paladar, intocado pela idade, é consultado em todas as safras. Ele morou sozinho desde a morte de sua mulher, Bonaria, aos 72, mais de 20 anos atrás, mas atualmente tem duas enfermeiras que cuidam dele – um luxo que poucos centenários podem se permitir.

Apresentamo-nos e conversamos um pouco sobre os velhos e duros tempos. Antonio, que teve três irmãos, nasceu logo depois do Natal de 1906, um ano não particularmente importante e lembrado principalmente pelo grande terremoto de San Francisco. Uma pesquisa rápida mostrou que também foi um ano importante para vários primeiros na mídia: o primeiro toca-discos, a primeira transmissão de rádio e o primeiro filme longa-metragem, o australiano *The Story of the Kelly Gang*. Foi o ano em que William Kellogg inventou os flocos de milho e em que se desenvolveu a primeira vacina contra a tuberculose, uma grande assassina na época. Antonio compartilha o ano de nascimento com figuras famosas tão variadas quanto o magnata da navegação grego Aristóteles Onassis, o compositor Dmitri Shostakovich, o gângster Bugsy Siegel e o cineasta Luchino Visconti, a todos os quais ele sobreviveu 25 anos ou mais.

Antonio lembra-se claramente de quando, depois da I Guerra Mundial, usando prisioneiros de guerra austríacos para o trabalho pesado, seu pai, Francesco, abriu uma fazenda naquelas planícies calcárias, plantando vinhas e oliveiras e criando carneiros que eles ordenhavam para fazer o famoso queijo *pecorino* – um dos produtos típicos da Sardenha. Ele perdeu a mãe quando tinha 6 anos, e, como todos os centenários que conhecemos, não teve muito tempo para estudar, pois trabalhava dia e noite nos campos, às vezes dormindo de pé na época da colheita. Indagado sobre seus passatempos, ele parece não entender. "Seu único passatempo era o trabalho", diz Pina.

Embora seu pai tenha começado a fazenda, foi Antonio quem tomou a corajosa decisão de expandir para a fabricação de vinhos de qualidade na década de 1970 – corajosa porque ainda hoje o vinho é tratado na Sardenha como uma mercadoria, e não uma marca. Ele é vendido em garrafas plásticas recicladas de refrigerante por litro ($ 3,60 foi o mínimo que paguei por um litro de Sauvignon Blanc genérico, que afinal era tão horrível que o despejei na pia). Naquele tempo não se podia comprar vinho sardo fora da Sardenha, pelo menos não rotulado como tal. Parte da bebida feita em cooperativas era exportada para a França, onde a engarrafavam com rótulos enganosos; parte ia para Turim, onde era transformada em vermute.

Numa época em que a União Européia, afogando-se no chamado lago de vinho, pagava aos agricultores para eliminar suas vinhas, Antonio decidiu seguir o caminho da qualidade, em vez da quantidade. Aconselhado pelo principal enólogo italiano da época, Giacomo Tachis, Antonio começou a experimentar algumas das variedades raras e pouco conhecidas da Sardenha, muitas das quais foram trazidas para a ilha por invasores diversos e que hoje são desconhecidas, há muito abandonadas ou hibridizadas em outros lugares. São tintas como a musculosa Cannonau (semelhante à espanhola Grenache), um dos poucos legados benéficos dos conquistadores, assim como Monica, Malvasia (a variedade usada para fazer o doce e fortificado Madeira) e Bovale; e variedades brancas como as delicadas e perfumadas Nuragus, Semidano, Nasco, a ácida Vermentino com seu toque de amêndoa, e o Vernaccia, um vinho pungente com cor de areia e nariz de xerez seco. Ele apostou na expansão do vinhedo – com 250 hectares, hoje é o segundo maior da Sardenha – e na instalação de maquinário moderno, capaz de produzir 40 mil garrafas por dia. Nos anos 1980 seus vinhos começaram a ser notados pelos críticos e um pequeno, mas crescente mercado de exportação se criou.

Antonio, é claro, bebe um ou dois copos de seu vinho todos os dias, e não duvida de que ele contribuiu para sua longevidade. Certamente não são seus genes: ninguém da família antes dele chegou perto dos 100 anos. O vinho e Deus são os segredos, ele disse. Havia imagens da Virgem Maria na parede de seu escritório, um rosário de madeira esculpida sobre sua mesa e, até alguns anos atrás, quando ele conseguia caminhar sem ajuda, ia à missa todo domingo. Como Raffaela Monne, diz que come "de tudo", mas – coisa rara na Sardenha, onde poucos ouviram falar da dieta mediterrânea e alguns estremecem de modo teatral quando se fala em verduras, peixe ou pão integral – ele comeu apenas peixe no jantar durante 30 anos.

Antonio confessa, com certo embaraço, que quando tinha seus 70 anos viajou quatro anos seguidos à Romênia para se submeter a um tratamento de um mês de injeções de "Gerovital" da doutora Ana Aslan – como faziam os "astros, chefes de Estado e magnatas" –, que em seu website ainda anuncia que é capaz de curar queda de cabelo, úlcera, artrite, doença de Alzheimer, impotência e esclerose múltipla, entre outras coisas. Mas Antonio disse que estava ocupado demais para continuar o tratamento e hoje acha que essa "cura milagrosa" teve pouco a ver com o fato de ele chegar aos 100. É uma opinião com a qual devo concordar, pois soube desde então que essa "droga da juventude" não é nada mais que um antigo anestésico dental conhecido nos Estados Unidos como Novocaine.

O Gerovital é, não por acaso, a mais estranha técnica pseudo-científica a que as pessoas já se submeteram, na vã tentativa de prolongar a

A ILHA DOS ANCIÃOS

vida. Na década de 1930 celebridades como Charlie Chaplin, Marlene Dietrich e o papa Pio XII se internaram na clínica La Prairie nas margens do lago Genebra, na Suíça, onde um certo doutor Paul Neihans injetava em seus traseiros células de fígado de feto de carneiro. No final do século XIX em Paris, o fisiologista francês Charles-Édouard Brown-Séguard prometia a seus pacientes que viveriam mais se permitissem que ele lhes injetasse o "Elixir Brown-Séguard", um líquido preparado com testículos de porcos-da-índia e de cães. O médico austríaco Eugen Steinach convenceu muita gente importante de sua época de que uma vasectomia os revigoraria sexualmente, atraindo uma clientela que incluiu o poeta William Butler Yeats, que depois ficou conhecido como a "velha glândula" das letras irlandesas. Parece não haver limites para onde as pessoas vão em busca do elixir da juventude, nenhum remédio farsesco suficiente para dissuadir os parvos.

A receita de Antonio é menos drástica e consideravelmente mais barata – "um copo de bom vinho... não demais" –, e para provar isso ele nos ofereceu uma degustação de sua safra centenária, um Cannonau 100% engarrafado para comemorar seu 100º aniversário. Nós o bebericamos com cuidado; não por acaso é chamado de "vinho da meditação", e este contém uma dose de 15,5% de álcool. É uma poção poderosa, semelhante ao Porto, talvez mais bem descrito pelo guru britânico dos vinhos, Hugh Johnson: "Os vinhos originais da Sardenha são heroicamente fortes, criados, ao que parece, pelos e para os super-homens que construíram as fortalezas redondas de pedras colossais que salpicam a ilha: os *nuraghi*". Depois de um segundo gole eu tendia a concordar. O Turriga, em que o sabor tânico e ameixado do Cannonau é refinado pela mistura com as variedades Carignano e Bovale, é muito superior... pelo menos para o paladar de um não-super-homem.

Poderia haver alguma verdade científica na crença disseminada de que o vinho tinto – especialmente os da Sardenha – é não apenas agradável e sociável, como também nos ajuda a viver mais? Desde tempos antigos os benefícios do vinho foram cantados por poetas, filósofos, soldados e médicos igualmente, mas até há pouco se acreditava que seus benefícios para a saúde se devessem mais ao fato de que o vinho (e a cerveja em climas mais setentrionais) tinha menor probabilidade de envená-lo do que a água de poços, cheia de bactérias. Em Esparta, os bebês recém-nascidos eram banhados em vinho tinto, embora, do ponto de vista gastronômico, tudo piorasse a partir daí, porque sua dieta básica era uma sopa feita de pão preto, sangue de porco e vinagre. Hipócrates, o pai da medicina moderna, escreveu que "o vinho é o melhor produto da humanidade porque pode ser bebido com boa e má saúde, mas moderadamente". Depende do que se quer dizer com moderadamente, é claro. Júlio César dava a seus centuriões um litro de vinho por dia para fortificá-los e protegê-los de infecção intestinal. Antes de enviá-los à batalha a ração era aumentada para dois litros por dia. Paracelso, o médico suíço do século XVI, escreveu sabiamente que "O vinho é um alimento, um remédio e um veneno. Tudo é uma questão de dose".

O primeiro estudo científico moderno que apontou os benefícios do vinho foi o de Framingham Heart, nos Estados Unidos, que teve excepcional importância porque é ao mesmo tempo o mais prolongado e um dos mais amplos estudos epidemiológicos já realizados. Ele começou em 1948 com o recrutamento de 5 mil pessoas entre 30 e 62 anos na cidade de Framingham, perto de Boston, Massachusetts, e continua sendo feito 60 anos depois. Todo ano os sobreviventes e alguns de seus filhos e netos passam por um exame médico e preenchem extensos questionários que detalham cada aspecto de seu estilo de vida, para tentar localizar os fatores de risco para doença cardíaca e derrame. Foi a partir desse estudo que os cientistas encontraram evidências de fatos que hoje consideramos estabelecidos. A pressão sanguínea alta, os altos níveis de colesterol, fumar, a obesidade, a diabetes e a falta de exercício aumentam o risco de infarto e, por extensão, de uma morte prematura. E no início dos anos 1970 o estudo Framingham mostrou pela primeira vez de maneira conclusiva que o consumo moderado de álcool era bom para as pessoas. Quem bebia sofria 56% menos mortes de doença coronariana do que quem não bebia. "Moderado" significa uma ou duas doses-padrão por dia. Mas "bebida" em uma cidade pequena da costa leste dos Estados Unidos provavelmente significará cerveja ou aguardente – e como chegamos daí ao vinho tinto?

Na década de 1980 os pesquisadores começavam a falar no chamado paradoxo francês. Dados demográficos pareciam mostrar que, apesar de ingerirem muito mais creme de leite, manteiga, queijo e outras gorduras saturadas "insalubres" – quatro vezes mais manteiga por pessoa do que os americanos –, os franceses tinham apenas um terço do índice norte-americano de morte por doença coronariana. Em 1991 o famoso programa de atualidades dos EUA *60 Minutes* salientou isso e citou estudos científicos indicando que talvez o alto consumo de vinho tinto na França – os franceses bebem quase cinco vezes mais vinho que os americanos – fosse a chave do paradoxo. Esse programa de tevê desencadeou o maior *boom* na indústria vinícola americana: o consumo de vinho tinto saltou 50% quase do dia para a noite; mas ainda não sabemos se houve uma queda correspondente no número de mortes por infarto.

Naturalmente, há os que ainda discordam da tese. Alguns estudos mostraram – sacrilégio – que pode ser o próprio álcool que inibe a doença cardíaca, e que uma lata de cerveja ou uma dose de vodca barata podem ser tão boas quanto uma taça do legendário Domaine de la Romanée-Conti 1934. Outros contestam os dados e afirmam que mais recentemente os índices de doença cardíaca na França têm se igualado aos de seus vizinhos. A França fica na verdade atrás de países como Itália, Espanha e até a Noruega, onde se bebe *schnapps,* na lista de longevidade da Organização Mundial de Saúde, e os homens franceses morrem mais jovens do que os de qualquer outro país europeu, mas a indústria de vinhos não vai me agradecer por divulgar essa anomalia.

Também foi indicado que outros países, como o Japão, têm índices ainda menores de doença cardíaca que a França, mas quase não consome vinho. E, talvez, se é que há um paradoxo, isso se deva a algo totalmente diferente: os franceses se demoram mais nas refeições e fazem delas uma ocasião mais social. Eles têm mais respeito por ingredientes frescos e compram menos comida industrializada, comem mais moderadamente e têm menor probabilidade de ser obesos, não consomem tanto açúcar ou gordura animal (em oposição aos laticínios), bebem muita água e caminham bastante. E ainda não começamos a falar nas diferenças genéticas. Tudo o que podemos dizer é que o júri ainda não decidiu se existe mesmo um Paradoxo Francês.

Em 2003, um brilhante patologista australiano chamado David Sinclair fez uma descoberta que colocou uma nova palavra no vocabulário do mundo dos amantes do vinho: "resveratrol". É uma substância encontrada nas cascas e sementes de uvas, assim como de outros frutos e nozes como mirtilos, framboesas, amendoins e romãs. O doutor Sinclair, que trabalhava como professor associado na Escola de Medicina de Harvard – atualmente é diretor dos Laboratórios Paul F. Glenn para os Mecanismos Biológicos do Envelhecimento – descobriu que

Rita Lobina

o resveratrol aumentava a expectativa de vida em organismos como o levedo (em 70%), moscas-das-frutas (29%) e minhocas (13%), assim como em células humanas no tubo de ensaio. Três anos depois Sinclair apresentou outro estudo mostrando que os ratos obesos que recebiam uma dieta tremendamente insalubre, consistindo em 60% de gorduras, viviam 15% mais quando recebiam resveratrol. Quando os resultados foram publicados na revista científica *Nature*, causaram sensação, além de grande interesse no mundo do vinho. A teoria de Sinclair era de que a molécula de resveratrol tinha o efeito de enganar um grupo de genes conhecido como SIR 1-7, fazendo-o pensar que o organismo corria o risco de passar fome, e acionava os mecanismos de autoproteção do corpo. Prevendo, talvez arriscadamente e sem a menor modéstia, que sua descoberta poderia ser "tão grande quanto a dos antibióticos", Sinclair explicou o efeito da substância química no corpo desta maneira: "O estresse biológico da restrição de calorias ativa um sistema de defesa que protege as células contra o estresse e pode combater doenças da idade avançada, como diabetes, câncer, doença cardíaca e até de Alzheimer".

Embora não tenha havido testes clínicos em seres humanos até hoje – imagine quantas décadas esses testes levariam para se demonstrar de maneira conclusiva um prolongamento da vida –, comerciantes do ciberespaço embarcaram no trem e estão vendendo todo tipo de pílulas e outros produtos de resveratrol. Cuidado: embora os resultados da pesquisa sejam promissores e fascinantes, ainda não temos evidências diretas de que o resveratrol do vinho tinto (há muito menos no vinho branco, porque geralmente ele não é fermentado com as cascas) fará as pessoas viverem um dia a mais, quanto mais ser o elixir da juventude.

Outros cientistas respeitados, como o doutor Robert Corder do Queen Mary's William Harvey Research Institute em Londres, desmentem a história do resveratrol. Segundo os cálculos do doutor Corder, a molécula é encontrada em quantidades tão pequenas no vinho que "para replicar seus efeitos nos ratos de laboratório uma pessoa teria de beber 1.500 litros por dia". Mas não pense que ele esteja rejeitando os efeitos benéficos da ingestão de vinho; na verdade, ele é o autor de um livro de título capcioso, *The Wine Diet: A Complete Nutrition and Lifestyle Plan* [A dieta do vinho: Um plano completo de nutrição e estilo de vida]. Mas Corder (e muitos outros pesquisadores) acham que outra coisa encontrada na casca das uvas tintas é responsável, e tem nome difícil – proantocianidina (também conhecida como proantocianidina oligomérica). Descoberta nos anos 1930, essa molécula foi chamada originalmente de vitamina P; também é encontrada em oxicocos, groselhas, no chá e no chocolate, e é vendida na Europa desde a década de 1980 como suplemento de saúde. É um poderoso anti-inflamatório, e experimentos de laboratório mostraram que ajuda a combater doenças circulatórias e cardíacas, porque dilata os vasos sanguíneos.

Corder ficou intrigado com a variação na quantidade dessa substância encontrada em diversas variedades de uvas, e alguns anos atrás decidiu descobrir quais vinhos tinham as maiores concentrações. Uma dura tarefa, mas que ele achou que tinha de ser realizada – no interesse da ciência, é claro. Depois de testar cerca de 165 vinhos – ele não revela no trabalho científico se também os *provou* –, Corder publicou suas conclusões, também na revista *Nature*, em dezembro de 2006. Aqui a coisa fica interessante para Antonio Argiolas e os outros viticultores da Sardenha. De todos os vinhos que ele colocou sob o microscópio, dois se destacaram por terem entre cinco e dez vezes mais proantocianidina que os outros que ele testou, da França, Itália, Austrália, África do Sul e Estados Unidos. Nenhum, para tristeza dos esnobes do vinho, era uma *grande marque* de Bordeaux ou da Borgonha, e nenhum era feito das chamadas variedades nobres de uvas. Um era da região de Gers, no sopé dos Pireneus, sudoeste da França, uma bebida local altamente tânica chamada Madiran, que é feita da pouco conhecida uva Tannat. Outro é da região montanhosa de Nuoro, no norte da Sardenha, famosa por seu Cannonau pungente. Em ambos os casos, diz Corder, a altitude das regiões vinícolas pode ter influído. Ele descobriu que o vinho feito de uvas cultivadas em maiores altitudes tende a ter mais proantocianidina. E o uso de técnicas tradicionais de viticultura (como as praticadas na Cantina Argiolas, como deixar o vinho fermentar naturalmente com as cascas durante semanas) extraem mais substâncias benéficas.

De todo o trabalho científico feito até hoje – e houve muitos –, o de Corder é o mais convincente porque correlaciona as maiores concentrações do ingrediente essencial do vinho tinto com a parte da Sardenha conhecida por ter a maior concentração de centenários que (na maioria) bebem vinho. Mas deve-se enfatizar que isso ainda pode se revelar uma coincidência demográfica. As montanhas de Nuoro são uma terra estranha e selvagem, e as pessoas têm muitas idiossincrasias ambientais e genéticas. Ainda não houve testes de longo prazo com seres humanos capazes de estabelecer como fato consumado que o vinho tinto prolonga a vida.

Até o professor está relativizando suas afirmações. O bordão de seu livro é: "Beba vinho tinto todos os dias. Coma frutas e frutinhas vermelhas, nozes e chocolate. Goze uma vida mais longa e saudável". Certamente soa muito mais apetitoso do que a chamada polirrefeição criada pelos pesquisadores do Centro Médico Erasmus em Roterdã alguns anos atrás, que se baseava em todos os alimentos dos quais havia alegações de que prolongavam a vida. Ela consistia em peixe (quatro vezes por semana), vinho (15 centilitros por dia) e porções diárias de chocolate amargo (100 gramas), frutas e legumes (400 gramas), alho (2,7 gramas) e amêndoas (68 gramas). Teoricamente, eles calcularam que se alguém mantivesse essa dieta por toda a vida seu risco de doença cardíaca cairia 75%, dando a um homem 6,6 anos a mais de vida e a uma mulher, 4,8 anos. Que tal molho de chocolate com lagostins ao alho? Não consegui encontrar na literatura médica referências a algum grupo de cobaias humanas que tenha testado isso, portanto concluí que pode haver coisas que nem o mais firme hipocondríaco estaria preparado para enfrentar em troca de mais alguns anos de vida.

Eu pensava nisso enquanto caminhávamos na saída da Cantina Argiolas, com garrafas de vinho embaixo do braço. De repente percebi que toda a aldeia estava silenciosa. Passamos por uma fileira de casas em ruínas, em caminhos de terra com altos muros de barro, e não se via uma alma, nem mesmo um cachorro se movia. A hora encantada da 1 da tarde tinha chegado. De cem janelas de cozinhas podia-se ouvir o ruído fraco de utensílios e panelas de alumínio, e os aromas tentadores de sopa de carne e grelhados ao alho nos rodearam. Era a hora do almoço. Nosso próximo encontro só seria às 4 da tarde, depois da sesta, e tínhamos três longas horas vazias para matar.

Por pura sorte, notamos um sinal pintado numa parede, uma flecha apontada para uma *trattoria* chamada Sa Muskera – correção, "a" *trattoria,* pois era a única existente em Serdiana, ao que parece. Decidimos arriscar. Era isso, ou ficar sentados no carro nos embebedando de Turriga até que a boa gente de Serdiana acordasse. Passamos sob um arco, por um belo pátio e entramos em um pequeno restaurante rústico, com grossas vigas de madeira e antigos retratos de família. Estava vazio, a não ser por um homem forte e reluzente de avental, com a barba preta aparada e que parecia uma versão mais jovem do grande tenor italiano Luciano Pavarotti. Era o *chef* e proprietário, Bruno Paba, e nos deu as boas-vindas.

Já havíamos comido em restaurantes sardos, é claro, e na casa de novos amigos desde nossa chegada alguns dias antes, mas esta refeição imprevista seria a melhor e a mais autêntica até agora, o verdadeiro sabor do que deve ser uma refeição tradicional na Sardenha... pelo menos nestes tempos mais prósperos.

Não havia cardápio, por isso deixamos Bruno trazer os pratos que ele tinha preparado, que eram *tipici sardi* – tipicamente sardos. O primeiro a chegar foi um naco de queijo de cabra fresco e macio, uma tigela de azeitonas cinza e verdes e uma garrafa de azeite de oliva extra-virgem de Argiolas. Como sempre em uma refeição sarda, havia um prato cheio de *carta da musica* – partituras –, como são chamados os discos duplos e finíssimos de pão. Depois um prato de frios: *prosciutto* feito em casa, um salame picante e uma especialidade local, *guanciale* – uma mandíbula de porco curada no sal, fatiada de modo a se ver pequenas tiras de carne rosada no meio de um pedaço sólido de toucinho cremoso.

Depois de um copo ou dois de um Vermentino branco aromático – não que duvidássemos do poder de cura do Cannonau, mas tínhamos trabalho a fazer –, chegaram os pratos de *pasta*, cada um deles um clássico sardo. Primeiro *culurgiones* (ou *culurziones*, ou *culingionis*, ou meia dúzia de outras pronúncias, dependendo da região da Sardenha), originalmente da região de Ogliastra. São pequenas almofadas gordas de massa fechadas a dedo, recheadas com uma mistura deliciosa de batata, queijo pecorino, alho, salsa e muita hortelã. Ao lado deles, uma tigela de *malloreddus*, um nhoque de semolina típico da área de Campidano. O nhoque parecia uma tigela de larvas cor-de-laranja banhadas em molho de tomate com anis e lingüiça caseira, com o aroma quente e terrestre do açafrão fresco – a colheita na vizinha San Civino Monreale tinha apenas terminado – e servido com queijo parmesão ralado grosso. Finalmente algo bastante incomum: um prato camponês tradicional da aldeia de Bruno de Aritzo, nos montes Nuoro, chamado *fregola incasada,* que é basicamente uma espécie de grande cuscuz cozido com carne de porco picada, molho de tomate e vários tipos de queijo de cabra e ovelha.

FREGOLA INCASADA DE BRUNO PABA

Encontrar um fornecedor de *fregola* (às vezes chamada *fregula* ou *succú*) fora da Itália pode ser um desafio, mas nada pode substituí-la neste prato, e é muito difícil fazê-lo do zero, com semolina, gemas de ovos e açafrão. É bem maior que um cuscuz, variando conforme o tamanho dos grãos de milho, por isso não se pode usar o cuscuz comum como substituto. Procure nas melhores *delicatessen* do seu bairro, pergunte a seus amigos italianos, peça que o *chef* de um restaurante sardo lhe indique o fornecedor. Vale a pena para fazer um prato simples, saboroso e autêntico da Sardenha.

3 dentes de alho
1 pimentão vermelho pequeno (sem sementes)
1 colher de sobremesa de azeite de oliva
350 gramas de carne de porco picada (ombro ou pescoço)
1/2 litro de *passata* (extrato de tomate)
1 xícara de salsinha picada
1 litro de caldo leve (de carne ou frango) ou água
4-5 fiapos de açafrão (embebidos em uma colher de sopa de água)

250 gramas de *fregola* seca
75 gramas de queijo pecorino maturado, em cubos
50 gramas de queijo de cabra fresco, em cubos
sal (opcional)

Pique bem fino o alho e o pimentão e refogue no azeite em uma panela de fundo grosso por um ou dois minutos, até o alho ficar transparente. Acrescente a carne de porco e frite em fogo médio por cinco minutos, depois retire o excesso de óleo e acrescente a passata e a salsa. Cozinhe em fogo médio/baixo por 20 minutos, acrescentando o caldo aos poucos para manter a consistência grossa, cremosa; depois acrescente o açafrão e a fregola *e cozinhe em fogo baixo por mais 25 minutos.*

Verifique a consistência de vez em quando: a fregola *deve ficar como um bom risoto, firme e inchado, e não melado. Quando estiver pronto, misture os queijos e tempere a gosto. O prato talvez não precise de mais sal, dependendo da maturidade do pecorino. Sirva em um prato grande e raso (de barro, se você tiver).*

Acompanhei isso com uma salada de funcho bem picado, gomos de laranja sanguínea e rúcula com molho rosê. Vai muito bem com um tinto mais leve como um Beaujolais. Serve quatro pessoas como prato principal.

Ainda não tínhamos chegado ao prato principal. As refeições na Sardenha são tão heróicas quanto seus vinhos. Um longo e lânguido almoço de quatro pratos é a principal refeição do dia, e muitas vezes percebemos que uma porção de massa era mais que suficiente para nós dois. Não pedimos o prato principal, especialmente depois que

A ILHA DOS ANCIÃOS

Bruno nos avisou que só tinha bife, o que nunca é muito inspirador. Ainda estávamos raspando o molho dos pratos, terminando o Vermentino, afrouxando os cintos e temendo a cerca de nossos níveis de colesterol depois do banquete, quando chegaram três jovens de fora da cidade. Eles atacaram o bife, e nós imediatamente lamentamos não termos guardado lugar para eles.

Em um forno de porta aberta, o *chef* empilhou um monte de galhos de vinhas, os acendia e deixava-os queimar até ficar em brasa. Então trouxe três bifes enormes, escurecidos pela idade e marmorizados de gordura, que untou com azeite antes de colocar sobre uma grade metálica para grelhar lentamente até que o exterior ficou como couro encerado e o interior um suculento vermelho rosado. Enquanto os rapazes devoravam a carne, Bruno nos mostrou sua cozinha. Imediatamente desejamos passar a noite ali, ou a semana toda. No cardápio havia dois outros clássicos da Sardenha: leitões de cinco quilos a ser assados no espeto com folhas de mirto e um grande caldeirão de carne, batatas, cebolas e cenouras – *pecora in cappotto*, "cordeiro de capote".

Essa foi nossa apresentação à culinária campestre da Sardenha, que levantou mais perguntas do que respondeu. Era uma comida de sabor excelente, mas como pessoas que comem tanta carne, queijo e massa vivem tanto tempo? Bruno nos contou que a tia-avó de sua mulher, que morava com eles, adorava esse tipo de cozinha e tinha 102 anos – um pouquinho surda, mas ainda gostava de seu copo de moscatel à tarde. Mas e o peixe? Os legumes? A salada? Ou o criticado doutor Robert Atkins estava certo, afinal, quando disse que os carboidratos, e não as gorduras animais, eram o verdadeiro inimigo?

Agora já eram quase 4 horas. Salvatore Spano, nosso próximo centenário, devia ter acordado. Encontramos sua cabana com paredes rebocadas de gesso descendo uma rua secundária na periferia da cidade e batemos à porta, descobrindo que enquanto seus vizinhos dormiam Salvatore esteve preparando uma apresentação. Ele abriu a porta vestido formalmente, um homem do tamanho de um jóquei com barba branca de gnomo, costas retas, olhos agudos, um aperto de mão firme e um ótimo humor. Usava o traje folclórico local – cada cidade da Sardenha tem o seu –, uma roupa formal do século XVIII que poderia ter sido usada por um homem no dia do casamento. Evidentemente era derivada de roupas de montaria antigas, com suas calças-culotes brancas enfiadas em polainas e botas pretas, uma linda camisa branca bordada e um paletó preto justo fechado por correntes de prata. Em sua cabeça havia uma versão elegante do boné de meia preta com uma faixa bordada.

Sem mais delongas, e sem acompanhamento musical, Salvatore começou um número de dança tradicional que ele apresentava em toda a ilha nos dias de festa, desde que era criança. Se Antonio Argiolas era o testamento vivo do poder da uva, Salvatore era o centenário que provava que o segredo é o exercício. Na verdade, faltavam alguns meses para ele completar 100 anos quando o conhecemos, mas não só ainda dançava energicamente com o grupo de dança local como andava de bicicleta pela cidade, e quando achava que estava perdendo a forma entrava em um aparelho de exercício e malhava o corpo com um cinto elétrico. Ele se orgulhava de ler sem óculos, ter uma audição precisa, e também não havia nada errado com sua memória. Ele brincou que seu médico o visitava uma vez por mês mas lhe dizia: "Estou perdendo meu tempo. Você está mais em forma que eu".

Salvatore Spano nasceu em Serdiana, o filho mais velho de Defensa e Federico, um agricultor que morreu com apenas 36 anos depois de levar um coice de um cavalo. Salvatore tinha apenas 12 na época. A vida naquele tempo era realmente "dura, bruta e curta", e nenhum

Efisio e Silvia Piras

de seus parentes viveu além do que hoje consideramos a meia-idade. Tornando-se o ganha-pão da família, Salvatore abandonou a escola e foi ser pastor. Conhecemos muitos pastores em nossa viagem – para uma população de 1,7 milhão de pessoas, a Sardenha tem o dobro de carneiros, que são sua principal ocupação agrícola, a fonte do leite, queijo e carne, assim como de lã.

A palavra *pastorale* cobre diversas ocupações, desde o humilde pastor que acompanha o rebanho nas pastagens públicas até o rico proprietário de terras, dono dos campos e rebanhos. No caso de Salvatore, significou uma juventude perdida de solidão, dificuldades e pobreza. Imagine Efisio, o menino pastor no filme *Pai patrão* de Paolo Taviani, arrancado da escola primária, espancado e banido para as altas pastagens para guardar o rebanho de seu pai contra ladrões e lobos. Salvatore só se casou aos 36 anos porque temia que também morresse jovem, deixando filhos sem pai, uma mulher sem marido. As dificuldades daquele tempo são bem captadas pela mais famosa autora da Sardenha, Grazia Deledda, que ganhou o Prêmio Nobel de Literatura em 1926 com a obra *Caniços ao vento*. Embora ela viesse de uma família rica da cidade de Nuoro, no norte, Deledda foi uma observadora atenta da luta dos camponeses no início do século XX, quando Salvatore era menino. Este é seu relato lancinante da pobreza que viu, quando as pessoas famintas eram levadas a isto:

> Em épocas de fome, isto é, semanas antes da colheita da cevada, quando as pessoas ficavam sem cereais e recorriam ao agiota, a velha Pottoi ia pescar sanguessugas. Seu lugar preferido era uma curva do rio... ela ficava horas sentada à sombra do amieiro, com as pernas nuas na água esverdeada transparente, salpicada de dourado. Mantendo uma garrafa firmemente na areia com uma das mãos, ela tocava seu colar com a outra. De vez em quando dobrava-se e via

seus pés ondulando, grandes e amarelados na água. Ela encolhia uma perna, retirava um bicho preto e brilhante, colocava-o na garrafa e empurrava com um graveto.

Felizmente não há receitas de sanguessugas.

De alguma forma Salvatore sobreviveu e acabou se casando com Antonia, que ele avistou na janela de sua casa quando o carro de boi que conduzia esperava em um cruzamento em nível a passagem de um trem. Ele a cortejou de bicicleta, a primeira bicicleta em Serdiana – a que ele disse que ainda pedalava até que seus amigos do grupo de dança folclórica vieram aderir à brincadeira e expressaram suas dúvidas. "Ah, não, é isso mesmo, a primeira tinha pneus sólidos, e não esses novos de encher", ele riu. Foi um casamento longo e feliz que durou mais de 60 anos e produziu 11 filhos, e hoje 23 ou 24 netos – sua memória o trai um pouco aqui. Apesar de sua mulher Antonia ser 18 anos mais moça que o marido, morreu há dez anos. Desde então ele vive sozinho, valendo-se da ajuda de amigos e parentes que moram perto.

Sua vida foi tão dura que a maioria das pessoas no Ocidente acharia difícil imaginar. Carne de qualquer tipo era uma raridade; pão, queijo e leite eram a dieta básica. Quando ele ia com o rebanho para as altas pastagens no verão, levava uma trouxa do *pane carasau*, o pão seco que pode durar até um ano e, embebido em água, seria seu alimento durante semanas. Muitas vezes não havia nem isso. Salvatore e sua família foram para a cama com fome muitas noites, e sobreviveram colhendo *fici d'india* – figos-da-índia – os frutos vermelhos dos cactos espinhosos, e cavando as raízes de plantas silvestres. Ele secou pântanos para Mussolini durante a II Guerra Mundial e entrou para o exército, mas nunca esteve em serviço. "Só entrei para conseguir algo para comer", ele brinca.

Não há dúvida de que na maior parte de sua vida Salvatore não teve o suficiente para comer – basta ver seu tamanho reduzido para entender isso. Mal precisamos perguntar sobre seu segredo de longevidade: trabalho duro, dieta frugal e muito exercício aeróbico. Ele ainda gosta de seu pão com queijo e de beber um ou dois copos de vinho. Até alguns anos atrás tinha um pequeno vinhedo e fazia seu próprio vinho. "Branco ou preto, não importa", ele disse, erguendo um copo de papel de um *prosecco* borbulhante que comprou para a ocasião. (Na Sardenha, o vinho tinto é muitas vezes chamado de *nero* para distingui-lo do branco, que, por causa da fabricação imperfeita, pode ter um tom rosado.) Feliz, ele percorreu a rua acima e abaixo para a foto, e então esse velho ágil e incrivelmente em forma puxou minha manga, e nossa intérprete, Alice, explicou:

– Ele quer ser fotografado de ponta-cabeça.
– O que você quer dizer com isso?
– Ele quer mostrar.

Olhe, você poderia explicar que não temos seguro contra terceiros...

Tarde demais. Ele enlaçou os braços com dois de seus amigos, um de cada lado. Fizeram alguns passos alegres de dança. Depois um, dois, três – eles o giraram de cabeça para baixo e o suspenderam por intermináveis 30 a 40 segundos, com sua touca preta tocando o piso de cimento do pátio. Quando o colocaram de pé, ele quis se exibir de novo, mas pedimos desculpas, terminamos o *prosecco* e voltamos para o carro. Há algo de perturbador em um homem, mesmo um quase centenário, que pensa que é imortal. Quando lhe perguntei sobre que inscrição desejaria para sua lápide, quando chegar a hora, ele riu: "Ainda estou aqui".

Um cartão-postal do passado

CAPÍTULO 3

"Ele não tem uma faca!"

Mesmo com meu italiano capenga consegui entender isso. Havia uma expressão assustada no rosto gorducho e avermelhado do jovem pastor sentado do outro lado da mesa de cavalete. Entre nós havia um prato de carneiro com osso, do tamanho de um punho, e tudo o que tínhamos para atacá-lo eram garfos de plástico branco. Fôramos convidados para um "banquete tradicional de pastor" no alto de um morro isolado por uma estrada esburacada perto do povoado de Dualchi, onde uma pequena igreja de pedra atendia às necessidades espirituais dos pastores. San Pietro – *Santu Pedru* em sardo – é um edifício simples, do tamanho de dois chalés com uma torre pequena e larga, uma única rosácea e um sino que parece algo que a classe média vitoriana usaria para chamar a família para o domingo. É um local incrível, dominando uma ravina cheia de pedras onde as águias voam em espiral nas correntes térmicas. E lá embaixo o brilhante rio Murtazzolu escorre para a lâmina prateada do lago Omodeo, o maior lago artificial da Europa.

Desde tempos medievais essa humilde igreja atrai peregrinos de toda a Sardenha, que se reúnem aqui nos feriados, dormindo em lugares que parecem estábulos, de tetos baixos e paredes caiadas, onde agora almoçávamos. Sentados em bancos dos dois lados da longa fileira de mesas havia cerca de 60 pastores vestidos em jeans e coletes, com algumas mulheres, alguns dignitários locais e nós. Foi um banquete que parecia tirado de um quadro de Brueghel se você ignorasse os anacronismos das toalhas brancas de papel de açougueiro, as garrafas de 1,5 litro de refrigerante cheias de vinho tinto e os garfos de plástico. Homens rudes com hálito de bebida rodeavam os caldeirões do tamanho de barris de vinho cortados pela metade, cheios com meia dúzia de carneiros cozidos, que tinham sido abatidos e esquartejados para as festas. Uma grande pilha de pães de quatro tipos diferentes, incluindo alguns brancos e crocantes chamados *pane di Simbula*, que tinham sido abençoados pelo bispo para a ocasião. O vinho corria como um rio.

Isso era o mais caseiro que poderia ser, o tipo de refeição que os ancestrais daqueles homens preparavam havia milênios – mas, é claro, só em ocasiões especiais como esta. Mas qual é a etiqueta? Como você enfrenta um banquete medieval: arranca os pedaços com os dentes, limpa as mãos no cabelo como o personagem debochado de Albert Finney em *Tom Jones*? O homem do outro lado da mesa contou a seus colegas sobre nossa dificuldade e eles deram gargalhadas e apalparam os bolsos. Subitamente havia meia dúzia de facas estendidas em nossa direção, com suas lâminas perigosas brilhando na luz. Nunca haviam pensado que um convidado, mesmo de tão longe quanto a Austrália, não teria uma faca.

Aqui, a posse de uma faca é uma questão de honra, assim como de necessidade; os pastores lhe dão grande valor, como os afegãos tribais prezam suas armas. Examinei as facas, procurando qualidade, mas eram variedades de jardim com cabos de duas faces presos por rebites. As melhores facas, chamadas *sa pattadesa,* vêm da cidade próxima de Pattada, cujos artesãos levam dois dias para temperar e moldar o aço e o encaixam em um cabo esculpido de um único pedaço de chifre de *mouflon*. As de maior qualidade, chamadas de *fogarizzu* devido ao nome do artesão que as cria, custam $ 20 por centímetro de lâmina. A forma dela é especializada: algumas são melhores para cortar a casca das árvores de cortiça; outras, para tirar a pele de animais. Mas todas podem matar – e matam, como mostram as tristes estatísticas de homicídio da Sardenha. Na Barbagia, uma faca pode brilhar por algo tão banal quanto um carneiro roubado, apesar dos esforços das autoridades para minimizar os danos que podem causar limitando o comprimento da lâmina à largura de quatro dedos. Apanhei cuidadosamente uma das facas oferecidas e serrei a junta de um carneiro.

A refeição ajudou a confirmar a suspeita que crescia em nossa mente, de que talvez a dieta dos sardos tivesse a ver com sua longevidade. As porções eram enormes, mas esses homens tinham trabalhos físicos árduos, provavelmente queimando 3 mil a 4 mil calorias por dia. Eles eram baixos e robustos, mas nenhum parecia acima do peso. Mas foi o que colocavam nos pratos que me fez arregalar os olhos. O primeiro foi *pecora in cappotto*, o "carneiro de capote" que vimos ser preparado no restaurante em Serdiana. Mas aqui ele tinha sido reduzido aos fundamentos – apenas carneiro cozido em água e sal, sem temperos. Cheirava forte a lanolina e perguntei a um dos convivas o que havia acontecido com o "capote" – as cenouras, cebolas e batatas. Ele me deu um olhar de desprezo e disse: "Não tínhamos espaço". Legumes são para os fracos, ao que parece.

Chegou o segundo prato e, mais uma vez, o principal ingrediente era carneiro, desta vez cozido com Vernaccia, o vinho amarelo da região, semelhante a xerez, e tomates secos ao sol. Uma ligeira melhora, mas ainda assim muita proteína, gordura, osso e tecido conjuntivo que teria assustado até o doutor Atkins. Nesse momento o fogoso *filu 'e ferru*, aromatizado com anis, tinha sido trazido de seu esconderijo, e circularam garrafas de mirta feita em casa, com um sabor que lembrava xarope para a tosse. O volume do ruído nesse local de peregrinos que parecia um celeiro era ensurdecedor. Esses homens gostavam de conversar com seus amigos pastores na colina vizinha. Mas ainda não tínhamos visto nada. Chegou a sobremesa, uma especialidade local: queijo pecorino enrolado em toucinho (aparentemente para impedir que seque) e envelhecido por um ano.

Virei-me para Simonetta, nossa tradutora/acompanhante, e ela riu da minha expressão. "Tivemos um visitante americano aqui, que também ficou surpreso", ela explicou. "Ele disse: 'Tudo na Sardenha é ao contrário. Vocês fumam quando não deveriam, bebem demais, só comem carne e nada de legumes – e vivem cem anos.'" O Paradoxo Sardo.

Mais tarde, cambaleamos pela aldeia que estava envolta em enfeites festivos e com trilhas de palha pelas ruas (aparentemente um costume da corte), um carro de boi e barracas vendendo produtos locais no parque. Muitas aldeias na região rural da Sardenha são pobres, mas Dualchi (750 habitantes) é tão desprovida de recursos naturais que sua especialidade é o fruto da figueira-da-índia, um cacto cujas moitas espinhosas crescem à vontade nos quintais, ao longo das ruas e nos campos, e que não exige cultivo, fertilizante ou água. Nesta época do ano eles pareciam luvas verdes e gordas, com os dedos amarelos das flores salientes. Quando os frutos amadurecem e ficam vermelhos, os moradores fazem o máximo do que a natureza lhes deu: geléia, bolo, xarope, aguardente e assim por diante. Como sempre, saímos encantados com a hospitalidade e os presentes.

Alguns dias antes havíamos procurado centenários do outro lado da fronteira da província de Nuoro, outra região pobre e pouco povoada onde as montanhas pretas se erguem como uma defesa sobre as águas frias e cinzentas do lago Mulargia, de 20 quilômetros de comprimento, que sob a neblina e a chuva parece um *loch* escocês. Ficava a apenas 50 quilômetros ao norte de Cagliari, mas com Narelle no timão o trajeto demorou 90 minutos por estradas com curvas malucas. Antes de deixarmos a Austrália, um amigo sardo nos havia advertido sobre essas estradas, culpando não o péssimo terreno, mas o fato de que (segundo ele) as empreiteiras sardas eram pagas por quilômetro, e portanto havia um interesse disfarçado em tornar a distância mais longa entre dois pontos. Outro imprevisto foi um rebanho de carneiros que bloqueou a estrada em uma curva. Como a paisagem, eles pareciam selvagens e indóceis, com olhos amarelos, pelagem longa cinza, marrom e preta e sinos nos pescoços que soavam quando eram conduzidos.

Íamos para outra cidadezinha na montanha, Orroli, com poucos atrativos além da idade de seus moradores. Eu segurava um cartão-postal com a legenda "Orroli... terra da longevidade". A imagem parecia ser a de um pântano, mas inseridos nesse fundo desinteressante havia os retratos de quatro residentes: Constantino Mereu (nascido em 1914), Alfonso Carrus (1910), Rita Lobina (1906) e Letizia Cotza (1905). Orroli, como Arzana, investe em seu único bem, seus *anziani*, mas ainda não foi tão longe quanto um grupo de mulheres da região de Ogliastra que planeja um "passeio centenário" em que os turistas teriam de pagar 600 dólares por uma visita ao distrito, incluindo encontros com vários anciãos. As autoridades consideraram a idéia exploradora demais.

"Sim", disse Tonio Loi, uma autoridade de propaganda na câmara local. "É triste, mas eles são nosso único tesouro." Ele contou que a cidade havia perdido um quinto da população na última década, pois os jovens migram para as cidades para trabalhar, deixando uma população cada vez mais idosa, que na última contagem chegava a 2.657. Quatro deles eram centenários, e o homem mais velho da Itália, um agricultor chamado Giovanni Frau, já viveu aqui. Ele atribuía sua longevidade a cultivar sua própria comida, até os grãos para o pão que assava, e a fazer o próprio vinho, até sua morte em 2003 aos 112 anos. O website do município também lista orgulhosamente 33 pessoas com mais de 90 anos – 20 mulheres e 13 homens, incluindo dois pares de irmãos. Infelizmente para o pessoal da propaganda, todos os centenários têm uma situação precária na vida – quando se chega aos 100 a probabilidade de ver seu próximo aniversário é reduzida. Assim, aproximadamente a cada dois anos os cartões têm de ser reimpressos com novos rostos. Uma dúzia de centenários foi enterrada no pequeno cemitério daqui nos últimos 20 anos. Isso também foi um desafio para nós. Precisamos refazer nossa programação porque as pessoas que tínhamos combinado de entrevistar haviam morrido ou estavam doentes.

Inesperadamente, Tonio Loi não estava preparado para resumir o fenômeno da longevidade a alguma magia no ar ou na água. Não havia latas de suvenir de ar fresco das montanhas de Orroli, nem fontes curativas com peregrinos enchendo cantis que encontramos em outros lugares. Ele estava surpreso que tanta gente nascida aqui na primeira década do século XX ainda estivesse viva, enquanto os nascidos em 1930 e 1940 caíam como moscas aos 60 e 70 anos. O velho modo de vida estava desaparecendo tão rapidamente que no festival anual de Santa Caterina os homens caíam dos cavalos, tendo perdido a prática eqüestre.

"Sempre me pergunto por que as pessoas hoje não vivem mais tanto tempo", ele disse. "Acho que antigamente as pessoas eram mais rijas. Tinham de trabalhar muito, é claro, mas não tinham muito estresse, eram calmas, não precisavam se adaptar tanto à mudança dos tempos e tinham uma atitude muito boa em relação à vida." Então ele franziu a testa e baixou a voz. "Tem outra coisa." A 40 quilômetros de distância, perto da aldeia apropriadamente chamada de Pérdasdefogu ("pedras de fogo"), os militares americanos e italianos estabeleceram uma grande base depois da guerra. "Há um campo de tiro de artilharia onde foram usados projéteis de urânio desativado. Muitas crianças no bairro ao redor nasceram com mutações, e até um carneiro com duas cabeças", sussurrou Tonio. "Houve protestos, e os moradores tentaram conseguir uma ordem judicial, mas não adiantou. O governo insiste que é seguro e se recusa a fechar a base", disse Tonio balançando a cabeça. Aqui também o século XXI está surpreendendo pessoas que o século XX esqueceu. Talvez dentro de algumas décadas os centenários de Orroli serão apenas uma memória, um antigo cartão-postal amarelado.

A população que envelhece e encolhe causou uma estranha migração. A antiga cidade histórica quase foi abandonada, suas casas com paredes de barro cinza caem em ruínas, cobertas por trepadeiras e perfuradas por pinheiros, enquanto os moradores que restam foram reinstalados em uma subdivisão de prédios de apartamentos de concreto do outro lado da rua principal. Foi lá que encontramos Rita Lobina, em um apartamento moderno e espaçoso no segundo andar de um prédio novo que ela divide com sua filha Anna, uma ágil e calorosa mulher de 77 anos.

Lobina era uma pessoa alegre e ativa, que parecia ter sido um dia a *miss* da aldeia: miúda, como a maioria dos centenários que encontramos até agora, com olhos castanhos bondosos e fartos cabelos grisalhos puxados em coque. Ela vestia o uniforme das viúvas da Sardenha – seu marido havia morrido há 20 anos – de saia preta, cardigã de lã preto, meias grossas pretas e chinelos pretos. E, um milagre, ela possuía um conjunto completo de dentaduras bem ajustadas, que fez questão de exibir em sorrisos enquanto nos mostrava sua cozinha e seu famoso molho para macarrão. Aos 100 anos, tivemos a sensação de que Rita Lobina ainda esperava ter mais que alguns anos de atividade – só precisou de sua bengala de alumínio *high-tech* para se locomover depois que caiu no ano passado e quebrou a perna.

A longevidade é comum na família, mas ela foi a primeira centenária. Sua irmã morreu há alguns anos aos 86, e uma prima, Letizia Cotza, faleceu quando faltava apenas um mês para os 100. Mas ela parecia pensar que era seu estilo de vida saudável, mais que a boa sorte genética, que a ajudou a chegar ao centenário. Nunca fumou. "Faz mal", ela diz, enrugando o nariz. Parou de beber vinho há 20 anos, com medo de que lhe desse colite, e sempre se manteve magra e cuidou do que comia. Fazia dieta havia muitos anos, mas uma particularmente sarda: não tocava em verduras ou salada. Quanto a exercícios, ela criou dez filhos, oito dos quais ainda vivem (juntamente com 11 netos e uma bisneta) e raramente teve um momento de descanso da manhã à noite. Embora fosse abastada pelos padrões locais – seu marido foi um proprietário de terras que criava gado e plantava trigo e feijão em 25 ou 30 hectares na periferia da cidade –, ela ainda comia pouco e com simplicidade.

Os italianos não são famosos pelo desjejum, e Rita geralmente começa o dia com nada mais que um café com leite, almoça sopa *minestrone* ou uma tigela de massa e à noite toma um caldo. Passa o tempo lendo, tomando sol no balcão em sua poltrona forrada com um tecido cor-de-rosa, cozinhando – seus *amaretti,* biscoitos com sabor de amêndoa, são populares entre os netos –, recebendo visitas e escutando a missa na Rádio Maria, como os antigos chamam a Rádio Vaticano, que é transmitida de Santa Maria di Galleria em Roma. E, é claro, ela nunca deixa de fazer a sesta de uma hora e meia à tarde, diz, olhando para o relógio. Estava na hora de partirmos.

A alguns quarteirões dali, na Rua Papa João XXIII, morava uma família na outra extremidade do espectro social, no último andar de um prédio de apartamentos decadente, com o reboco amarelo caindo das paredes e uma escada de mármore rachado.

"Você não tem idéia de como é difícil para nós viver com 400 euros por mês", suspirou Vincenzina Sirigu, uma preocupada mulher de meia-idade que lutava para sustentar seus sogros idosos com sua pensão. Silvia e Efisio Piras, porém, não pareciam se preocupar com nada no mundo. Em 6 de março de 2007 eles tinham contratado a Casu Vargiu, um *agriturismo* (hospedaria e restaurante campestre), para um banquete em comemoração de seu 75º aniversário de casamento.

Trinta ou quarenta amigos e parentes se reuniram para festejar com *ravioli* e leitão assado e brindar à saúde de um dos casais mais antigos da Itália com um borbulhante *prosecco*.

Silvia e Efisio se casaram em 1922, segundo eles, ano em que um editor de jornal e cruzado chamado Benito Mussolini se tornou primeiro-ministro da Itália, e raramente passaram um dia separados desde então, exceto no fim da II Guerra Mundial, quando Efisio foi convocado e teve de morar no quartel em Cagliari. Efisio (ele tem o nome do mais famoso mártir da Sardenha, o santo patrono de Cagliari) completou 100 anos cinco dias antes de seu aniversário de casamento; Silvia, que de solteira tem o mesmo sobrenome que o marido, mas insiste que não são parentes, está ansiosa para comemorar o seu centésimo aniversário em novembro de 2009. Se conseguir, eles serão membros do clube de casais mais exclusivo do mundo, o de centenários casados com centenários.

A julgar pelas poucas horas que passamos com eles, seu longo e amoroso relacionamento e sua *joie de vivre* – algo que os médicos ainda não conseguiram isolar com sucesso de todos os outros fatores que podem contribuir para a longevidade – têm muito a ver com sua longa vida. Certamente não há pistas genéticas. Não houve outros parentes próximos centenários, mas Efisio teve uma tia que viveu até 96, eles acham. Ele vestia paletó e camisa pólo de listras marrons, com a inevitável boina, e tinha um sorriso permanente no rosto, que com freqüência virava uma gargalhada, mostrando seu único dente sobrevivente. Silvia, a primeira mulher quase centenária que conhecemos que não vestia preto dos pés à cabeça, usava um belo colete tecido à mão, azul e cinza. Ela gostava de piadas e de rir, especialmente quando Efisio a abraçou e lhe deu um beijo no rosto para a foto.

– Eu era muito bonita, ele teve de correr atrás de mim – ela acrescenta, coquete.

Por que Efisio se apaixonou por ela?

– Não me lembro – ele diz, antes de explodir numa gargalhada.

Eles admitiram que tiveram discussões, mas Silvia geralmente conseguia o que queria com o tranqüilo Efisio, exceto quando se tratava do orçamento da casa, do qual ele cuidava.

– Então é você que usa as calças na família? – perguntei a Silvia.

– Não, não, não. Não gosto disso – ela respondeu, levantando a saia para mostrar sua anágua de algodão bege, com mais risos e tapas nas pernas de seu marido.

Ambos vieram de famílias muito pobres. A de Silvia era de criadores de cabras e ela deixou a escola aos 10 anos para ajudar no trabalho – lembra-se de caminhar atrás da máquina puxada a cavalo que colhia o trigo, apanhando um por um os grãos que caíam para fora. Os pais de Efisio tiveram oito filhos e cuidavam da própria fazenda, mas nos anos 1950 ela foi desapropriada pelo governo e inundada para uma barragem de hidrelétrica; eles receberam uma pequena indenização. Ele teve de ganhar a vida transportando feno e palha para telhados com um carro de bois.

Antonia Congiu

Pelo menos o casamento deles foi por amor – coisa não muito comum na Sardenha na época, quando geralmente eram alianças econômicas entre famílias, nas quais os noivos tinham pouca influência. Conhecemos uma mulher na casa dos 70 anos – para poupá-la, vamos chamá-la apenas de Anna – que foi vítima de um desses acordos. Sua irmã mais velha estivera noiva de um homem de sua aldeia, mas teve um caso com um oficial de marinha em visita. Seu noivo se recusou a casar, mas as famílias já tinham um contrato matrimonial que incluía o uso de uma terra. A solução? A família de Anna, uma virgem de 16 anos, a ofereceu ao homem no lugar de sua irmã. Ela se tornou uma mercadoria.

Os Piras viviam modestamente, complementando sua dieta de pão e queijo com alimentos silvestres encontrados nos campos – aspargos, cogumelos, chicória, uma espécie de beterraba prateada e alcachofras. Havia pouca carne na mesa na época, embora hoje eles consumam *ravioli*, batatas, lasanha, minestrone e "de tudo". Efisio apreciou o vinho tinto toda a sua vida – apenas o copo regulamentar no almoço e no jantar –, mas Silvia nunca bebeu. E ele não foi o único centenário ex-fumante que conhecemos, mas tinha abandonado os malcheirosos cigarros Alfa, em papel preto, fabricados pelo governo italiano, quando adoeceu aos 60 anos.

Tiveram quatro filhos, um dos quais morreu de "ataque cerebral" quando criança, e outro, Mario, foi assassinado. Ele era casado com sua atual cuidadora, Vincenzina Sirigu. Mario era um "guarda d'água", emprego importante nesta região onde a irrigação é a vida da agricultura. Não havia máfia como na antiga Sicília para controlar sua alocação, e um dia ele levou um tiro nas costas no trabalho. Os assassinos escaparam e Vincenzina ficou viúva com seis filhos para criar. Hoje ela também tem de cuidar dos sogros sozinha.

Até agora a vida deles parecia banal para os sardos de sua geração. Enquanto conversávamos na sala apertada do apartamento, percebi que, ao contrário da maioria das casas sardas, havia poucos sinais evidentes de religião. Estávamos habituados a um monte de bênçãos papais, imagens do Cristo sofredor e figurinhas de porcelana da Virgem Maria. Muitas casas de centenários são enfeitadas com rosários, os padres as visitam regularmente para dar a confissão e, com muito poucas exceções, todos atribuem sua longevidade primeiramente a Deus. Mas aqui só havia um ferro aquecido a brasa sobre a lareira, e nas paredes imagens do Arco do Triunfo, galeões navegando e um relógio cuco defeituoso cujo ponteiro dos minutos tenta alcançar a meia-noite e recua. Aqui o tempo literalmente anda para trás. Perguntei ao velho casal se Deus não era importante para eles, esperando descobrir nossos primeiros centenários ateus.

"É o mais importante", disse Silvia com determinação.

"Eu nunca o vi", retrucou Efisio, fazendo o agnóstico. Ambos deram outra risada. Era evidentemente uma piada que haviam compartilhado muitas vezes. Fossem quais fossem os méritos da fé, havia duas opiniões divergentes nessa casa.

Então quais são seus segredos da longevidade? Na ausência de um "gene dourado", um estilo de vida de trabalho duro no campo e uma dieta frugal mais uma vez parecem os suspeitos óbvios. Além, é claro, de um relacionamento caloroso e terno que sobreviveu três quartos de século. Despedimo-nos longamente da família Piras. Apenas dizer "obrigado" e "até logo" é considerado tão abrupto que é quase grosseiro na Sardenha e, ao se aproximar a hora mágica da 1 da tarde, dirigimo-nos para Casu Vargiu, onde outro banquete nos esperava.

A ILHA DOS ANCIÃOS

O *agriturismo* ficava em um enorme edifício de pedra calcária, cheio de vigas e pisos de pedras, com uma oliveira colossal que teria mil anos no pátio, ao lado de um poço. Estava desde 1500 nas mãos da família, a dinastia Vargiu, que eram praticamente os senhores locais, com centenas de bois e carneiros, plantando trigo e oliveiras em seus mil hectares de terra. Mas na década de 1970, segundo o herdeiro da família, Agostino Vargiu, a magra receita levou a fazenda à falência e ele se mudou para Cagliari para dirigir um hotel que a família possuía. Fazia poucos anos que ele havia voltado, para reformar os prédios e abrir um restaurante e hospedaria e instalar atividades como pesca, canoagem e tiro ao prato e atrair turistas para insuflar um pouco de vida na cidade moribunda. Vargiu se revelou um pouco *gourmet,* e nos ofereceu outra teoria de por que as pessoas viviam tanto: alimentação natural, plantada ano após ano com as mesmas sementes, sem produtos químicos.

"Nossos produtos são orgânicos porque as pessoas não podem comprar sementes, fertilizante e pesticida", ele disse. "As pessoas tinham de ser autosuficientes e viviam em uma economia de escambo, trocando os produtos de que necessitavam." Na verdade, ainda hoje muitos sardos vivem fora da economia monetária. Um advogado que conhecemos foi pago certa vez com quatro caixas cheias de lagostas geladas por defender um homem acusado de estupro.

O almoço foi servido em um antigo moinho – uma pedra enorme, que era movida por um cavalo, estava em um canto –, e o compartilhamos com um animado grupo de escolares. Como sempre, as quantidades eram heróicas, destinadas a satisfazer trabalhadores rurais esfaimados. Começamos com aperitivos que teriam sido suficientes para uma refeição copiosa: *prosciutto* salgado, gordas azeitonas, um prato de berinjela, dois tipos de pão e jarras de vinho Cannonau e

Vermentino feitos em casa. Depois vieram fatias frias de *porcheddu*, o famoso prato local de leitão assado, incluindo algumas partes mais desprezadas como as orelhas. Estávamos prestes a erguer as mãos em rendição quando chegaram os pratos de massa: duas especialidades locais incomuns, uma tingida de açafrão forte com cogumelos *porcini*, a outra *maccarones de busa*, feitos à mão enrolando a massa em agulhas de tricô e cobertos de queijo pecorino. Simplesmente não conseguimos comer o prato principal, carneiro refogado, nosso velho favorito *pecora in cappotto*, quando finalmente chegou. Mayu pediu um pouco de salada ou legumes.

– Mas há legumes aqui: batatas e cebolas – protestou a garçonete, apontando para o cozido gorduroso.

– Tem alguma verdura?

A garçonete voltou com um maço de funcho cru, que cortou em quatro com uma faca, e virou as costas. Era quase possível ouvi-la resmungar: "Esses estrangeiros e suas verduras!"

Sem entrevistas marcadas para aquela tarde, decidimos ser turistas e procurar indícios de longevidade em um dos mais antigos sítios históricos da Sardenha. Isto não é tão absurdo quanto parece. Embora se admita geralmente que na Antigüidade a expectativa de vida humana era de cerca de 20 anos, um cientista que conhecemos depois, o professor Luca Deiana, um biólogo molecular altamente respeitado que chefia a pesquisa científica das origens genéticas da longevidade sarda, está convencido de que houve centenários há séculos, senão milênios.

Se for assim, então os principais suspeitos na linhagem histórica devem ser as pessoas da Idade do Bronze que construíram os mais importantes tesouros arqueológicos da ilha, os *nuraghi*. Espalhados pelo campo, mas especialmente concentrados nas regiões do oeste, há 7 mil dessas estruturas maciças, semelhantes a fortalezas, o equivalente na

89

Sardenha a Stonehenge ou às pirâmides. Em forma de cones truncados, com os lados marcados por cortes de flechas e construídos – ninguém sabe como – de blocos de basalto cinza, alguns do tamanho de lavadoras de roupa, os *nuraghi* montam guarda no alto dos morros em toda parte.

O avô de todos eles, o Nuraghe su Nuraxi, fica a meia hora de carro de Orroli. É o maior e mais importante, designado Patrimônio da Humanidade pela ONU, com 10 metros de altura sobre um monte que domina os campos de trigo. Ao redor do "castelo" central – se é que era isso; os arqueólogos não têm certeza se seu objetivo principal era a defesa – estão quatro torres entrelaçadas, e, amontoada em sua sombra protetora, uma aldeia em forma de ferradura, com ruínas de moradias de pedra, que supostamente eram cobertas de palha. Há fornos de pedra, pias, pedras de moinho para grãos e azeitonas, e uma fonte e um altar que teriam sido usados em um culto à água. Todos os indícios de uma aldeia neolítica que teria abrigado 200 a 300 pessoas.

Até o pós-guerra, os sardos pouco sabiam sobre sua pré-história – e possivelmente pouco se importavam. Nem sequer se sabia da existência deste enorme complexo até 1949. Estava enterrado sob o morro, tão bem escondido que sua existência passou despercebida até que o cão de um morador do local caiu em um buraco e o *nuraghe* foi descoberto pelos que o resgataram. Uma equipe liderada pelo mais eminente arqueólogo da Sardenha, o professor Giovanni Lilliu, passou seis anos escavando o local, revelando ruínas construídas a partir do século 13 a.C., quase mil anos antes do início da construção da Grande Muralha da China. Mas, segundo nosso guia, eles ainda não têm evidências concretas de quem as construiu, sem deixar registro escrito ou mesmo pictórico de sua vida e sua época.

De modo algum foram os habitantes originais da Sardenha. Fragmentos de ferramentas de pedra situam a primeira ocupação humana por volta de 350 mil anos a.c. Ao redor de 6000 a.c. chegaram invasores em busca de obsidiana (uma dura rocha vulcânica que era usada para fazer ferramentas) e minérios metálicos. Lilliu acredita que a ilha se tornou um pólo de uma grande rede de comércio que ligava o atual Líbano à Grécia e à Espanha, e que seus habitantes não são uma tribo homogênea, mas um caldeirão genético de povos do leste, oeste e sul: árabes, europeus e africanos. A teoria mais recente é de que os construtores dos *nuraghi* eram uma tribo mencionada em antigos hieróglifos egípcios como os shardarnas, um dos selvagens "povos do mar" que causaram devastação no Mediterrâneo, chegando a navegar pelo Nilo e invadir o Egito na época dos faraós.

Naquela tarde nublada não havia nada nessas antigas ruínas que nos desse uma sugestão de quem eles eram ou qual sua aparência, além do fato de que, como os sardos modernos, deviam ser baixos – tínhamos de inclinar a cabeça para passar sob as vigas das portas. Na verdade as únicas imagens que temos desse povo estranho e desaparecido são as delicadas e belas figurinhas de bronze fundido no museu de história antiga no castelo de Cagliari, mostrando-os em poses banais como bebendo vinho, caçando porcos e tocando flauta. Quanto à sua longevidade, não restaram pistas, pelo menos que pudéssemos encontrar.

De volta a Cagliari, decidimos verificar os mercados de produtos agrícolas, não para ver se realmente havia legumes, mas alguma evidência que sustentasse a afirmação de Agostino Vargiu de que as matérias-primas da dieta sarda são diferentes dos produtos hoje encontrados nos supermercados de qualquer esquina do mundo. O mercado San Benedetto, um feio edifício de concreto e azulejos nos subúrbios leste da cidade, é bem distante do centro histórico – e não é um lugar para os de coração frágil, nem para os vegetarianos. Aqui você fica cara a cara com a natureza em sangue, carne e osso: cordeiros do tamanho de cachorros *whippet*, juntas de cabras e leitões, com a pele queimada por maçarico para remover os pêlos. Várias barracas especializadas em tripas como intestinos de carneiro recheados (uma especialidade local chamada *tattaliu*), pilhas de pulmões rosados e balões inchados de testículos de veias azuis.

As mercearias eram cheias de mortadelas penduradas, grossas como coxas de homens, enormes rodas de queijo pecorino, baldes de pequenos *lumache* marrons, o caracol favorito na Sardenha, e uma dúzia de variedades de azeite de oliva caseiro. Não vimos sinal dos bifes de cavalo ou salsichas de burro sobre as quais havíamos lido, mas praticamente todas as partes da anatomia de qualquer animal vagamente comestível estavam expostas sob as fortes luzes de neon, os açougueiros alegres exibindo carnes sangrentas para as donas de casa, negociantes empurrando carrinhos e padres de batina preta. Bem, já sabíamos que os sardos eram carnívoros impenitentes.

As barracas que vendiam frutas e legumes eram uma verdadeira novidade para os habituados à uniformidade do supermercado moderno, onde o sabor foi sacrificado à igualdade de tamanho, cor e aparência. Tomates grandes como toranjas com suas veias salientes, estranhas e pequenas alcachofras, com suas folhas púrpura terminando em pontas como agulhas que podem nos ferir, feixes de aspargos finos como palha, aipos enormes, pêssegos de forma estranha, pilhas de nêsperas douradas e as primeiras cerejinhas da primavera. O mais marcante é que a Grande Agricultura não teve muito sucesso na Sardenha; são variedades antigas e não hibridizadas de frutas e legumes que provavelmente não são vendidas comercialmente em nenhum outro lugar da Terra.

Esses mercados e outros que visitamos pela Sardenha eram uma verdadeira Arca de Noé do que as redes de guardadores de sementes chamam

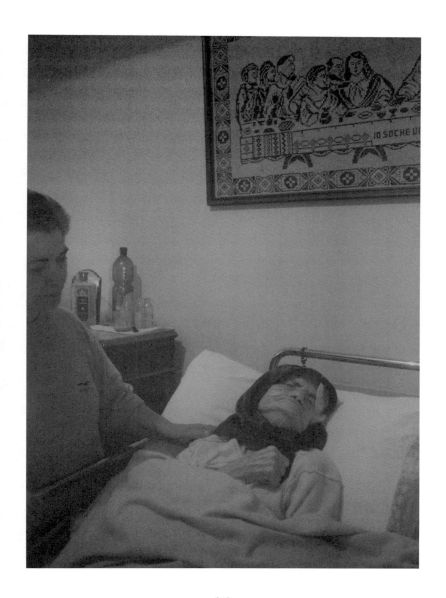

Anna Maria Fadda

de variedades de herança, salvas da extinção por agricultores que resistiram à tentação de trocá-las pelas variedades mais produtivas e famintas de produtos químicos promovidas pelas companhias de sementes.

Visite Florença e poderá ver vividamente nas pinturas de mestres do Renascimento como Bartolomeo Bimbi (1648-1730) ou Giovanna Garzoni (1600-70) o tesouro hortícola que perdemos nos últimos três ou quatro séculos – literalmente milhares de variedades de cerejas, figos, marmelos, ameixas, favas e tomates que eram cultivados na época medieval hoje desapareceram. Segundo o movimento Slow Food (literalmente, "comida lenta")[3], no último século nada menos que 30 mil variedades de frutas e legumes se extinguiram (uma a cada seis horas), e nos Estados Unidos 93% da biodiversidade do que se cultiva nas fazendas se perdeu.

Por que isso deveria importar a não ser para um punhado de epicuristas? Bem, além da perda gastronômica, considere por um instante o que mais pode ter sido eliminado de nossa alimentação em prol do lucro corporativo. Sabemos o que foi adicionado, principalmente frutose (açúcar de frutas), porque sentimos seu sabor. Granny (Vovó Maria) Smith não reconheceria as frutas sem graça que hoje levam seu nome. Mas simplesmente não sabemos que vitaminas, minerais e outros micronutrientes exclusivos foram retirados, nem que implicações isso tem para a saúde humana. Enquanto os geneticistas da Monsanto trabalhavam com afinco, ninguém se incomodou em fazer essa ciência. Ironicamente, o "atraso" da Sardenha tornou-se um bem inestimável. Após décadas sendo importunada pela União Européia por causa de sua agricultura ineficiente e de pequena escala de variedades antiquadas, a ilha hoje colhe os benefícios de uma florescente indústria agrícola de exportação, enquanto

---

3 – O princípio básico do movimento é o direito ao prazer da alimentação, utilizando produtos artesanais de qualidade especial, produzidos de forma politicamente correta, isto é respeitando o meio ambiente e os responsáveis pela produção. (N. E.)

os consumidores europeus optam pela alimentação "natural". E aquelas alcachofras de aspecto engraçado? Estão prestes a conquistar uma cobiçada Designação de Origem Protegida (DOP) da União Européia, semelhante à concedida aos grandes vinhos de Bordeaux e da Borgonha, para proteger os produtores de concorrentes inferiores.

Levantei esse assunto certa tarde com Gabriella Belloni, uma das líderes do movimento Slow Food da Sardenha e uma antiga cruzada pelos benefícios dos produtos naturais cozidos de maneira tradicional. Belloni é proprietária de um *albergo* de classe, a Antica Dimora del Cruccione, uma bela mansão em estilo espanhol do século XVII restaurada – arcos de pedra, tetos em abóbada, piso de pedras, ferro fundido e uma lareira onde se poderia assar um porco. Fica escondida atrás de paredes ocre na aldeia de Santu Lussurgiu. Esta tornou-se nossa base por duas semanas, enquanto estendíamos nossa busca pelas profundezas da Sardenha.

Batizada com o nome de um mártir cristão convertido, um legionário conhecido no calendário inglês como St. Luxurius, que foi açoitado, espancado e finalmente decapitado pelos romanos quando se recusou a renegar sua fé, Santu Lussurgiu é uma cidade medieval de casas de pedra e ruas sinuosas, instalada na cratera de um vulcão extinto, próximo ao porto de Oristino, na costa oeste. O labirinto de ruas estreitas quase não dá passagem aos burros que vimos marchando por ali, e iludiu completamente nosso navegador, Narelle. Enquanto eu subia pelos paralelepípedos, ignorando a voz eletrônica que me mandava fazer curvas impossíveis, houve um ruído terrível quando raspei a lateral de nosso Ford na parede de estuque de uma casa, levando com ela $ 2.500 de seguro excedente da Hertz. Pelo menos isso me deu a oportunidade de reivindicar um lugar na lista de desculpas mais tolas que as pessoas dão às companhias de seguros como causa de seus acidentes: "A rua (Via Michele Obinu) era estreita demais para o carro".

A ILHA DOS ANCIÃOS

Como Arzana, Orroli e muitas outras aldeias, Santu Lussurgiu tem uma população que envelhece e encolhe. Quase toda família tem um membro que partiu em busca de pastagens mais verdes nas fábricas de Milão e Stuttgart, nas *sweatshops*[4] de Nova York ou ainda mais longe. A filha de uma senhora que conhecemos entrou correndo em casa para nos mostrar sua pele de canguru e seu bumerangue. Um alfaiate, em cuja sala entramos para escapar de um carro em disparada certa manhã, mostrou orgulhosamente um paletó de brim marrom que estava costurando e gabou-se: "Aposto que você não consegue um trabalho tão bem-feito em Bundaberg"[5]. Ele tinha um irmão lá.

São lembranças da ampla diáspora sarda, que desde a guerra viu cerca de 800 mil pessoas, um terço da população da ilha, ser forçada ao exílio pela pobreza ou para escapar de disputas sangrentas entre as famílias. A maioria se instalou nas cidades industriais do norte da Itália, mas dezenas de milhares migraram para outros países europeus, para os Estados Unidos e a Argentina, e cerca de 10 mil para a Austrália, muitos para cortar cana-de-açúcar e trabalhar na indústria leiteira. Procure nas listas telefônicas do mundo por nomes como Re, Palmas, Migheli e Mura e encontrará pessoas cujas raízes familiares estão no solo de Santu Lussurgiu. Os sardos são, em muitos aspectos, os irlandeses do Mediterrâneo.

Nosso guia na cidade era Angelino Rundine, um nativo que tinha passado muitos anos trabalhando na Alemanha e na Suíça antes de voltar e se aposentar aqui. Em uma colina acima dos telhados, olhando para castanheiras com seus candelabros de chamas rosa e brancas, ficamos ao lado de um Cristo de concreto de 5 metros, uma versão menor do que estende os braços em bênção sobre o Rio de Janeiro. Mas este estava rabiscado

---
4 – Oficinas de trabalho semi-escravo. (N. T.)
5 – Cidade da Austrália, em Queensland. (N. T.)

com *slogans* e tivera suas unhas dos pés pintadas de verde por algum imbecil. "É muito triste", disse Angelino, apontando para a fábrica de laticínios abandonada e o prédio de quatro andares que durante dois séculos foi o centro de ensino superior da cidade. Muitos dos acadêmicos e políticos mais conhecidos da Sardenha do último século estudaram aqui, incluindo o filósofo político Antonio Gramsci, o filho mais famoso da ilha. Mas dois anos atrás o pequeno número de matrículas obrigou as autoridades a fechar o colégio e as faculdades de música, línguas e turismo.

Do nosso ponto de observação, podíamos ver as cúpulas de terracota e as torres dos sinos de cinco igrejas, mas haviam restado apenas dois padres para ministrar às congregações. Em uma geração a cidade diminuiu de uma próspera população de 5 mil para apenas 2.780. A única nota de esperança é que a queda do preço das casas – pode-se encontrar um chalé muito charmoso por pouco mais de $ 100 mil, mas pode custar outros tantos reformá-lo segundo os padrões modernos – está começando a atrair os primeiros investidores estrangeiros (incluindo italianos do continente).

Como Angelino Rundine, Gabriella Belloni é uma repatriada. Ela voltou para sua casa ancestral em Santu Lussurgiu em 2002, depois de passar a maior parte da vida em Roma. Sentada à sombra de um caquizeiro no pátio de seu *albergo*, com um gato branco e fofo no colo, os sinos tocando ali perto e esquadrões de andorinhas roçando os telhados, ela nos contou que veio não apenas porque tinha fé no ar e na água despoluídos. "Isto é uma coisa importante a considerar quando se escreve sobre longevidade", diz.

Gabriella é uma apóstola do movimento Slow Food, que começou na Itália em 1989 e já tem mais de 100 mil adeptos em cem países. Ela resume seus princípios em três palavras: *buono, pulito* e *giusto* –

bom, limpo e justo. A comida deve ser saborosa; produzida de maneira limpa, que não prejudique o meio ambiente ou ponha em risco a vida animal ou a saúde humana; e deve garantir que os produtores recebam uma recompensa justa por seu trabalho. E ela pratica o que prega, especialmente a parte do sabor.

Naquela noite nos banqueteamos com a melhor refeição que tivemos na Sardenha até agora, só com produtos de agricultores locais e cozidos segundo receitas tradicionais: carnes frias, incluindo um presunto de cabra, uma espécie de ravióli recheado com ricota e hortelã com molho de berinjela e um sensacional prato de queijos que incluía um perfumado gorgonzola local, um pecorino de ovelha infundido de licor de mirta e um raro *fiore sardo* defumado com ervas, a "flor da Sardenha", um antigo queijo artesanal feito originalmente por pastores e vendido em pequenas rodas com o desenho de uma mula. Durante mais de um século foi um dos produtos de exportação mais valiosos da ilha.

Pão e queijo – a dieta básica da Sardenha. Não é o que seu cardiologista recomendaria, mas é do que Antonia Congiu se alimentou na infância, e já passou dos 100 anos. Ela estava sentada na cadeira de rodas junto ao fogo em uma casa na colina da aldeia de Villasalto, mais uma dessas cidadezinhas em ruínas no meio do nada, com pouco a mostrar além das maravilhosas cadeias de montanhas ao redor. No caminho para lá tiramos um momento para visitar um dos sítios arqueológicos mais misteriosos da Europa, as ruínas neolíticas de Pranu Mutteddu, que nossa guia, uma mulher com ar de gnomo em uma *parka* azul, chamou de "Stonehenge da Sardenha".

Pouco se sabe sobre os construtores de *nuraghe,* as pessoas que viveram aqui são um enigma completo. Sobre um platô no meio de uma floresta de sobreiros deformados, onde vivem tribos de javalis selvagens, há fileiras de menires de calcário cobertos de líquens, protótipos de estátuas e pequenas tumbas "cavernas de fadas" escavadas na rocha viva. Uma enorme pedra com um quadrado perfeito cinzelado no centro se destaca nas ruínas do que pode ter sido um lugar de culto pagão, 3700 anos antes de Cristo. Erich von Däniken adoraria. Chapinhando em uma campina molhada de chuva com arbustos espinhosos, sob grossas nuvens cinzentas, fui marcado pelas semelhanças entre este e outros lugares de antigas "pedras eretas" na Bretanha, na Cornualha e na Irlanda, e me perguntei se os celtas andaram nesta terra antes da diáspora que os levou às franjas inóspitas da Europa. Havia uma sensação mágica nesse lugar que me lembrou a descrição de Grazie Deledda dos espíritos ancestrais que assombram a Sardenha:

> E juntamente com os espíritos malignos havia espíritos de bebês não batizados – espíritos brancos que voavam pelo ar, transformando-se em pequenas nuvens prateadas por trás da lua. E gnomos e janas – as pequenas fadas que ficam em suas casinhas de pedra durante o dia tecendo panos de ouro em seus teares dourados – dançavam nos grandes arbustos de jasmim, enquanto gigantes espiavam das rochas nas montanhas enluaradas, segurando as rédeas de cavalos enormes que só eles conseguem montar, atentos para ver se ali, na expansão de eufórbias malignas, um dragão espreitava, ou a legendária *cananea* ... deslizava pelo pântano arenoso.

Quando chegamos à casa de Antonia Corgiu, ficou imediatamente claro que ela não teve uma vida fácil. A roupa preta nos dizia que era mais uma viúva – seu marido tinha morrido havia quase 30 anos. Sentada de perfil junto ao fogo, com suas longas mãos de pianista dobradas no colo, ela parecia um pouco um retrato que Whistler fez de sua mãe. Ou talvez fosse a avó de Whistler, já que Congiu havia nascido em 1904 e celebrara seu 103º aniversário alguns dias antes de nossa visita. Foi um bom ano, ou mesmo ótimo para os historiadores e colecionadores de efemérides: a guerra russo-japonesa começou, assim como as obras do Canal de Panamá, houve a terceira Olimpíada em St. Louis, Missouri, a Austrália teve o primeiro governo trabalhista do mundo e foram inventados os saquinhos de chá. Antonia nasceu no mesmo ano que, entre muitas outras pessoas famosas, o ator Cary Grant, o autor Graham Greene e o pintor surrealista Salvador Dalí. Não que qualquer dessas figuras famosas ou eventos importantes tenha sido registrado aqui nas terras selvagens da Sardenha.

Antonia Congiu cresceu em uma pequena fazenda – eles plantavam trigo e favas – mas sua mãe morreu quando ela tinha 12 anos e a menina foi mandada para trabalhar na casa de um médico em Cagliari para ajudar a sustentar sua família. Ela trabalhava desde a madrugada, quando se levantava para assar o pão, até a noite, quando punha os seis filhos do médico na cama, sete dias por semana, por 20 liras – uma ninharia mesmo naquela época. Teve de adiar seu casamento até os 33 anos, e quando se casou foi com um homem que trabalhava nas minas de antimônio do lugar. Ele também se chamava Congiu, Antonio Congiu, mas ela insiste (como os Piras) que não eram parentes. Isso não é raro nestes lugares; nas montanhas de Orroli, 90% das pessoas se casam com outras da mesma aldeia, muitas têm o mesmo sobrenome e 10% são primos, o que reforça as mutações genéticas.

O casamento tardio de Antonia, o que fez que ela só tivesse seu primeiro filho aos 35, pode paradoxalmente ter-lhe prestado um favor. Dados demográficos mostram consistentemente que quanto mais velha for uma mulher quando dá à luz, mais tempo vive. O Estudo de Centenários da Nova Inglaterra descobriu que as mulheres que dão à luz naturalmente com mais de 40 têm quatro vezes mais probabilidade que a média de chegar aos 100 anos. O professor americano Thomas Perls, o guru da gerontologia que conduz o estudo, especula que esse é um bom indício de que o corpo feminino está envelhecendo mais lentamente que o normal; mas a causa desse adiamento da menopausa e de outros marcos da vida é um mistério.

Antonia criou três filhos e trabalhou duro a vida toda, lavando roupa em um riacho, às vezes trabalhando como pastora. Ela beberica *siete fuentes,* um aperitivo amargo feito de ervas, e nos conta que sua dieta não tinha nada especial: além de pão e queijo, eles comiam principalmente legumes: lentilhas, favas e ervilhas. Sua saúde foi extremamente boa até 2000, quando ela sofreu uma tragédia. Antonia já havia perdido uma vista aos 50 anos, quando uma brasa voou em seu rosto enquanto ela assava pão, e quase a cegou; depois, aos 96, uma catarata levou a outra vista. Seus dentes haviam partido, mas ela decidiu não colocar substitutos porque não gostava de ver dentaduras dentro de um copo. Alguns anos depois não conseguiu mais andar e adotou a cadeira de rodas. Ela mora com seu filho mais velho, Giovanni, sua cunhada Mina e um neto – três gerações na mesma casa.

Essa é outra característica dos centenários da Sardenha – o amor, apoio e respeito que recebem da família, por mais decrépitos e dependentes que sejam. Dos 24 que entrevistamos, somente três estavam em asilos, e muitos eram sustentados por filhas solteiras, que ficavam em casa para cuidar dos pais. Não há nada que Antonia aguarde mais do que um bom almoço de domingo com toda a família, quando ela mergulha em uma tigela da lasanha de Maria, ou um pedaço de bode assado na grelha, com um copo de vinho tinto. Em todas as colheitas ela gosta de provar a nova safra.

Apesar dos problemas, esta anciã ainda sabe se divertir. Ri de vez em quando, com a boca sem dentes formando um O escuro, e de repente começa a cantar. Era uma canção folclórica de romance em um dialeto local, e era visível o prazer de Antonia em cantá-la para os visitantes. Ela disse que não tinha idéia por que fora escolhida para viver tanto, ninguém mais em sua família havia chegado aos 100. Mas se encarar a vida com um olhar positivo, não importa as adversidades que surjam, e o abraço de uma família carinhosa forem fatores, Antonia Congiu claramente tem de agradecer a algo mais que a sorte.

A LASANHA PREFERIDA DA NONNA CONGIU

Este não é, falando estritamente, um prato sardo, mas uma variação local da LASAGNE ALLA FINANZA. Os *finanziere* são a polícia fiscal (geralmente homens) da Itália e são freqüentemente deslocados pelo país para que não se aproximem demais dos moradores. Como estão sempre longe de casa, têm de aprender a cozinhar algumas refeições simples. Uma delas é a lasanha, geralmente feita com fígado, coração e crista de frango. Outra, originária do gélido Piemonte, é uma sopa de tripas e testículos de boi cozidos em vinho doce Marsala e vinagre. A nora de Antonia Congiu, Maria, faz sua própria massa de lasanha com farinha, ovos e água, mas uma boa marca comercial feita com trigo duro (prefira uma com ovos) serve. Tente encontrar massa fresca, em vez de seca. Esta receita é para a metade da quantidade que Maria costuma servir como prato de entrada em um almoço de família com 24 pessoas à mesa.

2 cebolas
3 colheres de sopa de azeite de oliva
4 dentes de alho picados

750 gramas de carne de bode ou porco picada (o pescoço ou o ombro são os melhores cortes para este prato)
2,5 quilos de tomate (de preferência variedades com sabor, como coração-de-boi ou *rouge de marmande*, picados e sem sementes)
1 maço pequeno de manjericão, rasgado em pedaços
8 folhas de lasanha (cerca de 20 x 15 cm)
300 gramas de queijo mussarela fatiado
1 1/2 xícara de queijo parmesão ralado
8 fatias finas de presunto cru (cerca de 150 gramas)
sal
1 copo de vinho tinto

Molho Bechamel
95 gramas de manteiga sem sal
85 gramas de farinha branca
850 mililitros de leite
1 pitada de sal
1/2 colher de chá de noz-moscada

Pique as cebolas e frite-as lentamente no azeite por 5 minutos em uma frigideira de fundo grosso; acrescente o alho um minuto antes de a cebola ficar pronta. Adicione a carne moída e frite em fogo médio por 5 minutos, escorrendo a gordura e o óleo excedentes quando estiver pronta. Acrescente os tomates e meia colher de chá de sal. Baixe o fogo e cozinhe durante 2 horas, adicionando um copo de vinho tinto aos poucos, quando necessário – o molho deve ficar grosso. No último minuto coloque o manjericão.

Enquanto o molho de carne cozinha, faça o Bechamel em uma panela de fundo grosso ou duplo. Derreta a manteiga até começar a borbulhar, adicione a farinha aos poucos e mexa até ter uma pasta lisa e dourada, o roux. Aqueça o leite em outra panela, até quase ferver; depois adicione aos poucos ao roux, mexendo constantemente para não empelotar. Se formarem algumas pelotas, use um fouet para desmanchá-los. Leve o molho à fervura, depois baixe o fogo ao mínimo e continue mexendo por mais 10 minutos, acrescentando sal e noz-moscada. Cuidado com o sal neste prato, pois o presunto cru pode ser bem salgado.

Enquanto isso, cozinhe a lasanha, uma ou duas folhas de cada vez, em água salgada fervente. Uma panela larga como uma frigideira é boa para isso. Se a massa for fresca levará 2 ou 3 minutos. Com lasanha seca, siga as instruções da embalagem. Assim que a massa estiver cozida al dente, retire-a da água com uma faca de peixe, escorra-a em um pano e comece a montar o prato.

Unte uma assadeira funda (esta quantidade dá para uma de 30 x 20 cm e pelo menos 10 cm de profundidade). Para montar a lasanha, comece com uma camada de massa cozida, recortando-a para caber na fôrma. Cubra com um terço do molho Bechamel, depois um terço do molho de carne, depois uma camada de presunto cru, depois uma camada de mussarela. Faça mais dois "sanduíches" como esse e termine o prato com uma quarta camada de massa. Pincele essa camada com azeite e cubra com o resto de presunto, da mussarela e metade do queijo parmesão. Cubra com folha de alumínio e asse em forno médio. Quando estiver perto do final, retire a folha de alumínio para gratinar – cerca de 45 minutos ao todo.

Salpique o resto do parmesão sobre a lasanha e sirva com uma salada de legumes crus – salsão fatiado bem fino fica ótimo. E, é claro, um bom copo de vinho tinto. Serve 6 pessoas como prato principal.

Voltando a Santu Lussurgiu, perguntei a Gabriella Belloni onde poderíamos aprender mais sobre os pratos tradicionais da região. Eu havia aguçado os ouvidos quando ela disse que o movimento Slow Food estava em campanha para minimizar o uso de produtos químicos na agricultura e a manipulação genética de colheitas e gado, e para redescobrir, divulgar as raças tradicionais de animais domésticos e plantas e os métodos de produção de queijos, pães e salsichas, para salvá-las da indústria moderna de alimentos. O Slow Food diz que ajudou a salvar nada menos que 31 animais de fazenda, 31 variedades de frutas e vegetais, 57 queijos e "34 carnes curadas em risco de extinção". "Salve o salame" não tem exatamente o mesmo apelo emocional que "Salve as baleias", mas entendo o que eles desejam.

Os produtos "resgatados" variam de uma fava grega ameaçada que só cresce em uma pequena ilha a uma raça de gado irlandês, o carneiro navajo-churro nos Estados Unidos e a cabra Valchiavenna e o figo Cilento da Itália. Em plano local, o garoto-propaganda do movimento é o *bue rosso* (boi vermelho, ou *sardo modicana*), uma enorme espécie de gado nativa da Sardenha que é especialmente apreciada por sua carne – de preferência em finas fatias comidas cruas, no estilo *carpaccio*, sobre uma base de verdura picada com azeite, como é servida no restaurante Bella Vista de Santu Lussurgiu.

Assim como os carneiros são uma medida de riqueza na Sardenha (e em outros lugares, etimologicamente falando, já que a palavra "pecuniário" deriva de *pecus*, "carneiro" em latim), o pão é a medida do bem-estar. *Buono come il pane* – tão bom quanto pão – é o maior elogio que se pode fazer na Sardenha. O presidente francês Charles de Gaulle certa vez ficou desesperado. "Como é possível governar um país que tem 246 variedades de queijo?" A Sardenha zomba dessa falta de diversidade. "Aqui há cerca de 350 a 400 tipos diferentes", diz Francesco Meloni, folheando um enorme livro novo, uma enciclopédia dos pães da Sardenha. "Na verdade nunca os contei."

Salvatorangela Fragola

Meloni, o proprietário de uma padaria tradicional recém-inaugurada em Samugheo, uma aldeia sonolenta ao sul do lago Ormodeo, é o símbolo da nova Sardenha, que luta para preservar os métodos antigos do ataque dos supermercados com seus produtos pré-fatiados e embrulhados em plástico, desprovidos de sabor e nutrientes. Ele é um jovem enérgico, de apenas 29 anos, com um BlackBerry pendurado do cinto, cheio de entusiasmo contagiante por fazer seu *buon pane* à moda antiga, como é feito em milhares de lareiras domésticas aqui há séculos, ou milênios, mesmo nos tempos de maior pobreza. Quando o romancista francês Honoré de Balzac veio à Sardenha em 1838, em busca de seu Santo Graal – prata nos montes de resíduos das minas romanas, com que ele pretendia pagar a seus credores –, descobriu que o alimento básico em um cantão carente era uma espécie de pão grosseiro feito de bolotas de carvalho moídas e argila.

Quase toda aldeia tem seu método tradicional de fazer e assar o pão. Há dezenas de versões do onipresente *pane carasau*, o pão chato. Há pães enrolados como corda, pães comemorativos para ocasiões como casamentos, que têm minúsculas aves e flores esculpidas, e em um museu na cidade de Nuoro há um crucifixo de dois metros de altura feito de pão, com um Cristo crocante. Há pães de cevada e de trigo, da mais refinada farinha e de grãos integrais, palitos, roscas, de todos os tamanhos e formas imagináveis.

Francesco usa apenas farinha moída em pedra de trigo orgânico cultivado sem aditivos e seu pão é moldado à mão. Seus três estilos de pão são: *pistoccu* e *coccoi*, que simbolizam as guirlandas de flores colocadas no pescoço dos bois nos desfiles festivos, e (o meu preferido) *farre ghingiada*, feito de uma farinha menos refinada e cinzenta que estufa como pequenos travesseiros dourados pelas brasas. O pão é colocado com pá sobre os tijolos refratários de três fornos reluzentes, como os de pizza, abastecidos por feixes de pinho seco, e assado em questão de minutos. As únicas concessões à modernidade são as máquinas de amassar elétricas. "E os sacos plásticos", suspira Francesco. Se você comprar o pão na padaria (vendido por quilo, por cerca de $ 10), pode levar sua própria sacola ou cesta. Mas os burocratas de Bruxelas não permitem que ele seja transportado se não for em um saco plástico.

"Isso é bom para você?", pergunto. Francesco ri e aponta para sua mãe, Anna Maria Barra, que trabalha duro desde a madrugada, com farinha até os cotovelos, ainda enrolando a massa com presteza aos 56 anos. Seu avô, ele se gaba, tem 95 e, sim, é claro, Samugheo tem seu morador centenário.

O outro produto básico na mesa sarda é o queijo. Não consegui descobrir se há tantas variedades quanto na França, mas certamente eles têm o queijo mais famoso do mundo, o infame *casu marzu*, literalmente "queijo podre". É uma daquelas delícias locais que os forasteiros experimentam por seu próprio risco, geralmente em uma aposta, como as comidas estranhas dos australianos nativos; o *balut* (um ovo de pato fertilizado, com feto, e fervido) que os filipinos engolem para provar sua virilidade; as baratas torradas que se vêem nos mercados tailandeses; ou o *sashimi* de pescoço de cavalo, com crina e tudo, lulas bebês vivas (não morda enquanto elas se contorcem ao descer) e ânus de anêmona do mar defumada que encontrei em vários restaurantes do Japão. Eu me perguntava sobre as possibilidades de encontrar esse famoso queijo desde que chegamos à Sardenha, e havia sido demovido por pessoas que franziam o nariz, depois me diziam que não era a época certa.

Na verdade estava não apenas fora de época (como decretam os eurocratas) como o queijo é tão perigoso que eles tornaram sua venda ilegal. A única maneira de encontrá-lo era perseguir um pastor amigo disposto a dividi-lo – me disseram que talvez eu tivesse sorte nas montanhas da Barbagia. Por isso fiquei agradavelmente surpreso quando recebi um telefonema certa tarde de Salvatore Secchi, um excêntrico dentista/gourmet da cidade de Macomer, dizendo que tinha um pouco de *casu marzu* para experimentarmos. Quando chegamos, um jarro com uma tampa de rosca enferrujada estava no centro da mesa da cozinha, cheio de uma pasta cinzenta e empelotada, ao lado de um prato de *pane carasau* crocante e uma garrafa do bom tinto Perdera 2005 de Antonio Argiolas. O guru americano dos vinhos Robert Parker, mais gentil que seu colega britânico, deu a esse vinho 91 pontos e o elogiou: "Um tinto poderoso, a versão sarda do Châteauneuf-du-Pape".

Salvatore pediu desculpas porque os vermes estavam mortos. O queijo tinha sido feito (na verdade ele geralmente não é feito, apenas acontece) no verão anterior e ficara na geladeira desde então. Isso de certa forma foi um alívio, porque eu havia lido em algum lugar que você deve usar óculos ou proteger os olhos com a mão porque os vermes saltam até 15 centímetros e podem causar danos se atingirem seus olhos. Quando ele desenroscou a tampa e pegou um pouco com a faca, colocando no prato, vi que as pálidas e transparentes larvas de um centímetro estavam realmente imóveis. Mas talvez estivessem apenas descansando. De todo modo, agora seria impossível voltar atrás. Espalhei um pouco em um pedaço de pão e cheirei. Era um cheiro acre, parecido com gorgonzola rançoso, com notas de velhos suportes atléticos e molho Tabasco, mas o sabor não era tão forte quanto eu havia esperado, especialmente quando engolido com um trago do vinho tinto.

O dentista balançou a cabeça em aprovação quando viu que eu não ia devolvê-lo e então explicou como era feito. Segundo ele, os vermes aparecem no queijo quando pessoas com as mãos sujas ordenham as ovelhas. Eu lhe disse que a última vez que tinha ouvido falar em geração espontânea fora no Antigo Testamento. Na verdade, um fazendeiro me explicou mais tarde que as larvas são da mosca do queijo, *Piophila casei*, que deposita os ovos no pecorino fresco deixado exposto pelos fazendeiros para atrair as moscas. Os vermes digerem e excretam o queijo, produzindo um estado avançado de decomposição em que ele fica quase líquido.

Seu nome italiano é *formaggio marcio*, e geralmente é servido em uma roda inteira, trazido à mesa com pão e colheres para servir a gosma odorosa. Vimos uma versão mais branda servida assim em um *albergo* na aldeia de Jerzu, mas sem larvas. "Não vou correr o risco de ser preso, especialmente quando parece que vamos conseguir uma DOP para ele", resmungou o proprietário. Os cientistas dos laticínios sardos estão tentando encontrar uma maneira higiênica de fazer o queijo que atenda às exigências dos eurocratas desmancha-prazeres.

Comemos mais um pouco e bebemos mais um pouco, e Salvatore me convidou para um jantar de gala do Rotary no mês seguinte, quando esse queijo seria a atração principal, recém-apodrecido com os vermes pulando alto. Só homens eram convidados, ele disse com um piscar de olhos. Por que eu sabia que tinha de haver um mito afrodisíaco? O queijo, disse Salvatore, é o "Viagra dos *nuraghe*". A família de sua mulher o comeu a vida inteira e uma tia viveu até os 96 e outra havia morrido apenas dois dias antes de seu 100º aniversário. Eu lhe agradeci pelo gentil convite, mas recusei. E na verdade o *casu marzu* não foi o queijo mais detestável que encontramos em nossas viagens... mas é uma história para mais tarde.

Desconfio que a imagem que o pessoal do turismo sardo iria preferir para sua indústria leiteira é a de Giovanni Borrodde, um homem caloroso, de peito largo, com avental de borracha, que nos oferece um braço peludo para apertar quando somos apresentados – suas mãos estão vermelhas de amassar o queijo quente. Giovanni é o irmão de

Gabriella Belloni e possui um rebanho de 40 daquelas grandes vacas vermelhas Modicana em uma fazenda a poucos quilômetros de Santu Lussurgiu. Para chegar ao seu laticínio tivemos de subir uma escada de ferro enferrujada sobre um muro de pedras embaixo de uma nogueira. Seu lugar é limpo e reluzente, todo de azulejos e aço inoxidável, ao lado das baias onde as vacas são ordenhadas por máquinas. É a antítese da velha Sardenha, onde os pastores ordenham manualmente seus rebanhos nas pastagens elevadas e carregam o leite para o mercado. Mas Giovanni insiste que ele segue a receita tradicional. Faz o queijo típico da região, *casizolu del Montiferru*, sendo Montiferru a "montanha de ferro" que se ergue sobre a aldeia e o vale. Muita gente faz esses queijos em casa na primavera, quando o leite é rico e cremoso. Nos balcões das casas em Santu Lussurgiu podem-se vê-los secando ao sol, parecendo fileiras de gatos Garfield gordos e felizes.

A coalhada, feita de leite não-pasteurizado, havia sido retirada das bacias de aço quando chegamos, e a vimos ser lavada com água e cortada em fatias; então foi aquecida em um caldeirão de cobre grosso até ficar firme, uma massa amarela. Giovanni moldou cada queijo naquela forma de gato gordo, amarrou uma corda ao seu pescoço com uma pedra em uma extremidade e o mergulhou em um tonel de água salgada para curar. Depois seria pendurado na câmara fria por até dois anos, antes de ser exportado para *gourmets* de toda a Itália. Seu sabor é parecido com o do provolone e é maravilhoso no café-da-manhã, como no albergue de Gabriella Belloni, com pão e mel ou geléia de fruta.

– Mas certamente com um conteúdo de gordura de 4,6% não pode ser chamado de alimento saudável – eu disse a Giovanni quando saímos.

– Não – ele riu. – Esse é um queijo sério, para homens sérios. É uma bomba atômica de gordura, e não se destina a pessoas que fazem dieta.

Traças e a bolha de biotecnologia

CAPÍTULO 4

O professor bateu as mãos na escrivaninha e inclinou-se para mim, com o queixo empinado e as bochechas vermelhas de excitação. "Se pudermos desvendar isso será a descoberta mais importante do mundo", ele declarou. "Se eu tivesse de escolher entre fazer esta descoberta e ganhar um terço do continente australiano, mesmo que eu fosse o homem mais pobre do mundo, escolheria a primeira."

Podemos acusar o doutor Luca Deiana de muitas coisas, mas certamente a falta de paixão não seria uma delas. Há quase 12 anos ele dedica sua vida a descobrir os segredos da longevidade dos centenários da Sardenha, e agora podemos perceber que se sente muito perto de seu intento. "Não faltam 20 anos, mas talvez cinco" para que ele decifre o mapa da longevidade, os códigos genéticos das amostras sanguíneas de centenas de indivíduos que se encontram mantidas em nitrogênio líquido a 86 graus negativos dentro dos enormes congeladores que trabalham sem parar na plataforma ao lado de sua porta. Isso, se ele conseguir verba. Dez milhões de dólares seria o preço – uma ninharia, comparado com os bilhões que têm sido investidos pelos governos e pelas grandes empresas de biotecnologia em todo o mundo na procura por este que é o último Cálice Sagrado.

Deiana estava sentado em seu grande e despojado escritório no primeiro andar de um dos prédios de concreto sem personalidade que compõem a Universidade de Sassari, uma cidade não muito distante do mar na região noroeste da Sardenha. Havia um cheiro de formol no ar. A última parte de nossa viagem a Sassari tinha sido debaixo de chuva, por campos de trigo encharcados, com os nuraghi montando sentinela no topo das montanhas, como daleks distantes saídos de um episódio de *Dr. Who*[6]. Tínhamos vindo até aqui para ouvir o ponto de vista de dois peritos, mesmo que contraditórios, sobre as razões pelas quais tantos sardos vivem até os 100 anos de idade. O doutor Deiana, um professor de biologia molecular de 65 anos, está convencido de que a resposta se encontra no laboratório, em descobrir um feliz acaso, ou acasos, da natureza. Ele acredita que a Sardenha abriga centenários desde os tempos pré-históricos.

A doutora Paola Melis não está convencida disso, embora trabalhe com ele no mesmo projeto. Ela é graduada em genética e sociologia e há mais de uma década está mergulhada na pesquisa dos arquivos empoeirados e amarelados da Igreja. Melis ainda não encontrou registro de nenhum centenário antes da segunda metade do século XX. Ela acredita que a longevidade nas aldeias da Ogliastra é um fenômeno relativamente recente e está ligado mais ao ambiente dos aldeões, particularmente à chegada de cuidados médicos e antibióticos depois da II Guerra Mundial, do que à sua herança genética. De qualquer maneira, diz ela, os genes que podem ter mantido uma pessoa viva quando as doenças infecciosas eram as principais causas de morte têm pouca relevância hoje, quando é mais provável que alguém morra de problemas cardíacos ou de câncer.

---

6 – *Dr. Who* é uma antiga série britânica de ficção científica. Os daleks são seres do planeta Skaro. (N. E.)

Esse debate, que é, na essência, o da natureza contra a alimentação, existe desde que a humanidade se perguntou por que algumas pessoas vivem mais que outras. Até muito recentemente os naturalistas levavam vantagem. Pense nos famosos estudos realizados nos Estados Unidos com gêmeos idênticos que tinham sido separados ao nascer, mas que tiveram vida parecida, a ponto de usar o mesmo tônico capilar e passar férias na mesma praia. Muitas dessas afirmações, entretanto, foram baseadas em ciência dúbia – o plural de anedota não é evidência – e claramente fraudulenta. Os naturalistas nunca se recuperaram, de fato, da queda de Sir Cyril Burt, um dos mais iminentes psicólogos britânicos de seu tempo, que escreveu uma série de estudos entre 1943 e 1966 que pareciam provar que a inteligência era hereditária. Em 1976, o jornal londrino *Sunday Times* chocou toda uma geração de psicólogos que tinham sido educados de modo a acreditar que isso era verdade quando denunciou que Burt teria forjado informações, descoberta mais tarde confirmada por investigadores científicos que fizeram uma auditoria em sua pesquisa.

Os naturalistas receberam um empurrão nos anos 1990, quando uma explosão na genética molecular ofuscou avanços na compreensão das causas ambientais de doenças que encurtam a vida. Por exemplo, a descoberta de que mulheres portadoras de anomalias genéticas conhecidas como BRCA1 e BRCA2, que conferem predisposição ao câncer de mama e ao câncer de ovário, levaram as pessoas a acreditar que havia um gene para tudo – até, o mais polêmico de todos, da homossexualidade – esperando para ser descoberto. Acreditava-se que fosse somente uma questão de tempo para que a engenharia genética conseguisse curar qualquer doença que encurta a vida ou problema cosmético, do câncer à calvície.

Infelizmente, não menos para os investidores que colocaram bilhões em empresas de biotecnologia altamente festejadas, a terapia genética, até agora, tem somente algumas utilizações extremamente limitadas e experimentais. Os sonhos de uma cura para doenças terríveis ligadas a um único defeito genético, como a fibrose cística, a hemofilia e a distrofia muscular, não conseguiram se concretizar. Existe diagnóstico genético, mas não tratamento genético para a maioria das doenças fatais, então algumas mulheres que descobrem que têm variações de BRCA recorrem à remoção cirúrgica dos seios, mesmo não havendo certeza de que desenvolverão câncer.

Os naturalistas estão ensaiando uma reação, e "modificação ambiental", em vez de cura clínica, é a expressão do momento. O padrão-ouro de pesquisa é um notável estudo de dois gêmeos escandinavos idênticos, publicado primeiramente no *New England Journal of Medicine* em 2000. Gêmeos idênticos são altamente apreciados pelos pesquisadores porque possuem formação genética idêntica, enquanto gêmeos fraternos compartilham somente uma parte do DNA, e assim qualquer diferença entre eles deve, por definição, ser conseqüência de fatores externos. Esse estudo analisou a incidência de câncer em 44 mil pares de gêmeos na Suécia, Dinamarca e Finlândia. Descobriu que somente 27% dos cânceres podiam ser geneticamente ligados, enquanto 73% estavam associados a um fator ambiental – principalmente tabaco, álcool, má alimentação, uso de drogas ou uma ocupação perigosa. Outra pesquisa mostrou que, para alguns cânceres, o fator genético pode ser de somente 20% ou até 10%. Esses estudos deram considerável ânimo aos defensores da saúde pública que lutam para nos convencer de que a chave para nossa saúde e longevidade está, em grande parte, em nossas mãos e não foi predeterminada por nossos pais. Mesmo que haja algo como um gene do câncer no pulmão, e mesmo que você o possua, a não ser que tenha passado os últimos 40 anos vivendo dentro de um armário, saberá que evitar o fumo lhe dará mais três ou quatro anos de vida.

Apesar de eu ter vindo para Sassari com a mente aberta sobre essa controvérsia, o doutor Deiana acabou sendo um naturalista inveterado e não pareceu contente em me ver. Ele estava ocupado, havia dado inúmeras entrevistas e nos disse que planejava escrever um livro sozinho, para que não se sentisse revelando nenhum segredo dos outros. Ele ficava clicando sua esferográfica, fazendo malabarismo com suas chaves e olhando para seu celular – talvez somente porque já havia passado da hora mágica das 13 e ele desejaria estar em sua cama. Ele era baixo, corpulento, mas vestia um terno cinza bem talhado que camuflava sua barriga protuberante e tinha o cabelo branco bem curto e um rosto corado que ele confirmou ser um sinal de pressão alta. "Mas muitos centenários também têm pressão alta", acrescentou, rapidamente.

Desde 1977 Deiana e sua equipe de 20 pesquisadores rastreiam, verificam, examinam, gravam e armazenam amostras de sangue dos mais de mil centenários que encontraram (assim como um grupo de controle de qüinquagenários "normais") em toda a Sardenha. O projeto é chamado, apropriadamente, de AKEA, uma contração da saudação *A kent'annos*, e durante todos esses anos eles publicaram dezenas de artigos científicos e outras descobertas. Quando apresentaram seus primeiros resultados preliminares em uma conferência na França, em 1999, foram recebidos com escárnio porque todos já haviam visto muitas histórias sobre Shangri-lá, e elas sempre acabavam sendo trotes. Um dos cartógrafos da longevidade mais respeitados do mundo, o professor James Vaupel, do Instituto Max Planck para Pesquisa Demográfica em Rostock, Alemanha, foi particularmente mordaz. Ele disse à revista *US Science*: "Eu levantei e disse: 'Não é preciso apresentar esses resultados porque eles certamente são falsos'".

Apesar do ceticismo, outro demógrafo historiador muito respeitado, Michel Poulain, da Universidade Católica de Louvain, na Bélgica, foi convencido a viajar para a Sardenha a fim de examinar a precisão das informações de Deiana. Após examinar registros de nascimento, morte e casamento de uma amostra de três dúzias de centenários, ele concluiu que as afirmações eram críveis. "Foi um choque para as pessoas que supunham que as informações fossem falsas", ele disse. Os resultados eram "realmente notáveis. É o primeiro caso que conheço de uma região com alta longevidade masculina que parece plausível para os demógrafos".

Longevidade masculina? O que Deiana havia revelado era não somente que a Sardenha tinha mais centenários do que qualquer outro lugar, mas que aqui os homens tinham uma probabilidade quase igual à das mulheres de viver até os 100 anos. Na "zona azul" das montanhas de Ogliastra – a central dos centenários –, a razão era de 1,4 mulher centenária para cada homem, em comparação com a razão de quatro para um no resto da Itália, e chegava a sete para um em países como a Bélgica. A proporção era ainda mais próxima nas 16 comunidades que formam o coração da zona azul: Arzana, Baunei, Fonni, Gavoi, Ilbono, Jerzu, Lanusei, Mamoiada, Oliena, Orgosolo, Ovodda, Talana, Tiana, Urzulei, Villagrande Strisáili e Villanovatulo. Em uma população de 49.057 pessoas havia 14 mulheres e quatro homens centenários, somando 18. Perguntei a Deiana se ele estava desapontado com essa proporção que, apesar de ser o dobro da de centenários em quase todas as partes do mundo, parecia mais baixa do que a da ilha japonesa de Okinawa, que há muito tempo clamava para si o recorde de centenários, onde as últimas estatísticas eram de 57 para 100 mil. Ele franziu a testa. Disse ter informações de que muitos dos registros de nascimento em Okinawa tinham sido destruídos durante a guerra e foram "reconstruídos" desde então, e talvez não sejam precisos. No pequeno mundo da gerontologia, os cientistas defendem seus territórios com muito ciúme.

Como biólogo molecular, Deiana suspeitou desde o princípio de que havia uma explicação genética para o acúmulo de centenários em Ogliastra. Era o mais próximo que se poderia chegar, no mundo civilizado de hoje, das populações imaculadas tão veneradas pelos antropólogos, tribos perdidas que descendiam de pequenas populações fundadoras vivendo em ilhas remotas ou no coração da floresta, que através de séculos de isolamento e endogamia haviam desenvolvido traços sociais e físicos particulares. Em algumas dessas aldeias, os registros das prefeituras e igrejas mostrou que 90% dos casamentos eram endógenos, ou seja, entre pessoas que viviam na mesma aldeia. De cada seis casamentos, um era entre pessoas da mesma família, geralmente primos; e muito mais casamentos eram entre pessoas que tinham o mesmo sobrenome, como os Piras e os Congiu, e tinham um antepassado comum.

Foram necessários muitos anos de trabalho árduo na pesquisa dos registros para que a equipe de Deiana descobrisse a sólida evidência de que precisavam. Em 2006, Deiana, Vaupel e seis outros cientistas publicaram um artigo em uma revista chamada *Experimental Gerontology*, que traçava a linhagem de 11 centenários por mais de 200 anos, desde o final do século XVIII – um feito extraordinário. Destes, eles se concentraram em cinco para os quais não havia dúvida de que tinham uma família longeva: Antonio Todde, Giovanni Efisio, Emanuele Frau e as primas Antonietta Sebastina Serra e Caterina Serra. Hoje, infelizmente, todos estão mortos, portanto estamos impossibilitados de ouvir seus segredos em primeira mão.

Dos cinco, Antonio Todde é, de longe, o mais famoso. Todde nasceu em uma pequena choupana nas montanhas de Tiana em 22 de janeiro de 1889, no ano em que a Torre Eiffel foi inaugurada e Henry Parkes apresentou seu discurso pedindo que a Austrália se tornasse uma federação. Mussolini ainda estava na escola, os Estados Unidos tinham somente 36 estados e Robert Gasgoyne-Cecil, o marquês de Salisbury, era o primeiro-ministro britânico. Nesse mesmo ano nasceram algumas figuras notáveis como Adolf Hitler, Charles Chaplin e Jawaharlal Nehru. A equipe de Deiana "descobriu" Todde em 1997, quando ele tinha 108 anos, mas levou quatro anos para extrair as informações da prefeitura e da paróquia necessárias para convencer o Livro de Recordes Guinness – o registro não-oficial das pessoas mais velhas do mundo desde 1955 – de que ele realmente merecia o título de campeão de longevidade, tomando o lugar de um fazendeiro de Oklahoma chamado Benjamin Harrison Holcomb, que havia nascido alguns meses após Todde.

Todde, um pequeno produtor rural, teve uma vida sem grandes eventos, exceto por ter servido o exército durante a I Guerra Mundial na frente austro-húngara, nos Alpes do norte da Itália. Quando tinha 100 anos, ele lembrou de seu serviço militar nos mínimos detalhes durante uma entrevista com seu biógrafo, relatando como as tropas começavam o dia com uma colherada de conhaque dentro de uma xícara de café para ficarem mais fortes. Quando tiveram de avançar, durante a terrível Batalha de Montegrappa, seu comandante segurou as más notícias até o último instante, com medo de que as tropas debandassem. De fato, eles sofreram perdas horríveis, metade do esquadrão foi morto e Todde, ferido no braço direito por uma granada, teve sorte de escapar com vida.

Há meses planejávamos ir a Tiana – não para visitar Antonio Todde, que morreu 19 dias antes de seu 113º aniversário, em 2002, mas para ver sua centenária irmã Maria Agostina Todde. Infelizmente, alguns meses antes de partirmos para vê-la, ela também faleceu, aos 102 anos. Então, num dia quente e luminoso, estacionamos nosso carro na poeirenta rua principal e batemos à porta da casa dos Todde para encontrar Tonino, filho de Antonio, de 77 anos, um jovem em comparação.

O belo chalé de pedras com plantas acompanhando a entrada havia sido o lar de Antonio por mais de 80 anos. Ele o construíra com as próprias mãos, em 1920. Foi aqui que criou Tonino e seus outros quatro filhos, era aqui que chegava dos campos todos os dias na hora do almoço para comer massa e sopa de vegetais (sempre acompanhada por uma taça de vinho tinto que ele mesmo fazia) e era aqui, em seus anos finais, que ele assistia à tevê, lia o jornal e recebia os visitantes, como o doutor Deiana e seus pesquisadores. Alerta, ativo – ainda conseguia andar até a igreja sozinho, aos 108 anos, e agüentava um peso de 2,2 quilos sobre a cabeça com os braços totalmente estendidos – e com um senso de humor singular que impressionava a todos, Todde permaneceu perspicaz até o fim. Quando tinha 110 anos, seu biógrafo perguntou qual era seu segredo, ao que ele respondeu: "Primeiro, seja honesto; segundo, não fume; terceiro, coma coisas saudáveis; quarto, beba uma taça de um bom vinho tinto com sua massa; quinto, uma oração diária para Deus não faz mal algum".

Tonino, que não era muito diferente do pai quando tinha a mesma idade, estava sentado em uma cadeira na sala da frente, vestindo jeans e uma camisa xadrez azul, enquanto falava de seu famoso pai. "Ele costumava dizer que não havia segredos para ter uma vida longa", disse. "Só tenha uma vida tranqüila e saudável, nunca fume, ame seus irmãos e beba uma taça de bom vinho." Ele era um homem simples, explicou Tonino, "que gostava de coisas simples e não comprava coisas sofisticadas, como atum (enlatado)".

Até seus últimos anos de vida, Todde sempre levantava às 5 da manhã para tomar café com leite, andava de um lado para outro sem fazer nada o dia todo. Às vezes caminhava até o bar para beber algo com os amigos e raramente ia dormir antes das 11 da noite, após jantar uma tigela de caldo de carne. "O que aconteceu no dia em que ele morreu?", perguntei a Tonino. Lágrimas lhe vieram aos olhos e ele confessou não ter tido nenhuma premonição e estava fora de casa quando seu pai teve um mal súbito e faleceu. As últimas palavras de Antonio foram sobre um cavalo que ele certa vez possuíra e que fora roubado 40 anos antes.

Tonino Todde pensava que "só Deus sabe" se ele também chegaria aos 100 anos. Mas temos de reconhecer que ele tem todas as chances. Se existe essa coisa chamada de gene da longevidade, a família Todde é abençoada por ele. A equipe de Deiana verificou três outros centenários na família: a irmã Maria e uma prima, Michela, tinham ambas 102 anos quando morreram, e uma prima de sua mãe tinha 103. A mãe de Antonio morreu poucos meses antes de completar 99; seu pai viveu até os 90 e outra irmã até os 98. Nos ramos mais altos da árvore da família, do lado da mãe dele há dois ancestrais que morreram com 87 e dois morreram aos 75 – todas consideradas idades bem avançadas nos idos de 1870, cerca de duas vezes a expectativa de vida da época. Quatro dos cinco filhos de Antonio (uma filha morreu na infância) estavam vivos quando os visitamos, com idades entre 71 e 83 anos.

Cientistas como Deiana consideram esta uma evidência categórica de que existe um fator genético forte no mistério da longevidade, apesar de admitir que os Todde têm estilos de vida extremamente parecidos, também, com a maioria deles morando toda a vida na mesma pequena aldeia situada a uma grande altitude, trabalhando duro no campo ou em casa o dia inteiro, comendo de modo frugal e com uma dieta saudável e orgânica, predominantemente vegetariana, e bebendo vinho tinto repleto de antioxidantes.

Esse também foi o caso de duas outras famílias que Deiana e sua equipe estudaram. Ambas tinham muitos parentes que viveram até idade avançada, muito além das probabilidades da coincidência. Já tínhamos ouvido sobre Giovanni Frau, o homem mais idoso de Orroli (e da

Lorenzina Salaris

Europa) quando morreu, em 2003, com 112 anos, atribuindo sua longevidade à alimentação cultivada em casa e ao vinho caseiro. Foi por pura falta de sorte que ele nasceu um ano após Antonio Todde, e por isso nunca teve como pleitear o título mundial. Os pesquisadores encontraram outra centenária em sua vasta família, uma mulher de 101 anos chamada Elena Orry, mas muitos estavam na casa dos 80 e 90 anos: uma irmã com 95, um irmão com 90 e outro com 84. A mãe dele viveu até os 84, duas tias tinham 82 e 70 e um tio-avô tinha 88 quando morreu.

As primas Antonietta Sebastina Serra e Caterina Serra são o exemplo mais extremo de endogamia já verificado. Desde a metade do século XVIII, 250 anos, somente três sobrenomes foram registrados entre as centenas de nomes na árvore genealógica da família. Eles viveram na cidade de Padria, ao sul de Sassari e, em sua época, podem ser sido as primas mais velhas do mundo – Antonietta morreu com 106 e Caterina com 107. Em seu vasto clã (um avô teve dez filhos), havia muitos parentes que viveram até os 80 ou 90 anos. A mãe de Caterina chegou aos 93, havia tias e tios com 93, 93 e 88, e elas tinham um avô em comum que morreu aos 87 e uma avó aos 85. Na linguagem cautelosa da ciência, Deiana e seus colaboradores concluíram seu estudo afirmando: "O acúmulo de excepcional sobrevivência dentro de famílias sugere um componente familiar (herdado) que afeta as diferenças de mortalidade, especialmente na extrema velhice". Mas não tive dúvida, ao ver seus gestos dramáticos e ouvir seu entusiasmo, que Deiana acreditava de fato que um ou mais genes eram os principais culpados.

"A longevidade", disse o professor, mudando para o modo de palestra, "é um complexo sistema de fatores. Um dos fatores menos significativos é a sorte. Por exemplo, um potencial centenário poderia ser morto por um carro enquanto anda na rua (antes de chegar aos 100 anos). A genética tem grande influência, é o fator mais importante para ser um centenário. Existem outros fatores, fatores ambientais, antropológicos (a personalidade de uma pessoa, por exemplo), se eles têm um casamento feliz, se tiveram sucesso na vida, se comem coisas boas. Se eu listar todas essas coisas e aplicá-las a uma pessoa, posso dizer se essa pessoa provavelmente chegará aos 100 anos... mesmo que ela tenha somente 20 ou 30 anos."

Resisti à tentação de pedir que Deiana me fizesse uma rápida leitura em sua bola de cristal e depois descobri que esse tipo de coisa já está disponível na internet. Quando consultei a Calculadora de Expectativa de Vida (livingto100.com), que foi concebido pelo gerontologista Thomas Perls, não sabia se devia ficar aliviado ou desapontado ao ver que devo viver até os 92 anos se modificar minha vida, fazendo um pouco mais de exercícios e tomando pílulas de cálcio e aspirina.

Mas o que eu estava ansioso para saber de Deiana era o seguinte: qual é precisamente a anomalia, ou as anomalias genéticas ligadas à longevidade; seria possível isolá-las e fazer um tratamento para a longevidade – e onde estava a ética disso tudo? Eu já sabia, pela minha própria pesquisa, que cientistas como Deiana não acreditam mais estar buscando um único "gene da morte" que, como foi postulado uma vez, desencadeia um fechamento gradual dos sistemas de defesa do corpo até que sucumbimos a uma ou outra doença fatal da velhice. Nem buscam por um único gene "bala de prata" que miraculosamente proteja contra o câncer ou doenças cardíacas. Na verdade, todos os estudos até agora identificaram um desnorteante e crescente número de mutações nos três bilhões de pares básicos de DNA que formam o genoma humano.

O mais recente e mais amplo desses estudos foi um projeto chamado Wellcome Trust Case Consortium, que envolveu nada menos que 256 pesquisadores do mundo todo caçando pistas para sete doenças geneticamente relacionadas, algumas das quais têm influência importante sobre a longevidade: distúrbio bipolar, doença das artérias coronárias, doença de Crohn (uma inflamação dos intestinos), hipertensão, artrite reumatóide, diabetes tipo 1 (que se desenvolve no começo da vida) e diabetes tipo 2 (que se desenvolve mais tarde). Utilizando uma base de 2 mil pacientes e 3 mil controles, os pesquisadores usaram a mais recente tecnologia de "chip genético" para explorar 500 mil locais do genoma, lugares onde o DNA de alguns indivíduos pode diferir do de outros por uma única letra do código genético. Os resultados, publicados na revista *Nature* em 2007, foram desanimadores. As correlações mais bem-sucedidas entre as doenças e a anomalia genética foram com a doença de Crohn e a diabetes tipo 1, relacionadas, respectivamente, a nove e sete variações genéticas. Mas é um longo caminho daí até mapear as localizações precisas dessas anomalias e identificar as proteínas cuja liberação elas deflagram, o que, por sua vez, poderia ser o alvo dos especialistas em medicina molecular.

Existem alguns gerontologistas influentes que questionam toda a base dessa pesquisa, que duvidam que gastar bilhões tentando encontrar uma "cura" genética para as doenças mais difundidas e perigosas valha o sacrifício, comparado com os ganhos comprovados de uma dieta e um estilo de vida melhores. À frente deles está Leonard Hayflick, um gerontologista que, além de defender o "limite Hayflick" de cerca de 115 anos de idade para o ser humano, escreveu o influente livro *Como e por que envelhecemos*.

Hayflick argumenta que, como as células humanas têm uma capacidade limitada de reprodução, encontrar uma cura para o câncer acrescentaria somente 3,1 anos à nossa vida no nascimento, e 1,9 ano com a idade de 65. Uma cura para doenças cardiovasculares, as maiores assassinas do mundo, responsáveis por cerca de um terço dos 56 milhões de mortes todo ano, acrescentaria, respectivamente, 13,9 e 14,3 anos à nossa vida. Jay Olshansky, da Universidade de Illinois, é ainda mais pessimista. Ele proferiu, numa conferência da Sociedade Trans-humanista Mundial, que mesmo que todos os cânceres, doenças cardíacas e diabetes fossem eliminados isso acrescentaria somente três anos à vida do americano médio.

Cientistas como Deiana não desanimam com tanto pessimismo. Proteína – esta é a palavra da vez. Eles se distanciaram do objetivo diabolicamente difícil que era "consertar" o próprio gene defeituoso e, em vez disso, se voltaram para as proteínas, as moléculas químicas que elas codificam – por exemplo, enzimas e hormônios, como a insulina. A genômica foi eclipsada pela nova ciência, a proteômica.

A equipe de Deiana descobriu que muitos centenários sardos têm um problema hereditário conhecido como deficiência de G6PD (glicose 6 fosfato desidrogenase), que faz com que o corpo não produza o suficiente de uma determinada enzima que ajuda os glóbulos vermelhos, que carregam oxigênio, a funcionar normalmente. Paradoxalmente, esse problema pode tornar a pessoa suscetível a certas infecções bacterianas e virais e, em casos graves, pode causar anemia hemolítica. Ele também pode causar uma alergia a alguns antibióticos e analgésicos, e é freqüentemente associado a uma alergia potencialmente fatal a favas (e até ao pólen de favas), como descobri certa manhã, logo após chegarmos à Sardenha, quando fiquei mudo, atingido por uma forte faringite virulenta. Fui até a farmácia mais próxima, buscando aliviar os sintomas e, em vez disso, fui interrogado pelo jovem farmacêutico do outro lado do balcão:

– O senhor comeu favas?
– Acho que não entendi. O problema é do outro lado, na garganta – *gola* – eu coaxei.

– Mas eu preciso saber se o senhor comeu favas.

– Por quê?

– O senhor não é da Sardenha, certo? – ele indagou, afirmando o que deveria ser óbvio, dado meu italiano capenga.

– Se o senhor não pode comer favas, então existem algumas drogas que eu não posso lhe dar.

Tentei convencê-lo de que *fool medames*, sopa de favas, era um de meus pratos favoritos, mas acho que não ele não acreditou. Ele me engabelou com uma caixa de pastilhas que se revelaram completamente inúteis. Tive de passar um sábado frustrante em Cagliari procurando um médico que pudesse receitar antibióticos adequados.

Como poderia a falta dessa determinada proteína ter desempenhado um papel em estender, em vez de encurtar, a vida na Sardenha? A deficiência de G6PD é particularmente prevalecente nas áreas banhadas pelo Mediterrâneo que eram propensas à malária. As terras baixas da costa da Sardenha são salpicadas de pântanos – alguns dos mais vastos hábitats de pássaros aquáticos da Europa, que são o lar, entre muitas outras espécies, de grandes bandos de *genti arrubi*, ou "gente rosa", como os locais chamam os flamingos. Nesses alagados, o mosquito *Anopheles* também é abundante, espalhando pragas que dizimaram a população até que foram erradicados, depois da II Guerra Mundial, pela Fundação Rockefeller em uma maciça campanha de saúde pública. O parasita da malária encontra dificuldade para sobreviver nas células sanguíneas com deficiência de G6PD, e acredita-se que a seleção natural pode ter produzido uma população onde essa mutação seja muito mais comum do que em qualquer outro lugar.

Há algo mais relacionado à sobrevivência dos *anziani* do que uma rara doença sanguínea que os deixou imunes à malária? Deiana claramente acredita que sim. Com verba do governo regional da Sardenha, do Instituto Nacional de Saúde dos Estados Unidos (NIH) e da Universidade Duke, na Carolina do Norte, ele e sua equipe identificaram 20 ou 30 outras proteínas peculiares a centenários que ele crê talvez tenham um papel na longevidade. Finalmente, ele espera, essas proteínas serão isoladas, sintetizadas e usadas para dar a todos 30 ou 40 anos extras de vida. Deiana acredita que podemos "facilmente" viver até os 110, e "talvez" até os 120. Quanto tempo isso levará é algo que depende da verba, e o dinheiro do NIH já acabou. "Eu ficaria muito contente se Bill Gates desse algum dinheiro para minha pesquisa", ele caçoou.

O assunto levantou uma série de questões éticas que eu estava entusiasmado para discutir com o professor. Por exemplo, se essas proteínas podem ser sintetizadas, devem custar uma fortuna. As empresas farmacêuticas poderiam fazer seu preço, pelo menos no início. Então quem deveria receber esse elixir da longa vida? Ele deveria ser distribuído pelo governo, quem sabe sob os auspícios da Organização Mundial de Saúde, gratuito para todo mundo? Ou deveríamos deixar que o mercado definisse o preço, o que, inevitavelmente, significaria que somente os ricos do Primeiro Mundo teriam condições de comprá-lo? De qualquer maneira, certamente não haverá o suficiente para todos, então quem deveria ter prioridade: os mais velhos, que estão próximos da morte? Os gênios, cujas mentes poderiam beneficiar ainda mais a humanidade? Ou ele deveria estar igualmente disponível para pessoas, por exemplo, com alguma incapacidade mental, a quem muitos poderiam ver como um fardo para a sociedade? E que direito teriam as pessoas de recusar tratamento? Suponha que alguém está sofrendo de uma doença terminal com dores cruciantes. Essa pessoa teria o direito de dizer "não, deixe-me morrer"? Tudo isso é hipotético, claro, e ainda está a muitos anos de distância, mas "os velhos tempos" quando os cientistas moravam em torres de marfim e podiam realizar seu trabalho isolados do resto da sociedade já se foram.

Ficou claro que Deiana não havia pensado muito nessas questões. Ele disse que embora os genes não possam ser patenteados, as proteínas que eles codificam podem, então, teoricamente, uma empresa farmacêutica poderia patentear um tratamento de longevidade e torná-lo disponível nos termos e condições que escolhesse. "Minha ambição é colocar minha descoberta, se eu, um dia, descobrir o segredo, à disposição da humanidade... eu daria a todos", ele disse, acrescentando: "Mas, naturalmente, não posso fazer nada com relação ao mercado".

Quanto a quem deveria receber o tratamento, até que ele seja desenvolvido, ele não sabe quem se beneficiaria, nem que possíveis efeitos colaterais ele teria. As pessoas estariam preparadas para enfrentar o favismo (alergia a favas) para ganhar algumas décadas extras de vida? A única coisa que ele tinha certeza era que se um centenário pedisse sua ajuda para uma eutanásia, ele recusaria. "Como médico, sou frontalmente contra, então para mim não há discussão. Sou católico. Todos os centenários (sardos) são católicos. Como cientista, tenho que continuar tentando saber como curar uma pessoa, e não ajudá-la a morrer."

Eu disse ao professor que tínhamos entrevistado 12 centenários e todos eles haviam dito, quando perguntamos por que viviam tanto: "Graças a Deus". Então, minha pergunta para ele era: "Se o senhor pudesse desenvolver uma terapia molecular que tornasse as pessoas capazes de viver mais tempo do que Deus pretendia, isso não seria brincar de Deus?"

A resposta dele claramente desviou-se da pergunta: "Se eu fosse Deus, já teria descoberto as proteínas, mas ainda não descobri. Mas quando eu descobrir alguma coisa, então talvez tenha sido conduzido por Alguém".

Ao sairmos, perguntei se ele já tinha decodificado seu próprio genoma. Respondeu que não. Havia doado uma amostra de sangue, mas achou que seria mais justo esperar até o fim para analisá-la. Se ele achava que viveria até os 100? Deiana balançou a cabeça – existe um histórico de infartos na família, e ele tem hipertensão. Então ele endireitou o corpo. Sempre acreditou – mas não disse com base em que evidências – que a longevidade dos sardos vem desde a pré-história, do tempo dos construtores dos nuraghe. Durante sua pesquisa, ele encontrou uma referência a um homem que morreu em 1830, conforme voz corrente, com 124 anos; se for verdade, teria sido o ser humano mais velho que já existiu. Há anos eles tentam verificar a idade desse homem, o que se revelou muito difícil, pois ele se casou duas vezes e morou em diversos lugares da ilha, e eles não conseguiram encontrar seu certificado de óbito. Mas eu tenho a impressão de que ele está especialmente empenhado em rastrear esse homem. O nome do supercentenário? Voche Deiana. Não é a primeira vez que encontraríamos o sobrenome do professor em nossas viagens entre os centenários.

Transformar os resultados da pesquisa em um diagnóstico e um regime de tratamento negociáveis é o trabalho de uma empresa chamada Shardna (uma brincadeira com Shardana, o pré-histórico "povo do mar" da Sardenha, e DNA, o mapa da vida humana). Era a primeira empresa de genômica da Itália quando se estabeleceu, em 2000, com verba da administração de Renato Soru, um bilionário da internet que é o presidente da Sardenha, e investidores do setor privado. A empresa está sediada no Vale do Silício da ilha, o parque de pesquisas Polaris, a meia hora de carro a oeste de Cagliari, onde grupos de duros edifícios modernistas de concreto escondem-se entre rochas cinzentas e os pequenos e aromáticos arbustos da *macchia*.

Giovanni Lai

Esperando por nós em uma enorme e quase vazia sala da diretoria no edifício nº 3 estava o diretor científico da Shardna, Mario Pirastu, um geneticista eminente que é também diretor do Instituto Italiano de Genética Populacional. Era um homem bem apresentado e elegante de 57 anos – mais tarde ele deixou escapar que tinha perdido 15 quilos nos 18 meses anteriores, simplesmente melhorando sua alimentação e fazendo um pouco de exercícios – vestindo um bem-cortado terno grafite e gravata azul de bolinhas, óculos de armação dourada. Dois celulares tocavam sem parar em sua mesa, ao lado de dois laptops carregados com dados para sua demonstração em Power Point. Ele estava a caminho de uma conferência nos Estados Unidos e tivemos sorte de encontrá-lo.

A equipe do doutor Pirastu vem analisando dados das aldeias de Ogliastra há vários anos, tentando apontar com precisão as variações genéticas ligadas a inúmeras doenças. A profundidade de detalhes nos dados era impressionante – ele tirou um gráfico do tamanho de um rolo de papel de parede e o desenrolou para revelar uma família inteira, centenas de nomes que vão até 15 gerações passadas. Por meio da comparação da composição genética dessas famílias com uma amostra da comunidade mais ampla, ele esperava encontrar "não um gene da longevidade – isso seria ridículo – mas quem sabe até cem variações genéticas". Perguntei se ele tinha alguma teoria sobre por que a população de Ogliastra vivia tanto tempo. Ele respondeu: "Você nunca vê centenários nas grandes cidades... talvez seja a poluição", e especulou que as pessoas levavam uma vida tão dura nas montanhas que somente os mais fortes sobreviviam às doenças e às privações.

– Isso é bem darwiniano.
– Absolutamente – ele respondeu.

É uma corrida contra o relógio, com equipes de universidades e dos gigantes da indústria farmacêutica de todo o mundo competindo pelas dezenas de bilhões de dólares em tratamentos de saúde que irão recompensar a próxima geração de testes genéticos e tratamentos patenteados. O doutor Pirastu acredita que um avanço virá "muito em breve" e disse que sua equipe já seqüenciou os genomas de 13 mil pessoas e identificou anomalias genéticas ligadas a pedras nos rins, hipertensão e obesidade.

Mas até o momento a empresa não trouxe um sistema de diagnósticos para o mercado, muito menos um tratamento. Até mesmo as tentativas de outros geneticistas 20 anos atrás, para reconstruir o simples e único defeito genético que causa a talassemia – um problema comum em regiões mediterrâneas como a Sardenha, no qual o corpo não produz um número suficiente de glóbulos vermelhos – até agora não tiveram sucesso. Até hoje, a única prevenção é, além de evitar a gravidez, realizar testes genéticos no feto se os pais com essa anomalia genética conceberem uma criança, e oferecer aborto terapêutico.

Fiz a Pirastu outra daquelas embaraçosas perguntas éticas que me perseguiam e que deixam os cientistas constrangidos: o que ganhará o povo de Ogliastra se seus genes realmente guardarem a chave de uma vida longa para todos nós? Pirastu ganhará o Prêmio Nobel, os acionistas da Shardna ficarão ricos, o governo terá seu dinheiro de volta. Mas o que as pessoas que deram seu sangue ganharão com a comercialização de seu próprio genoma, ou das proteínas que ele codifica?

"É uma boa pergunta", ele disse. E, naturalmente, não tinha a resposta. O projeto AKEA havia trazido clínicas para as aldeias e oferecido às pessoas exames de saúde regulares, ele respondeu, de modo pouco convincente. Trouxe mais empregos para a região...

As duas horas que nos tinham sido reservadas haviam acabado e nos dirigimos para a cantina da Polaris, onde notei que o doutor Pirastu mergulhou numa salada que não tinha nada a ver com o estilo sardo, e uma maçã. Ele era natural de Tortoli, a outra cidade mais importante de Ogliastra, perto do porto de Arbatax, mas – assim como o doutor Deiana – ele disse que não tinha grandes esperanças de viver até os 100, mesmo se continuasse com sua dieta. Ou seja, a menos que sua empresa fornecesse os produtos. Ele tem diabetes, como seu pai (a Sardenha tem o mais alto índice europeu dessa doença) e existem complicações.

"A única coisa que eu espero é não ficar cego", ele disse, enquanto nos indicava a porta e atendia mais uma ligação em um de seus celulares.

"Traças!", riu Paola Melis. "Sim, elas realmente existem." Uma mulher magra, morena, na casa dos 60 anos e ainda com cabelos pretos, olhos espirituosos e um sorriso afetuoso, Melis examinava um volume grosso e empoeirado, encadernado com cânhamo cor de palha. Este livro fazia parte de uma coleção considerada a jóia da coroa da genealogia sarda, a chave para mapear aqueles enganosos genes da longevidade, recuando de geração em geração até as brumas medievais. Há apenas alguns anos sua verdadeira importância foi percebida, e os livros foram resgatados de úmidos porões em toda Ogliastra, onde estavam apodrecendo. Foram reencadernados, embalados em caixas marrons e empilhados de seis em seis nas estantes da sede da diocese católica romana, na cidade de Lanusei. Para alguns, era quase tarde demais. Somente o carinhoso socorro do "cirurgião dos livros", um padre de Sassari que dedicou sua vida à conservação de antigos manuscritos, poderia salvá-los da desintegração.

O livro que a doutora Melis tinha nas mãos, por exemplo, era um dos mais antigos da coleção, com três séculos e meio de idade, datando de 1554, a época do Concílio de Trento, que ordenou que os padres da paróquia em todo o mundo mantivessem registros de seu rebanho para que a intromissão do protestantismo pudesse ser monitorada. As páginas estavam amareladas e cheias de manchas, frágeis como teias de aranha e cobertas com uma escrita antiga que tinha adquirido cor de sangue ressecado. Aqui e ali podíamos ver a trajetória sinuosa deixada pelas traças que haviam cavado túneis às cegas através da história da Sardenha.

Lanusei é uma agradável cidade provinciana situada em meio a florestas de azinheiros e as *tombe di gigante*, os túmulos de gigantes marcados pelas enormes lápides neolíticas, no mezanino da grande cadeia de montanhas Gennargentu, a "entrada prateada" para o agreste interior da Sardenha. É a co-capital da Ogliastra e é onde os registros diocesanos são mantidos, numa bela casa de campo em estilo espanhol no centro da cidade, que já no meio da manhã cheirava a molho de macarrão trazido pela brisa de alguma cozinha no porão. O sol estava claro, os burros tinham parado de tremer e, dos andares superiores do edifício, podíamos ver navios de carga partindo, deixando esteiras no azul do mar Tirreno.

Esses registros são os únicos vestígios deixados por um povo que não sabia ler nem escrever. Eram chamados de *quinque libri* – "cinco livros" – nos quais os padres das 27 paróquias da Ogliastra registravam o nascimento, a crisma, o casamento e a morte de cada um de seus congregados, além do *status animarum* anual, um censo das pessoas presentes em cada paróquia após a Missa de Páscoa, e o estado de sua alma. As letras "ccc" aparecem ao lado de muitos nomes, indicando que a pessoa havia comungado, sido crismada e tinha se confessado.

O que torna esses registros tão diabolicamente difíceis de decifrar não é somente a letra dos padres – que varia de uma calcografia metronômica a garatujas pessoais –, mas o fato de que, através dos séculos, a linguagem dos registros muda de sardo para catalão, para latim e, finalmente, no meio do século XIX, para italiano. A tarefa de traduzi-los cabe a Gian Pierro Cannas, um homem rechonchudo com uma grande mecha de cabelos brancos. No dia em que o encontramos ele usava uma camisa pólo preta e calças pretas empoeiradas, com óculos que continuamente migravam de seu nariz para sua testa e tornavam a voltar. Ele parece um jovem frade, mas é, na verdade, um estudioso leigo, arquivista dos *quinque libri*. É ele que os cientistas – e gente comum também – procuram para verificar datas e detalhes de famílias, nem sempre com resultados animadores. Uma mulher esteve aqui recentemente, ele lembrou, certa de que seu avô tinha vivido até os 102 anos. Quando Gian Pierro trouxe os registros que mostravam que ele tinha só 82 anos ao morrer, ela se recusou a acreditar.

Ele tem muitos tesouros sem dono à sua disposição. Aqui, ele disse, abrindo a esmo uma página, estava o registro de uma mulher saudável, Clara Murru, que morreu na aldeia de Arzana em 1593, deixando cinco liras e meia (o equivalente a cerca de $ 250 hoje) para uma missa a ser celebrada no dia de seu enterro, no terceiro, sétimo e trigésimo dia após sua morte, e no primeiro aniversário. De alguns anos antes, 1569, havia o testamento de uma vizinha sua, Martina Faleri, ditado ao padre. Ela deixou cinco *soldi* (a lira sarda era dividida em 20 *soldi*, e cada *soldo* em 12 *dinari*) para uma igreja na aldeia de Suelli, seis *denari* para outra igreja em Arzana, e para uma neta deixou um vestido, duas anáguas, um colchão e um pedaço de tecido suficiente para fazer dois lençóis. Para uma sobrinha, ela deixou um lençol de solteiro, uma toalha de mesa e uma anágua, e ela nomeou seu marido Pietro o "curador da minha alma".

Aqui também estavam as disposições especiais concedidas pelo bispo a parentes que desejavam casar, seladas com borboletas de papel desbotado – quanto mais próximo o parentesco, mais dinheiro tinham de pagar. Também aqui estava o registro de um homem que não pôde receber o sacramento em seu leito de morte porque não conseguia engolir – talvez tenha morrido de tuberculose, imaginou Gian Pierro. E os registros de uma aldeia inteira, Manurri, que não existe mais, abandonada casa por casa e destruída tijolo por tijolo devido a uma sangrenta guerra civil que dividiu a cidade. Aqui, com todos os detalhes cotidianos, estava a vida de gente comum – nem reis nem cardeais – que eram os ancestrais dos centenários da Ogliastra de hoje. É o MySpace do passado.

Investigando esses registros, verificando e cruzando dados para eliminar desvios, como os "necrônimos" (prática de dar às crianças o nome de um parente falecido), estudiosos como Paola Melis surgiram com as evidências sólidas necessárias para convencer céticos como James Vaupel de que a Ogliastra realmente tem um acúmulo notável de centenários. Melis é uma raridade, uma acadêmica que tem um pé na ciência inflexível e o outro nas ciências sociais. Originalmente, ela era uma bióloga que se especializava em genética, mas passou muitos anos nos Estados Unidos e seu doutorado, na Universidade de Colúmbia em Nova York, foi em antropologia social. Ela faz parte da equipe da Universidade de Sassari que verificou as datas dos *anziani*, mas, no início, seu projeto não era focado nos centenários.

Originalmente, em 1995, a pesquisa era dirigida para o estudo dessas pessoas geneticamente isoladas, "congeladas no tempo", onde até uma caminhada de um dia pelas montanhas para achar uma noiva na aldeia vizinha era rara. Em um lugar, por exemplo, a pequena aldeia de Talana, descobriu-se que 80% dos atuais 1.200 habitantes descendiam de uma "população fundadora" de somente oito homens e 11 mulheres. Com populações endogâmicas como esta, fica muito mais fácil para os cientistas isolarem genes que podem tornar as pessoas mais ou menos suscetíveis a doenças. Melis, inicialmente, começou a procurar diferenças genéticas que tornavam as pessoas daqui menos propensas à pressão alta, uma das causas principais de morte prematura. Foi enquanto organizava os dados desse estudo que ela ficou cada vez menos convencida de que a longevidade tivesse uma base na genética. Ela estava se tornando uma nutricionista.

"Olhe este gráfico", ela disse, imprimindo uma página com uma série de gráficos de seu computador no apertado escritório na universidade. Ela faz parte do departamento de biologia e, para chegar lá, tivemos de passar por uma série de mostras: esqueletos de um par de golfinhos, o crânio de um carneiro com capacete de beisebol, o feto de um cavalo em um recipiente com formol, um porco selvagem empalhado e um esqueleto humano que parecia ter sido vítima de um assalto – metade de seus dentes estava faltando. O gráfico que ela nos mostrou ilustrava claramente a mudança de padrão na expectativa de vida em Talana, o centro do alvo da zona azul da longevidade, com estatísticas começando nos idos de 1850, quando metade dos aldeões não esperava chegar aos 50 anos. Em nenhum lugar dos *quinque libri*, por sinal, eles tinham encontrado um só centenário, embora houvesse muita gente com seus 80 e 90 anos.

Em primeiro lugar, podíamos notar um enorme crescimento da mortalidade infantil (quase metade das crianças morria ao nascer ou logo após) e um correspondente decréscimo nos que morriam com mais de 70 anos – até 1870, esse número tinha caído pela metade, para 10%. Melis explicou que a unificação italiana, em meados do século XIX, tinha trazido imenso sofrimento para a Sardenha, com o confisco das terras comuns. Isso coincidiu com a vinda dos Estados Unidos para o sul da Europa de uma grande quantidade de cereais baratos, o que levou os agricultores à ruína. A subnutrição era geral, e começou o grande êxodo da Sardenha para outros lugares. Somente na década de 1950 é possível notar uma maior mudança na expectativa de vida, e os dois gráficos se cruzam, um disparando em direção ao teto e outro para o chão, simultaneamente: a mortalidade infantil cai drasticamente para 1% ou 2% e o número de pessoas que chegam aos 70 anos ou mais dispara para 60%.

"Por que isso?", perguntou Melis. "São as mesmas pessoas, elas têm os mesmos genes porque existe um mínimo de mistura, e ainda assim, de repente, vivem 20 ou 30 anos mais e começamos a ver (ela puxou outro gráfico) nossos primeiros centenários. A única explicação plausível é que isso se deve à melhor nutrição e, acima de tudo, à chegada da penicilina e outros antibióticos."

P.: Agora, fazendo o papel de advogado do diabo, o que isso significa é que os genes não importam nem um pouco, que a única coisa que importa é o ambiente, o estilo de vida e os cuidados com a saúde?

R.: Exatamente. Na minha opinião, é somente quando você bagunça seu estilo de vida que a genética vem e diz: "Notei que agora você está fumando, então vou mostrar o que o fumo faz com alguém com sua predisposição". Se você tem um estilo de vida saudável, então pode controlar todos os seus genes ruins porque você está minando a possibilidade de eles agirem. É uma coisa terrível para mim ter de dizer isso... quando (o presidente) Soru acaba de colocar dinheiro em nossas empresas... Eu não quero que ele saiba que acho que está realmente jogando dinheiro fora, que o mundo da biotecnologia é uma bolha que já estourou.

P.: Então o que você está dizendo é que não somente aqui, mas no mundo todo, bilhões de dólares estão sendo desperdiçados na busca por algo que não terá utilidade alguma?

R: Estou convencida de que o gene da vida longa não existe.

Se você precisar de provas mais definitivas de que a genética não é a única resposta, veja como os padrões de doenças na Ogliastra mudam de acordo com o estilo de vida dos idosos. Quando os centenários de hoje eram jovens, disse Melis (que cresceu não muito longe daqui, na aldeia de Seneghe, que produz o mais premiado azeite de oliva da Sardenha), eles comiam muito pouca carne, quase sempre só um pedaço de toucinho cozido com a sopa, e só viam carne de carneiro ou de porco quando um desses animais morria. Não comiam a clássica "dieta mediterrânea", com muito peixe, porque os sardos evitavam a costa, pois era de lá que viera a malária, e outras pragas mortais trazidas por invasores e piratas. Os "verdadeiros sardos" eram pastores, viviam nas montanhas da Ogliastra e na Barbagia, e sua dieta básica consistia em legumes, favas, ervilhas, grão-de-bico e cereais. O queijo pecorino caseiro, de alto teor de gordura, era feito para vender ou trocar; em casa eles comiam o *frue*, um queijo fresco e ácido que lembra a coalhada, o qual tivemos a sorte de encontrar, por acaso, em um restaurante afastado. E bebiam vinho tinto, rico em antioxidantes. Eles trabalhavam muito e se exercitavam mais, simplesmente andando para cima e para baixo nesses tortuosos caminhos escarpados – "Andar é o melhor remédio para o homem", disse Hipócrates – exercitavam-se muito mais do que muitos jovens sardos das cidades conseguem se exercitar nas academias. Quer dizer, se eles freqüentassem academias. Em resumo, era um estilo de vida saudável, do tipo que está desaparecendo aceleradamente.

No século XIX, os registros mostram que os grandes assassinos eram as infecções: um terço das pessoas morria de malária ou de doenças do pulmão, como pneumonia, e muitas outras de problemas gástricos, como disenteria. Mas hoje, disse Melis, as gerações depois de 1950, com seu estilo de vida mais abastado, estavam morrendo de "gula e estresse". Como os antibióticos controlaram as infecções, houve o que ela define como "um aumento incrível" nos casos de câncer, que hoje mata mais da metade de todos os sardos. Também prevalecem as doenças do coração, e o que os médicos italianos curiosamente chamam de *marasma senile*, que parece ser o que eles escrevem num atestado de óbito quando não têm noção da causa da morte, mas o paciente estava um pouco velho. Pedras nos rins, uma doença de afluência praticamente desconhecida anteriormente na Ogliastra, também se tornou um problema.

O que Melis estava tentando dizer era o seguinte: mesmo que os sardos realmente possuam um ou mais genes que prolonguem a vida, o que funcionou antes no combate a doenças infecciosas letais não é o que é necessário hoje, um antídoto para obesidade, para o colesterol e para a poluição ambiental ligada a certos tipos de câncer. Certamente não é por acaso que aquelas regiões não desenvolvidas do interior da ilha onde as pessoas vivem também são as mais isoladas dos 691 lugares oficialmente indicados como poluídos pelo Ministério do Meio Ambiente italiano, a maioria dos quais se agrupa em volta das indústrias fumacentas nos golfos de Cagliari e Oristano.

Mais tarde, sentamo-nos a uma mesa junto à janela do restaurante do Hotel Belvedere, incrustado no topo de uma montanha em Lanusei, admirando a vista do oceano e discutindo as conseqüências dos anos de pesquisas de Melis, enquanto ela perseguia um tomate e algumas folhas de alface pelo prato. Eu me sentia um pouco culpado por ter pedido nhoque gratinado com parmesão. Ela comia como um camundongo, a conseqüência de uma batalha até agora bem-sucedida contra o câncer de esôfago e de estômago, que lhe ensinou outra importante lição de longevidade: "Eu me tornei um modelo, indo ao médico logo que suspeito de algo errado".

Até agora, sua década de pesquisa não havia produzido o que os investidores, privados e estatais, esperavam: um *kit* de diagnóstico genético capaz de prever a propensão de um paciente a condições que abreviem a vida, como a hipertensão. Eles tinham identificado uma série de proteínas associadas a isso, mas sua complexa interação ainda não rendeu um modelo de diagnóstico que conseguisse prever as chances de desenvolver pressão alta com algum grau de precisão – muito menos qualquer perspectiva imediata de poder tratá-la, independente da profilaxia previsível de uma dieta saudável, perda de peso e exercício.

Melis também estava preocupada com a distribuição do elixir de proteínas, caso seu colega doutor Deiana chegasse a descobri-lo. Será que só os ricos teriam condições de comprá-lo, como já estamos vendo, por exemplo, com as novas drogas anti-retrovirais usadas para tratar aids, disponíveis somente para alguns, enquanto "países inteiros, continentes inteiros, como a África, não têm acesso a elas"? E quem, mesmo no mundo rico, pagaria pelo tratamento numa época em que uma população mais idosa depende dos tributos pagos por uma parcela cada vez menor de trabalhadores para suas aposentadorias e assistência médica?

"O fato é que todos queremos chegar aos 100, mas que qualidade de vida teremos se não houver ninguém para nos custear, se tivermos de trabalhar até os 80 anos, para que não nos tornemos um fardo para a sociedade?", ela disse.

Na terra dos centenários, Melis acredita que não estará por aqui para ver tudo isso, de qualquer maneira, apesar de vir de uma família em que sua tataravó "curvada como um anzol e orando diariamente como um convento cheio de freiras", ela lembra, viveu até os 92 e teve seis filhos que viveram mais de 90. "Eu não gostaria de viver tanto", ela disse. "Já me sinto perturbada com meu corpo. Não enxergo tão bem quanto antes. Canso-me com muito mais facilidade. Não posso mais comer o que gosto. Não quero passar dos 80."

Primeiro, pegue seu javali

CAPÍTULO 5

Parecia mais uma confortável cela de monge do que um quarto de dormir na pequena aldeia de Santu Lussurgiu. Havia uma estreita cama de solteiro com cabeceira de metal pintado, chão de azulejos, uma pequena mesa repleta de bugigangas e um relógio exibindo a Virgem Maria. Nas paredes lisas de reboco branco havia uma grande pintura de Maria sendo alçada aos céus por um grupo de anjos, um crucifixo entalhado e o retrato de um sorridente padre Pio – Santo Pio de Pietrelcina, com sua barba branca. Ele é um santo popular na Sardenha, um "crucifixo vivo" cujas mãos, pés e costelas sangraram inexplicavelmente todos os dias durante 50 anos, um fenômeno conhecido como estigma. Sentada numa poltrona com almofadas forradas de verde, estava sua discípula Salvatorangela Fragola, que em breve completaria 100 anos, correndo as contas de seu rosário por entre os dedos, um dos três rosários que estavam à mostra, incluindo um de madeira trazido para ela por uma amiga que fora a Lourdes em peregrinação. O único sinal de modernidade secular na sala era um telefone de plástico cinza, sua única conexão com o mundo exterior.

Durante 25 anos, as quatro paredes desta pequena sala, que talvez tenha três metros por quatro e fica a diversos lances do solo por uma escada de mármore íngreme e estreita, haviam sido os limites da vida de Salvatorangela. A única vista que tinha do mundo lá fora era através da janela que fica acima dos telhados cheios de musgo e dá para uma encosta forrada de pinheiros escuros, e o céu que nunca era o mesmo. Ela tinha saído somente duas vezes em todos esses anos – uma vez, aos 75, quando funcionários da ambulância tiveram de carregá-la escada abaixo depois que ela caiu e quebrou o pé; a outra vez foi quando tinha 98 – 98 anos! – e foi levada de maca ao hospital após um ataque cardíaco, tendo de implantar um marcapasso. Ela nos faz lembrar que nem todos os centenários estão por aí saltitantes, andando de bicicleta, como Salvatore Spano, ou sorvendo grandes goles da nova safra do vinho Cannonau, como Antonio Argiolas.

Salvatorangela Fragola é uma das três devotas, todas viúvas, que iríamos encontrar e que estavam próximas de ou tinham acabado de completar 100 anos. Uma delas é algo muito raro na Sardenha, onde os laços familiares são tão fortes e os cuidados institucionais rudimentares: uma mulher que vive num asilo de igreja. Outra vive com dores, acamada e perto da morte, sob uma tapeçaria bordada com a Santa Ceia. E a terceira é Salvatorangela Fragola, que afirmou assistir à tevê ou escutar música de vez em quando, mas cuja principal atividade hoje "é rezar com meu rosário". Vidas diferentes, resultados diferentes, mas as três têm um vínculo em comum: todas encontraram consolo em Deus na última etapa da vida.

Apesar do confinamento, Salvatorangela mostrou-se uma mulher falante, com uma mente arguta e um bonito sorriso, embora completamente desprovido de dentes. Tinha escassos cabelos brancos, usava óculos de leitura e vestia – os idosos sentem frio – um cardigã rubi com um pesado cobertor xadrez azul e branco sobre os joelhos. Apesar de pequena, ela era a primeira centenária que conhecemos que não poderia ser descrita como magra; pés roliços e rosados apareciam por baixo do cobertor. Ela obviamente apreciava sua alimentação atual – muito diferente da dieta dos primeiros anos do século passado, quando foi criada em um lar de camponeses pobres onde favas, grão-de-bico e macarrão formavam a base da alimentação, ficando a carne para ocasiões especiais, e a família freqüentemente passava fome. Uma vez, ela disse, eles ganharam um precioso porco, mas em vez de comê-lo o engordaram e venderam. "Tivemos sorte de não morrer de fome", ela disse, "especialmente durante a guerra."

Hoje os tempos são melhores. Salvatorangela mora com uma de suas filhas, Lina Molinero, que cuida dela. Para o almoço, Lina preparou um dos pratos prediletos de sua mãe: uma tigela de risoto com cogumelos, um pouco de rosbife com alface cozida e, de sobremesa, uma banana. Salvatorangela não bebe mais, mas costumava apreciar uma taça de vinho tinto. Ela também teve um casamento longo e feliz, que durou 51 anos e produziu 12 filhos, dos quais seis morreram no parto – algo comum naqueles tempos, quando a maior parte dos bebês nascia em casa, sem a ajuda de um médico, sem anestesia nem antibióticos. Ela teve 19 netos e 13 bisnetos e mostrou, orgulhosa, as fotografias deles que estavam na mesa de cabeceira. Seu marido, Giovanniantonio Molinero, havia sido um homem bonito – ela apontou para uma foto em sépia pendurada na parede – e alegrava qualquer ambiente, sempre cantando e dançando, tocando seu violão, ela disse. Trabalhava como empregado em uma fazenda, mas devido a sua ótima voz foi contratado como pregoeiro da vila (eles eram comuns na Sardenha até o fim da II Guerra Mundial) e circulava pelo povoado anunciando as notícias do dia com um cone de lata servindo de megafone.

Resumir a longa vida de Salvatorangela Fragola é um conjunto de três fatores que estão se tornando bem conhecidos: uma família amorosa, trabalho duro e uma dieta magra, predominantemente vegetariana. Mas não devemos concluir apressadamente. Pergunte a ela própria qual é o segredo para os seus quase 100 anos e a resposta será inequívoca: "Não existe nenhuma razão secreta pela qual eu vivi tanto", afirmou, com o rosário correndo rapidamente entre os dedos. "Deus decidiu... ele sempre foi muito prestimoso comigo; é por isso que eu rezo." Ela estava ansiosa para receber uma carta do papa quando completar 100 anos, em dezembro de 2008. Se Deus quiser, é claro.

É desconcertante para algumas pessoas que cresceram na Inglaterra e na Austrália – mas não, eu imagino, para um americano temente a Deus – descobrir que a religião ainda desempenha papel tão importante na vida das pessoas, especialmente as que vivem em pequenas cidades do interior. "Existem três pessoas que controlam as coisas nessas aldeias", disse nossa guia e mentora, Simonetta, "o prefeito, o padre e o chefe dos *carabinieri* (a polícia militar italiana, com seus uniformes operísticos)." De fato, em Santu Lussurgiu, esses três são vistos com freqüência jantando juntos no restaurante Bella Vista – acompanhados de uma boa garrafa de vinho tinto para ajudar a resolver as contendas do município. A Igreja Católica é o centro da vida da aldeia e, no cenário nacional, até hoje exerce uma influência que seria inaceitável em um país que realmente acredita na separação de poderes entre Igreja e Estado. Nos últimos anos o Vaticano tem feito lobby com os a parlamentares no sentido de restringir a disponibilidade da FIV (fertilização *in vitro*), impedindo que homossexuais e casais de fato obtenham os mesmos direitos legais de pessoas que são heterossexuais e casadas, e de impedir a legalização dos chamados testamentos em vida.

A esta altura, devo confessar que não sou nem um pouco religioso, apesar de não fazer proselitismo ateu, como Richard Dawkins.

Aceito que muita gente encontre conforto no sobrenatural, seja na forma da crença em um Deus, na abdução por alienígenas ou no efeito benéfico de doses maciças de vitamina C. Não vejo mal em acreditar nessas coisas, a menos, é claro, que elas resultem em guerra ou terrorismo ou em algum tipo de infração dos direitos humanos, coisa que, tristemente, quase sempre acaba acontecendo. Mas fiquei tão estarrecido pela praticamente universal afirmação dos centenários com quem falei, como Salvatorangela, de que Deus era mais importante do que a natureza ou a alimentação na sua longevidade, que, quando voltei para a Austrália, decidi fazer uma pesquisa em algumas publicações sérias da área médica.

O melhor lugar para começar é Lourdes, o ponto mais popular de peregrinação do catolicismo, no sudoeste da França, onde, em 1858, uma menina de 14 anos chamada Bernadette Soubiroux teve visões da Virgem Maria. Quando estive lá, há alguns anos, encontrei não uma cidadela brilhante de fé, mas uma lúgubre cidade provinciana imersa em sofrimento e no cheiro de fiéis doentes, apinhada de turistas aflitos em cadeiras de rodas comprando quinquilharias religiosas nos quiosques que se enfileiram nas ruas. Não tive coragem suficiente para entrar na fila para beber a água das fontes nas grutas subterrâneas – uma análise recente mostrou que ela estava perigosamente contaminada –, mas muitas das cerca de 70 mil pessoas que a visitam todos os anos obviamente tinham. Nos fios de arame enferrujado nas entradas das cavernas estavam penduradas muletas, bengalas, cajados, tipóias e outros acessórios para inválidos – pessoas que, evidentemente, tinham experimentado curas milagrosas naquele local e os deixaram ali.

Entretanto, a história é bem diferente se ouvirmos o comitê científico internacional que hoje examina minuciosamente todas essas afirmações de cura, eliminando quase todas e levando anos para verificar o punhado delas que têm alguma probabilidade de ser autênticas. Até 1947, quando esses rigorosos critérios médicos começaram a ser aplicados, não menos que 5 mil pessoas alegavam ter sido curadas por Santa Bernadette, de todo tipo de doenças e problemas terríveis, desde a cegueira a insanidade e câncer. Desde então o número foi reduzido para 56, e somente 19 dessas curas foram aceitas pelo Vaticano como milagres genuínos.

Usando os próprios números da Igreja, as "curas" caíram de uma por semana, em 1914, a não mais de uma por ano, hoje. Deus, aparentemente, ignora as orações dos outros 69.999 peregrinos. Pareceria muito óbvio concluir que o que realmente aconteceu desde a II Guerra Mundial foi que, com o enorme progresso da ciência, houve uma correspondente queda no que era inexplicável para a medicina, antes conhecido como milagre. É válido também acrescentar que as probabilidades de morrer na peregrinação provavelmente superam a chance de uma em 100 mil de que a doença se curará sozinha de um modo que os médicos ainda não são capazes de explicar. Comparem as 19 curas milagrosas dos últimos 50 anos com os 40 peregrinos que morreram a caminho de Lourdes em 1922, num único terrível desastre ferroviário.

Quanto aos milagres atribuídos aos santos, como o favorito da senhora Fragola, padre Pio, até o Vaticano se dividiu em relação a eles. Após ver a fotografia de padre Pio nas paredes de inúmeras casas – e nas velas votivas sobre uma centena de sepulturas –, me perguntei por que esse frade franciscano havia se tornado tão popular na Sardenha, até que encontrei um site na internet (padrepio.com) patrocinado por uma fundação americana dedicada a sua memória. Como muitos sardos, ele foi pastor, filho de pastores. Em volta do monastério de San

Giovanni Rotondo, na Puglia, na costa adriática italiana, onde ele passou a vida, a asperaza desse campo cheio de cavernas pareceria familiar para os camponeses da Barbagia e foi descrito por um visitante como "perfeito somente para criar ovelhas e esconder criminosos". No começo do século passado surgiu um culto em torno de padre Pio, baseado não somente em seus estigmas, mas em seus supostos dons proféticos de cura do câncer e da cegueira e outras manifestações divinas como a habilidade de desprender um odor perfumado. Ocasionalmente, ele se mostrava doente e machucado, após, como dizia, ter lutado a noite toda contra Satã. "Às vezes", escreveram seus seguidores, "a febre dele era tão alta que o médico tinha de usar um termômetro de cavalo porque os termômetros normais arrebentariam, lançando o mercúrio para fora."

Com milhares de pessoas lançando-se a peregrinações ao mosteiro, o Vaticano encomendou uma pesquisa sobre essas alegações, nas décadas de 1920 e 1930. Ficou determinado que, em vez de praticar milagres, padre Pio era "um psicopata ignorante que se automutilava e explorava a credulidade do povo", secretamente encharcando-se de água-de-colônia e se autoflagelando com ácido. Ele foi afastado do sacerdócio por muitos anos. Entretanto, seus seguidores não o abandonaram – 100 mil pessoas foram ao seu funeral, em 1968, após o qual foi descoberto (outro milagre!) que o estigma havia desaparecido. Em consideração à sua incessante popularidade, nos anos 1970 o Vaticano começou a preparar o caminho para sua reabilitação e, em 2002, o papa João Paulo II o canonizou. Santo Pio tornou-se o santo número 283 de quase 500 santos criados durante seu pontificado, mais que nos 500 anos anteriores, um feito que deu a João Paulo o apelido de "fábrica de santos".

Então, há algo aí? Ou será a fé, como escreveu o teólogo radical John Shelby Spong, a busca por segurança e não pela verdade, uma relíquia de tempos anteriores à ciência, quando as doenças e outros infortúnios eram vistos como castigo de Deus e toda e qualquer cura estava nas mãos Dele?

Mesmo que muitos duvidem de que a ciência possa um dia conhecer a mente de Deus, descobri, para minha surpresa, que inúmeros estudos já foram realizados e dezenas de milhões de dólares foram gastos, ao longo de anos, em experimentos destinados a encontrar provas concretas para a crença, tão antiga quanto a própria religião, de que Deus, se invocado por orações, pode interferir na cura de doenças, restaurar a saúde ou prolongar a vida. Alguns desses trabalhos tiveram resultados encorajadores para os que realmente acreditam. Estudos epidemiológicos demonstraram de modo conclusivo e consistente que as pessoas que levam uma vida de preces, sejam monges beneditinos, pastores batistas, clérigos luteranos, freiras católicas, ministros episcopais ou presbiterianos, de fato têm vida mais longa do que os leigos. Um grande estudo publicado em 2002 no *US Journal of Religion and Health*, por exemplo, analisou dados de milhares de clérigos nos Estados Unidos e na Europa e descobriu que a taxa de mortalidade por faixa etária foi 10% menor que a da população em geral, e que eles eram menos propensos a doenças cardíacas e ao câncer. Os presbiterianos, incidentalmente, tendem a viver mais que os católicos – entenda isso como quiser.

Mas será essa longevidade devida à devoção, ou (como acontece com os adventistas do Sétimo Dia da Califórnia) devida a aspectos de seus estilos de vida que não são ligados a Deus, como abster-se do excesso de comida e bebida, ter menos tendência a fumar ou envolver-se em violência, ou simplesmente da redução de estresse resultante de um estilo de vida meditativo? Esperávamos poder perguntar a um padre centenário na vida real, que conseguimos localizar na Sardenha, padre Francisco Noli, que ainda rezava missas aos 100 anos de idade, na região de Oristano, mas infelizmente ele estava acamado e não pôde nos receber.

Alguns estudos mais antigos parecem demonstrar que "orações intercessórias" – ou seja, em que outra pessoa reza por alguém à distância – também têm efeito positivo. A Unidade de Problemas Coronários de São Francisco, em 1982-83, por exemplo, realizou testes "duplamente cegos" (em que nem o paciente nem o pesquisador sabiam se o paciente tinha recebido orações de outra pessoa) envolvendo 393 pacientes. O resultado mostrou que os que haviam recebido orações eram mais saudáveis. Eles precisaram de menos RCPs (ressuscitação cardiopulmonar), tiveram menor necessidade de diuréticos, sofreram menos edemas pulmonares do que os que não receberam orações. Em 1998, a Universidade Duke, em Durham, Carolina do Norte, analisou algo bem diferente. Há muitos anos, a Universidade Duke pesquisa outros aspectos paranormais, como fantasmas, percepção extra-sensorial e telecinesia, a capacidade de "desejar" que um objeto se mova. Dessa vez eles estudaram 4 mil pessoas com mais de 65 anos e descobriram que as que rezavam ou freqüentavam a igreja tinham, em média, pressão sanguínea mais baixa do que as que não iam à igreja.

Existem fatores não ligados a Deus que podem ser responsáveis por isso. Por exemplo, li muitas outras experiências sobre o "poder da oração", mas todas tinham uma falha fatal: se os pacientes achassem que alguém estava rezando por eles, isso, por si só, já pode ter sido benéfico, o que os cientistas chamam de efeito placebo. A informação detalhada que as empresas farmacêuticas hoje divulgam na internet sobre seus testes clínicos demonstra o que quero dizer: até um terço das cobaias humanas que recebem uma inócua pílula de açúcar em vez da verdadeira droga relatam uma melhora em sua condição.

Em 2006, uma equipe liderada pelo professor Herbert Benson, cardiologista da altamente conceituada Escola de Medicina de Harvard, planejou um brilhante experimento para contornar esse problema, que é endêmico em todos os chamados testes de mente e corpo. Em oito centros médicos de Boston a Oklahoma, 1.800 pacientes que aguardavam cirurgia cardíaca foram selecionados e divididos em três grupos: os que foram informados de que alguém rezaria por eles, o que de fato aconteceu; os que foram informados de que alguém poderia ou não rezar por eles, e alguém realmente rezou; e os que foram informados de que alguém poderia ou não rezar por eles, e ninguém rezou. Nenhuma das famílias nem a equipe médica sabiam para qual dos grupos cada paciente havia sido designado. Três equipes totalizando 70 crentes, dois católicos e um protestante foram arregimentadas e começaram a rezar à meia-noite do dia anterior à cirurgia, e continuaram rezando por 14 dias consecutivos. Era uma oração simples, para "uma cirurgia bem-sucedida com uma recuperação rápida e saudável, sem complicações". Quando fizeram o acompanhamento pós-cirúrgico, os médicos, dependendo de suas próprias crenças religiosas, ficaram desalentados ou aliviados em descobrir que o grupo que devia se dar melhor, o que teve alguém rezando por eles, teve o pior resultado – 59% deles tiveram pelo menos uma complicação pós-operatória. Os que se saíram melhor (somente 51% tiveram problemas) foram os que não receberam nenhuma oração. Entre os dois grupos (52%) ficaram os pacientes que receberam orações, mas não sabiam.

Será que a oração, apesar de todas as evidências presentes em relatos, na verdade faz mais mal do que bem? De fato, não. Para o

Antonio Filippo Sias

experimento ser conclusivo, deveria haver um quarto grupo, o dos que não receberam nenhuma oração e foram informados de que não receberiam nenhuma, mas os pesquisadores acharam que isso seria estressante demais para eles. Um dos médicos envolvidos, Charles Betheam do Instituto do Coração de Oklahoma, tinha uma explicação aparentemente plausível para tal paradoxo. Ele notou que todos os grupos de pacientes tiveram incidência acima do normal de fibrilação atrial (batimento irregular do coração) e questionou se algum efeito benéfico da oração poderia ter sido anulado pelo choque de ser informado, na véspera de uma cirurgia séria, que ninguém rezaria por eles. "É possível que ter conhecimento da oração tenha produzido uma forma de ansiedade de desempenho nos pacientes, ou feito com que eles se sentissem inseguros quanto aos resultados", ele disse mais tarde. "Eles podem ter-se perguntado: 'Estou tão doente a ponto de chamarem um grupo de oração?'."

Os pesquisadores também deixaram de ponderar um ponto filosófico: e se Deus interveio para causar uma complicação porque isso poderia, em longo prazo, ser melhor para o paciente, uma versão de "o que não mata, fortalece"? Nem eles consideraram o seguinte: e se os pacientes para quem ninguém rezou rezaram por si próprios? Existem, como Donald Rumsfeld disse certa vez, muitos "desconhecidos desconhecidos", coisas que não sabemos que não sabemos.

O experimento não foi concebido para avaliar todas as outras maneiras pelas quais a religião poderia prolongar a vida ou, pelo menos, melhorar sua qualidade, questões que levantamos em nossa conversa com a doutora Paola Melis, em Lanusei. A doutora Melis, que não é religiosa – ela acredita que "o homem criou Deus, e não o contrário" –, pergunta-se sobre o efeito relaxante de recitar "Aves-Marias" com um rosário, comparando isso com a entoação de mantras pelos monges budistas, cujo batimento cardíaco – de fato, todo o seu metabolismo – desacelera drasticamente durante a meditação. Ela também reconhece o papel social, em oposição ao espiritual, da Igreja na Sardenha, onde ela é o centro de uma rede de prestabilidade e uma fonte de apoio para os paroquianos que passam por dificuldades. Um centenário que encontraríamos mais adiante ainda caminha até a igreja todos os domingos – é o ponto alto de sua semana. Mas não é tanto o sermão que o inspira, e sim a oportunidade de, após a missa, encontrar seus camaradas em um bar local para beber, fofocar, jogar cartas e ler o jornal. Não é preciso ser cientista nem padre para saber que permanecer física, mental e socialmente ativo ajuda a acrescentar, senão alguns anos à vida, alguma vida a seus anos.

A vida social da igreja já fazia parte do passado para a centenária Anna Maria Fadda. Embora sua fé ainda fosse forte, seu corpo já não era, e ela passara os últimos cinco anos confinada à sua cama. Como se trata da Sardenha, ela só estaria preparada para nos receber depois do almoço e de uma boa sesta. Então, com a típica hospitalidade sarda, fomos convidados a comer na casa de Giorgio Mastinu, o pai de nosso jovem intérprete do dia, Mauro.

Os Mastinu viviam numa aldeia chamada Sili, a meia hora de carro de Santu Lussurgiu, à margem do porto de Oristano, na costa oeste. É uma cidadezinha monótona de tijolos de argila já esfacelados, concreto e blocos Besser. A grande atração é o bem-cuidado cemitério com mausoléus do tamanho de garagens e paredes de vidro. Demos uma olhada nele enquanto esperávamos e descobrimos somente um centenário, mas dezenas de pessoas que morreram depois dos 90 anos. A vila estava um pouco mais animada do que de costume porque era o dia anual do santo padroeiro e uma procissão com pessoas em trajes tradicionais desfilava com uma imagem, acompanhada por um solitário tocador de *launedda* – uma antiga flauta de três palhetas que tem som parecido com o de uma gaita de fole – pelas ruas cobertas de rosas vermelhas, cavalinhas douradas e buquês de menta extremamente aromáticos. Depois houve queima de fogos – não um grande espetáculo pirotécnico, mas fogos que faziam um barulho tremendo, pareciam um depósito iraquiano de munição indo pelos ares.

Giorgio e sua grande família moram em uma casa de tijolos e azulejos que fica numa pequena rua; sua sogra, de 86 anos, que se apresentou a nós como Elisabetta Maria Itria Celestina Porru, mora na casa ao lado e compartilha a mesma horta. Eles haviam preparado para nós uma refeição tradicional, servida numa comprida mesa na sala de jantar de piso cerâmico, que dividimos com uma tevê, um laptop conectado a um provedor lerdo e um dos dois carros da família. Estimulamos nosso apetite com uma taça de vinho branco caseiro que lembrava xerez (Oristano é a terra do Vernaccia), pão caseiro, feito pela *nonna* Porru, naturalmente, e um antepasto de alcachofras em picles, pimentões e uma lingüiça picante.

O prato principal era um javali. Os sardos adoram caçar – codorna, pombo, perdiz, faisão, pato, coelho, lebre, galo silvestre e *tacculas*, pequenino pássaro semelhante a um tordo (os *tacculas* são marinados em borra de vinho, cozidos com folhas de murta e comidos com os ossos e tudo). No inverno passado, durante a temporada de caça, um dos amigos de Giorgio, que mora nas montanhas de

Samugheo, matou um porco selvagem de 45 quilos com um disparo de uma espingarda de tiro único como as usadas aqui (para dar uma chance ao porco). Em seguida, ele deve ter arremessado o animal ao teto do carro e desfilado com ele pela vila, buzinando em triunfo, como fazem nestas regiões. Desde então, estava esperando no congelador de Giorgio por uma ocasião especial.

Hoje, em vez de assar o javali no rolete – como tradicionalmente se faz por aqui, e assim veríamos mais tarde, nas montanhas – ou cozinhá-lo num buraco com pedras quentes, como ainda fazem os pastores, Giorgio o cozeu em fogo brando com muito vinho tinto, um punhado de folhas de murta de sua horta e alguns tomates. Ele foi servido, saboroso e consistente, como molho para o nhoque e nós nos congratulamos por ter evitado mais um encontro com *pecora in cappotto* quando o cordeiro chegou, apesar de ser uma versão mais palatável do prato nacional da Sardenha, graças à adição de algumas alcachofras-bravas. Como uma concessão aos visitantes, também foram servidos alguns vegetais – rabanetes, tomates e vagens – que nós devoramos, mas ninguém mais tocou. "Quer que eu vire um carneiro?", Mauro havia brincado antes, quando perguntei por que os sardos comem tão poucos vegetais. Uma executiva com quem tomamos um café certa vez em Nuoro tinha outra explicação: "Os sardos têm uma certa desconfiança de verduras... não são viris". Três queijos, servidos sobre uma cama de folhas de louro, encerraram a refeição. Pelo menos era isso que esperávamos.

Não havia como escapar à sobremesa – *sebadas*, um tradicional doce sardo que consistia em um pastel em forma de meia-lua recheado com queijo fresco e lascas de laranja, frito e servido, nesta casa, com um aromático mel de flores de acácia. E Giorgio não poderia deixar que saíssemos sem provar um caseiro mirto e *filu'e ferru*, uma infusão tão potente que é como se engolíssemos uma fileira de tochas, ou como D. H. Lawrence descreveu: "A *acqua vitae* tem gosto de petróleo açucarado com uma pitada de anis – obsceno".

GUISADO DE JAVALI DE GIORGIO MASTINU

Como teria dito Isabella Beeton certa vez: "Primeiro pegue seu javali". A menos que você seja um desses caçadores esportivos com permissão para caçar porcos selvagens em parques nacionais, não terá muita sorte fora da Itália. Carne de porco não chega nem perto do intenso sabor da carne de caça – eu sugeriria carne de veado ou de pato como substitutos. Cortes de carne com ossos produzem um molho mais saboroso. Quanto aos MALLOREDDUS, você pode fazê-los de farinha de semolina, água e açafrão, mas é tarefa muito trabalhosa (os pequenos e anelados nacos de massa têm pouco mais de um centímetro e precisam ser enrolados um a um), mas se quiser procurá-los em alguma loja deve preferir uma boa marca artesanal, como I Cagliaritani. Este é um prato camponês simples e encorpado, que cairia bem em uma noite gelada de inverno.

> 2 quilos de carne de caça, sem pele e cortada em pedaços
> 12 ramos de folhas de murta
> 1 garrafa de vinho tinto robusto e picante (Cannonau, Châteauneuf-du-Pape ou um shiraz)
> 3 cebolas douradas
> 200 mililitros de azeite de oliva
> 6 dentes de alho
> 1 bouquet garni
> sal, pimenta-do-reino

160

1 litro (3 latas) de tomate em pedaços
500 gramas de malloreddus
4 ou 5 galhinhos de açafrão

Deixe a carne marinando com metade dos ramos de murta em metade do vinho tinto por 24 horas, virando duas ou três vezes. Escorra e descarte o escabeche e a murta. Corte as cebolas e frite numa panela com duas colheres de sopa de azeite até que comece a aloirar (não deixe escurecer), e em seguida acrescente o alho picado e cozinhe por um ou dois minutos.

Coloque tudo isso numa caçarola pesada de ferro, ponha o resto do azeite na frigideira e frite a carne em pequenas porções até que comece a dourar. Coloque a carne, o resto do vinho e as folhas de murta e o bouquet garni na caçarola e tempere com a pimenta-do-reino.

Cubra e asse em forno médio (180°C) por cerca de 60 minutos, e então acrescente os tomates e sal a gosto, cozinhando por mais uma hora. Coloque os malloreddus em água fervente com o sal e o açafrão e cozinhe de acordo com as instruções. Monte o prato em uma tigela grande e abra outra garrafa de vinho. Serve de 5 a 6 pessoas.

Depois de tudo isso, ficamos com vontade de tirar uma boa soneca, mas já era hora de visitar Anna Maria Fadda.

Em comboio, atravessamos as verdes planícies em direção a uma aldeia de casas de veraneio chamada Sa Rocca Tunda, situada numa península arenosa no norte do Golfo de Oristano. Um mar sujo, escurecido na beira por algas marinhas, encobria a areia grossa e o único freqüentador era uma mulher envolta em um agasalho longo com capuz para se proteger do vento frio, encolhida ao lado de um barco de pesca emborcado, lendo um livro. Em uma dessas casas de veraneio, Anna Maria Fadda e sua família nos esperavam. Era amável da parte deles nos receber, porque a velha senhora não estava muito bem. Na verdade, parecia que não ficaria conosco por muito tempo. Ela era somente um ano mais nova que a pessoa mais velha da Sardenha, Raffaela Monne, de Arzana, nascida em Samugheo em 1899 – outra extraordinária sobrevivente cuja vida abarca três séculos. Esse tinha sido um ano memorável no mundo além da Sardenha: a Guerra dos Bôeres começara, a aspirina foi patenteada, os políticos australianos pararam de discutir e concordaram que a nova capital do país seria Canberra. Foi um ano fértil para os famosos e os infames nascerem: Alfred Hitchcock, Nevil Shute, Al Capone, Fred Astaire, Ernest Hemingway e Humphrey Bogart estão entre eles. A senhora Fadda tem orgulho de ter sobrevivido mais do que todos eles – ou teria, se a fama deles tivesse chegado a este apático lugarejo.

Ela estava aconchegada em uma cama de hospital de aço inoxidável, sob uma tapeçaria da Última Ceia, e as palavras "Um de vocês me trairá" bordadas na toalha de mesa. Arrumados em um pequeno aparador estavam o cartão de parabéns que ela havia recebido do papa quando completou 100 anos e os números dourados que decoraram seus bolos de aniversário desde então. O número 108 estava faltando porque seu aniversário seria dali a dois meses. A filha dela, Giuseppina Tatti, uma mulher grisalha e séria de 66 anos que cuidava dela havia 25, arrumou seu travesseiro, verificou se o cardigã rosa estava abotoado e ajeitou o lenço que envolvia a cabeça da mãe.

Era um quadro desafiador para aqueles que desejam saber se vale a pena viver até idade muito avançada. Os ossos metacárpicos eram claramente visíveis através da pele de suas mãos emagrecidas, as feições de seu rosto estavam desenhadas de modo pronunciado onde o tecido mole havia desaparecido, os lábios tinham sumido para dentro da cavidade desdentada da boca e havia um esparadrapo em seu supercílio esquerdo, de onde um câncer tinha sido removido. Em volta dela, tudo simbolizava doença – um pacote de fraldas descartáveis para adultos sobre um armário, um creme para aliviar as escaras e um frasco de água-de-colônia. Ela disse que não tinha mais gosto pela vida desde que ficou confinada à cama, mas havia uma corajosa resignação envolvendo essa mulher que não buscava compaixão. Ela nos recebeu bem e conversou lucidamente sobre sua vida e sua época, pausando de vez em quando para lembrar um nome ou uma data.

    A filha do ferreiro da aldeia de Samugheo, Anna, como a maioria das crianças de sua geração, recebeu somente dois ou três anos de educação escolar antes de começar a trabalhar como costureira para ajudar no sustento da família. Seu trabalho tornou-se seu passatempo: a casa estava cheia de "quilômetros" de bordados e trabalhos de crochê, que ela conseguiu fazer até os 103 anos, quando seus olhos se foram, disse sua filha. Ela se casou com um pastor e criou a habitual família numerosa – tem meia dúzia de filhos, 26 netos e 27 bisnetos – antes de o marido morrer, há mais de meio século. Não há longevidade na família, de que ela saiba, e Anna nos disse que tinha uma alimentação "normal", comendo carne "todo dia", assim como lentilhas e legumes – mas nunca vagens, que ela diz, brincando, serem "para porcos". Estranhei a lembrança de comer carne "todo dia", pois seu marido era um simples pastor, e suspeitei de que ela estivesse se gabando inocentemente.

    Ela nunca fumou ou bebeu – nem mesmo um saudável copo de vinho tinto. Mas o almoço de hoje mostrou que apesar de frágil e enferma não havia nada de errado com seu apetite: sua filha preparou massa com ragu de carne, em seguida miolo de vitela cozido com azeite de oliva, sem legumes, naturalmente, mas com uma maçã assada como sobremesa. Mas que tipo de vida era essa, perguntei-lhe de modo gentil, ela ainda se divertia? "Não", ela disparou, "desde que quebrei a perna e tenho de ficar na cama o tempo todo." Anna tinha dificuldade para dormir e não conseguia mais ler. Seus únicos prazeres eram ouvir fitas de poesia sarda e um coral executando a vida de São Francisco, que escutava no toca-fitas que tinha na cabeceira da cama.

Mesmo assim, ela se apegava com fervor ao que restava de sua vida e, como Salvatorangela Fragola, agradecia ao bom Senhor por mantê-la viva por tanto tempo. Quando lhe perguntei se achava que poderia bater o recorde de Jeanne Calment, de 122 anos, ela empinou o queixo e disse: "Com a ajuda de Deus, e seus santos, chegarei à idade de Noé... não quero morrer. O papa pode morrer (João Paulo II, o nono papa que Salvatorangela Fragola conheceu, havia morrido dois anos antes), mas eu não".

Percebi que sua filha Giuseppina deu um meio sorriso irônico ao ouvir essa novidade, e perguntei-lhe se, depois de 25 anos cuidando da mãe em tempo integral, ela achava que havia chegado a hora de procurar um lugar para a mãe em um asilo, ou pelo menos uma ajuda domiciliar. A resposta foi imediata, a mesma que recebi quando perguntei a muitas outras filhas por que faziam tanto sacrifício para cuidar de seus pais e parentes em casa: "Se eu a mandar para um asilo, ela morrerá". Então, ao sairmos, perguntei a Giuseppina se ela achava que também poderia chegar aos 100. "De modo algum", ela disse, "eu não quero viver até os 100 anos porque seria muito trabalho para meus filhos. Se eu viver (tanto assim) eles deveriam me colocar em um asilo."

Giovanni Mereu

A ILHA DOS ANCIÃOS

Essa pesada responsabilidade que os sardos – na verdade, a maior parte dos italianos, especialmente os que vivem no campo – sentem por seus pais e avós é, às vezes, algo que já foi quase esquecido em outras sociedades modernas, em que terceirizamos o cuidado com os idosos para o governo ou instituições de caridade. Quem, hoje em dia, estaria preparado, como Giuseppina, para devotar décadas de sua vida a cuidar de um parente sem que reste nenhum tempo para si próprio? Mas aqui os laços familiares são fortes, os custos de um lar para idosos são altos e os filhos vivem com seus pais até casarem, com freqüência na faixa dos 30. Há uma palavra para os homens que vivem assim, *mammoni*, ou "filhinho da mamãe".

Encontraríamos, repetidamente, em nossa viagem pela Sardenha, aquela filha ou nora – normalmente a mais velha ou a mais jovem – que abdicara de toda a sua vida para cuidar de uma mãe em sua velhice, mantendo-se solteira, quase sempre impossibilitada de sair de casa por um período de tempo maior. Parecia haver um pacto silencioso entre elas: a *mamma* era a proprietária da casa e sacava a pensão, provendo casa e comida para a filha em troca de cuidados e companhia. Mas percebi que esse relacionamento chega a níveis mais profundos do que um mero acordo prático; era um símbolo do amor e do respeito com os quais os idosos são tratados nessas sociedades tradicionais – em Okinawa, assim como na Sardenha – e seguramente um fator de sua longevidade, embora imensurável. Não que faltassem cuidados e amor nos lares para idosos, pelo menos não nos dois que visitamos na Sardenha.

A terceira das centenárias devotas que visitamos morava, quase literalmente, à sombra da igreja. San Giovanni é um grande edifício em estilo parecido com o de Pisa, situado em uma pequena praça calçada de pedras, com andorinhas que fazem ninhos no campanário e um interior sombrio precisado de restauração. Do outro lado da rua, por trás de um alto muro de pedra, fica a Casa di Riposo San Giovanni, lar de Lorenzina Salaris, um lugar luminoso, ensolarado, com janelas que dão para os jardins. Quando chegamos à casa, estavam se preparando para o almoço, que é ao meio-dia, e havia no ar um cheiro delicioso, definitivamente nada institucional, de molho à bolonhesa.

Lorenzina Salaris era uma das quatro pessoas centenárias de Santu Lussurgiu, e a única que não morava com parentes, pelo simples fato de não ter nenhum parente no povoado. Para entrar na sala, foi auxiliada por uma terapeuta ocupacional, uma senhora agradável, de jaleco branco, orgulhosa de sua famosa paciente – Lorenzina era a mais velha dos 24 residentes – e a única centenária do lugar. Aos 102 anos, ela ainda conseguia andar, devagar e com o auxílio de uma bengala de madeira, embora, infelizmente, estivesse cega devido a uma cirurgia recente. Tinha a coluna ligeiramente curva, a pele enrugada e branca como giz, cabelos grisalhos crespos e uma dura expressão de professora na boca. Estava vestida com o preto regulamentar, embora a blusa ostentasse um pequeno detalhe vermelho, e ela, vaidosamente, colocou grandes óculos escuros de grife quando chegou o momento de tirar uma foto. Só aprendera a falar italiano aos 22 anos e, na velhice, preferia o conforto do dialeto de Santu Lussurgiu – incompreensível para Mauro, nosso intérprete, que vive a menos de 40 quilômetros de distância.

Vinda de uma família de camponeses, Lorenzina só freqüentou a escola por três anos, trabalhou nos campos e casou com um trabalhador rural, Matteo Re. Talvez porque não pudessem ter filhos – na época, o único capital que as pobres famílias rurais possuíam –, eles tiveram uma vida extremamente dura, ambos realizando árduo trabalho braçal, entregando mercadorias com um cavalo e uma carroça. A alimentação era a de costume naquele tempo: macarrão, pão preto de cevada, grão-de-bico, feijão e erva-doce, que eles mesmos colhiam. Com sorte, poderia haver um pedaço de carne de porco no almoço dominical, ou um copo de vinho tinto feito com uvas de seu pequeno parreiral. Ela nunca fumou e fez com que o marido deixasse de fumar os nocivos charutinhos que costumava tragar quando ela, certa vez, adoeceu.

Apesar de não haver histórico de longevidade na família, Lorenzina parecia ter um sistema imunológico extraordinariamente forte. Quando a epidemia de gripe espanhola assolou o distrito, após a I Guerra Mundial, dizimando milhares de pessoas na Sardenha e talvez 50 milhões no mundo todo, o médico lhe deu um remédio que ela se recusou a tomar porque era muito amargo. De qualquer maneira, foi poupada. E novamente, tempos depois, quando eles lavravam a terra perto de Bacu Abis, no alagadiço sudoeste da Sardenha, a malária dizimou a aldeia, forçando-os a voltar para Santu Lussurgiu, mas de algum modo Lorenzina não a contraiu. Ela certamente é uma candidata ao teste de deficiência G6PD do doutor Deiana.

Assim como os outros dois *anziani* que encontramos nesta região, Lorenzina acreditava que o fato de ainda estar viva não tinha a ver com seus genes ou com seu estilo de vida frugal e ativo, mas sim com a intervenção divina. Até recentemente, ela ia à igreja quase todos os dias e nunca perdia a missa dominical, o grande evento da semana. Após a morte do marido, vivera sozinha em sua casa na aldeia, com uma ajudante que dormia no emprego, até dois meses atrás. Com 102 anos, decidiu que não podia mais ficar sozinha e foi admitida na San Giovanni. Não havia alternativa – todos os seus parentes tinham saído da região (ela tem sobrinhos na Austrália) e não havia mais ninguém para cuidar dela. Hoje tem um grupo de jovens amigos, na casa dos 80 e 90, e o apoio de cuidadores profissionais. "Estou feliz aqui, mas realmente não sei por que estou viva... só Deus sabe", ela disse.

    E em seguida foi rapidamente levada para o outro conforto de seu dia – o almoço.

O rato Matusalém

CAPÍTULO 6

Fomos guiados até o banquete por uma coluna de fumaça cinza-azulada que se desprendia em ondas por entre os raios de sol que incidiam nos galhos de um bosque de antigos carvalhos. Numa ravina gramada acima da aldeia de Orgosolo, naquela tarde, voltamos vários séculos no tempo: um banquete báquico, como uma cena de *Satiricon*, estava prestes a acontecer. Nada de ratos silvestres temperados com mel e papoulas, mas, dentro de uma enorme cova de concreto do tamanho de uma piscina olímpica vazia, longas toras de madeira ardiam lentamente, envoltas por uma armação de grades de ferro. Encostados nelas, empalados, como fileiras de mártires, em espadas largas e escurecidas pelo fogo da altura de um homem, estavam as carcaças de 225 porcos, com a pele salgada, cheia de bolhas e chamuscada, da cor de melaço. Suando em volta das fogueiras de brasas incandescentes estava uma dúzia de homens com braços musculosos e rostos largos e queimados de sol, típicos dos que trabalham a terra, atirando-se no meio da fumaça para girar os espetos e regar os corpos, parando ocasionalmente para limpar os olhos lacrimejantes e lubrificar as goelas com copiosos tragos de um rústico vinho tinto.

Nas encostas circundantes, famílias estendiam tapetes de piquenique à sombra e vendedores em seus quiosques anunciavam aos gritos as guloseimas do festival. Em um deles, uma mulher com um martelo pulverizava tijolos de *torrone* caseiro, o doce nacional da Sardenha, nugá feito de mel e amêndoas. Em outro, um agricultor de barba curta e seu filho exibiam fiadas de lingüiça caseira, grandes fôrmas de queijo pecorino, travessas de toucinho defumado, azeitonas e... o que será isso?

Pareciam escrotos achatados de velhos animais de fazenda, castanhos e enrugados e cada um amarrado no alto com um pedaço de barbante grosseiro. *Cazzu* era o nome que o produtor nos deu, no dialeto local, o que não nos dizia nada, mas decidimos comprar um, de qualquer maneira, esperando identificá-lo mais tarde. Animal, vegetal ou mineral? Acabou sendo mais uma peça do museu gastronômico da Sardenha – dizem que Homero escreveu sobre eles na *Odisséia*, veja como são antigos – que deixaria pálido o mais embrutecido amante de *casu marzu*, aquele queijo cheio de bichos. Os que têm sensibilidade delicada podem pular as próximas duas sentenças. *Cazzu* é um tipo de queijo primitivo feito do abate de um filhote de cabra enquanto ele ainda está mamando, removendo-se seu estômago cheio de leite, que é passado sobre brasas ou salgado (para afastar as moscas) e parcialmente seco. Experimentei uma porção mais tarde e o jato de ar quente e azedo do coalho quase sólido me trouxe lágrimas aos olhos e quase me fez vomitar.

Orgosolo é uma das mais famosas – e infames – cidades da Barbagia, o sombrio e escarpado interior da Sardenha, que durante milênios serviu de refúgio para os ilhéus que resistiram a invasores vindos de todos os impérios do Mediterrâneo. Existem, na verdade, quatro cadeias de montanhas pontiagudas que se entrecruzam na ilha, costumeiramente chamadas de Barbagia: as Barbagie de Ollolai, Mandrolisai, Belví e Seulo. Apesar de distar menos de 100 quilômetros em linha reta do glamouroso parque de diversões dos bilionários que é a Costa Esmeralda, este é outro mundo, mais antigo, mais autêntico. O povo daqui é cheio de orgulho, ferozmente independente, e luta para sobreviver, retirando seu parco sustento das cabras e ovelhas, dos vinhedos ressecados e das velhas oliveiras que se penduram das encostas rochosas e íngremes.

A caminho daqui, nas curvas fechadas da estrada que acompanha as claras montanhas calcárias do maciço de Supramonte desde a capital da província, Nuoro, paramos por um momento para apreciar a vista. Esta não era a Itália adorada pelas solteironas inglesas e suas aquarelas – pastos elegantes, vinhedos organizados, lindos chalés, fileiras de álamos e o aroma de lavanda trazido pela brisa. Era uma paisagem selvagem, tão indômita quanto o povo que a habita: cumes desprovidos de vegetação, muros de pedra em ziguezague nas encostas íngremes, casas de pedra que lembram fortes, com portas e janelas escuras e estreitas, lá embaixo um córrego desbravando seu caminho entre grandes rochedos arredondados e peônias cor-de-rosa, a "rosa das montanhas", o único salpico de cor na paisagem poeirenta e sombria. O silêncio era quebrado por um concerto de aves canoras, coreografado pelo distante metrônomo de um cuco e, na percussão, sinos badalando no pescoço de carneiros fora do nosso campo de visão. Grandes faixas dessa região agreste e linda foram declaradas parque nacional, fato que enfrenta uma apaixonada resistência dos aldeões, que o encaram como uma usurpação do seu direito tradicional de usar a terra.

As cidades e aldeias da Barbagia estão estrategicamente empoleiradas nas montanhas, algumas delas acessíveis somente a pé, como a abandonada necrópole de Tiscali, com seus núcleos de cabanas de pedra em ruínas. Não muito distante fica a cidade de Mamoiada, onde todos os anos, durante o Carnaval, a preparação para a Páscoa, um estranho ritual pagão é realizado: 200 homens cobertos de grosseiras peles de cabra marrons, usando sinistras máscaras de madeira entalhada e carregando 30 quilos de cincerros gigantes nas costas, são expulsos da cidade para simbolizar o expurgo dos demônios. Orgosolo, por muitos anos, reivindicou o título infame de capital do homicídio da Sardenha – uma reivindicação e tanto nesta província turbulenta e sem lei, que já foi declarada "zona de crimes" e ainda é saturada de *carabinieri* fortemente armados.

Embora as coisas tenham ficado mais calmas nos últimos tempos na Sardenha, entre 1960 e 1992 ocorreram mais de 200 seqüestros, motivados por dinheiro mais do que por política, e muitos deles foram nestas redondezas. Cerca de 20 dos desafortunados reféns foram mortos. Uma das vítimas foi o executivo britânico Rolf Schild, cujos seqüestradores entenderam seu nome errado e o tomaram por um membro da família Rothschild.

O filho mais famoso da terra é o bandido Graziano Mesina, que se diverte com o apelido de "Rosa Escarlate" e que, nos anos 1960, aterrorizou o distrito seqüestrando, assassinando e extorquindo dinheiro feito um Al Capone moderno. Mesina, possuidor de uma personalidade exagerada que escapou da prisão 11 vezes, também se considerava uma espécie de Robin Hood da Sardenha. Ele foi elevado à condição de ídolo, recebendo a alcunha de "rei do Supramonte" pelo *rapper* sardo Sa Razza depois que Mesina afirmou ter participado da negociação para libertar um menino de 8 anos, Farouk Kassam, filho de um executivo egípcio do setor hoteleiro, cujo seqüestro, no começo da década de 1990, revoltou todo o país e mobilizou 4 mil policiais. Quando o resgate de $ 9 milhões não foi pago no prazo devido, seus captores enviaram o lóbulo de uma orelha aos pais e ameaçaram desmembrar o menino, pedaço a pedaço. Aliás, recusei-me por motivos éticos de entrevistar o infame Mesina – que hoje tem 65 anos e dizem que vive quieto em retiro – quando me disseram que ele queria dinheiro.

Provavelmente a coisa mais arriscada que fizemos enquanto explorávamos a Barbagia foi visitar outra pequena cidade no topo das montanhas chamada Orune. Aparentemente, fomos até lá porque ficava no caminho de outro daqueles sinistros sítios arqueológicos, um "poço-templo" de 3 mil anos de idade, onde os antigos sardos praticavam um culto aquático. Ele tem uma entrada em forma de fechadura que leva a um lance de escadas alinhadas de modo que o sol incida diretamente em seu interior somente no dia do solstício de verão. Mas o verdadeiro motivo era que eu tinha lido que Orune é o cenário da mais longa e sangrenta das *faidas*, uma violenta rixa entre clãs familiares, parecida com o que acontece na máfia.

Os seqüestros podem ter saído de moda, mas as *faidas* continuam a assombrar esta parte da Sardenha, como têm feito há muitas gerações. Quase sempre a razão para a inimizade já se perdeu no tempo – talvez um carneiro roubado, uma noiva negada –, mas ela reivindicará vidas até que o último homem tenha sido assassinado, com um código de silêncio e medo que torna efêmero qualquer esforço feito pela polícia para punir os assassinos. No filme *Pai patrão*, o menino Efisio fala de parentes que fugiram para a Austrália para escapar da morte em uma dessas vendetas. Um homem chamado Peppino Pes, cujo envolvimento em outra *faida* resultou em uma sentença de 158 anos de prisão, certa vez a explicou assim:

> Eles matam seu pai, atiram em sua mãe, só porque você carrega um certo sobrenome... eles não param de ofendê-lo e humilhá-lo... Ou você se vinga, pedra por pedra, tiro por tiro, ou as pessoas irão achar que você não vale nada.

A ilha dos anciãos

No caso de Orune, as hostilidades tiveram início entre os clãs Chessa e Monni, em 1951, aparentemente em conseqüência de uma família dar refúgio a alguém que a outra família havia seqüestrado para pedir resgate – ainda hoje uma maneira popular de ganhar dinheiro nestas terras áridas e empobrecidas, cheias de cavernas onde os bandidos podem se esconder e resistir por muitos anos. Em meio século de violência interminável, nada menos que 110 membros dessas duas famílias foram assassinados; o mais jovem, uma menina de 12 anos, foi morta por uma bala perdida que deveria ter atingido seu pai. Poucos meses antes de chegarmos, o jornal *Corriere della Sera* informou que as últimas vítimas, os irmãos Nicolo e Serafino Chessa, tinham sido abatidos a tiros ao retornar do campo onde cuidavam de seu rebanho de ovelhas.

Enquanto percorríamos os 10 quilômetros da estrada que sobe até a vila – ela está assentada como uma fortaleza com uma parte sobre cada lado da montanha – percebemos os sinais óbvios de fogo hostil: placas de estrada com marcas de balas. Na entrada de Orune, um jovem e elegante *carabiniere* empunhando sua pistola automática subitamente postou-se na frente de nosso carro e fez sinal para que parássemos. "Papéis", ele pediu. Quando tentei explicar o que estávamos fazendo, pudemos sentir sua incredulidade ao gritar para seus colegas dentro da guarita: "São só turistas".

Não passamos muito tempo lá. A cidade toda, mesmo sendo por volta das 4h30 da tarde, estava trancada a sete chaves. Todas as vitrines de lojas tinham as persianas cerradas, todas as portas estavam fechadas, todas as cortinas baixadas e as ruas desertas, exceto pelas patrulhas policiais. Parecia uma cena de um antigo faroeste, a Dodge City cujos cidadãos amedrontados esperam dentro de casa a chegada do xerife para um tiroteio com os bandidos. Para o povo de Orune, deve ser como viver sob ocupação militar.

Orgosolo, hoje, também tenta sobreviver à reputação de violência, embora as placas de suas ruas, também marcadas por buracos de bala, sejam difíceis de esconder. Já faz alguns anos que ela vem se promovendo para turistas como uma espécie de galeria de arte a céu aberto, estimulando artistas a decorar os monótonos muros de blocos cinza com murais coloridos e modernos. Hoje existem mais de 150 deles, alguns cobrindo completamente as fachadas de casas, inspirados no trabalho de um professor de arte chamado Francesco del Casino, que incentivou as crianças do lugar a adotar o projeto. Passeamos um pouco pela cidade numa manhã ensolarada e achamos os murais mais fortes nos comentários sociais do que em mérito artístico, muitos deles pintados num angustiado estilo multifacetado que lembra o quadro *Mulher chorando*, de Picasso. Há caricaturas marcantes comemorando lutas heróicas de pastores contra as autoridades, os direitos femininos, os males do capitalismo e a condenação da corrupção política, armas nucleares e muito mais.

Na verdade, tínhamos tirado o dia para passear porque soubemos que haveria uma festividade. Também me haviam dito que era uma perda de tempo tentar achar centenários aqui, "porque as pessoas morrem muito antes de completar 100 anos", mas essa afirmação acabou sendo equivocada, pois Orgosolo provou ter a costumeira safra de centenários – oito deles. Talvez, à nossa sempre crescente lista de segredos da longevidade, devêssemos acrescentar saber como manter a cabeça baixa e quando manter a boca fechada. Quando não vimos sinal de bandeirinhas, estrume de cavalos ou santos perambulando, coisas que sempre acompanham as festividades sardas – na verdade, a cidade parecia quase deserta –, paramos um transeunte e pedimos que nos mostrasse o caminho. "Sigam-me", ele gritou, pulando em seu carro e indo em direção ao sul pelas colinas, através de uma floresta de carvalhos, virando à direita no poço sagrado. "Não tem como errar."

A ILHA DOS ANCIÃOS

E foi assim que encontramos o pessoal da cidade, cerca de mil pessoas ou mais, que tinham debandado em massa para a festa no alto das montanhas. Com a genuína camaradagem habitual, fomos convidados a participar da festa oficial em uma mesa montada sobre cavaletes debaixo de uma árvore, enquanto acompanhávamos os homens arrastando os porcos para fora das chamas e passando-os numa serra de fita. Um dos cozinheiros, eu percebi, tinha diversos dedos amputados. Eles também estavam – não há escapatória – reunidos em torno de grandes caldeirões de *pecora in cappotto*. Pelo menos desta vez – teria a *nouvelle cuisine* chegado à Barbagia? – havia muitas batatas e cebolas nos espetos engordurados, e sal, assim como facas e garfos nas mesas.

A ocasião especial para a festa, explicou um alegre padre sentado à nossa frente, que tinha trazido alguns jovens membros de seu rebanho em peregrinação, era promover a causa de Antonia Mesina, uma jovem de 16 anos de idade que aqui morrera nesta data em 1935.

Mais uma vez, não sendo católico, fiquei intrigado por seu "martírio", pois ela não estava associada a milagres, visões, nem a morrer pela fé; havia sido espancada até a morte com uma pedra por um suposto estuprador. Entretanto, foi beatificada por João Paulo II em 1987, e todo mundo em Orgosolo espera que um dia ela se torne santa, com os devidos benefícios para a desanimada economia local. A tarde passou num agradável atordoamento causado por vinho tinto, carne de porco e de carneiro, queijo, frutas e merengue e o melhor torresmo pururuca do mundo. Já fazia três semanas que estávamos na Sardenha em busca dos segredos para viver até os 100 anos, e eu começava a me preocupar de que tudo o que havíamos conseguido era comprometer seriamente nossas próprias chances de chegar a qualquer idade próxima dos 100.

Coloque uma régua cortando o mapa rodoviário e você verá que são somente 20 quilômetros de Orgosolo até o pequeno povoado de

Ovodda. Mas a geologia da região é tão complicada – montanhas de mil metros feitas de basalto, calcário e traquito, lagos, ravinas e corredeiras – é preciso prever uma hora ou mais para fazer uma viagem segura. Olhando de cima, o conjunto de estradas íngremes e estreitas parece um emaranhado de parasitas intestinais. Narelle, aturdida, desistiu: "Vá para a estrada (de verdade) mais próxima", implorou a navegadora com seu jeito calmo e educado. Não é difícil imaginar, mesmo hoje, que só os mais ousados se aventurariam nesses caminhos tortuosos até a aldeia seguinte para procurar uma noiva.

Tínhamos vindo até aqui em busca de algo especial. Ovodda é o lugar onde Giovanni Lai nasceu e vive até hoje, em uma casa de tijolos e azulejos sobre uma passagem estreita em um beco sem saída perto da rua principal. Ele era um dos nada menos que cinco centenários da cidade, que tinha menos que 2 mil habitantes, uma proporção de 250 para cada 100 mil, mais do que dez vezes, proporcionalmente, que qualquer outro lugar da Europa, América do Norte ou Australásia. Ele nos esperava sentado ao lado de um fogão de ferro na cozinha de sua casa, outro homem miúdo em camisa pólo e calças que serviriam para um adolescente. Tirou a boina para nos cumprimentar, revelando uma cabeça com cabelos brancos cortados rente, e nos deu um belo sorriso de marfim. Eu ainda não tinha entendido bem essa aversão a dentes postiços, mas Giovanni tivera mais paciência, mais orgulho ou mais dinheiro do que a maioria de seus companheiros centenários.

Enquanto ele nos contava sobre sua infância – era filho de um pastor, o único menino em uma família de 14 filhos, deixou a escola aos 14 anos para se tornar aprendiz do sapateiro da aldeia –, percebi que suas mãos tremiam um pouco, mas não pude definir se era o primeiro sinal do mal de Parkinson ou se falar sobre os velhos tempos havia deflagrado emoções profundas. Ele era um pouco surdo e respirava com certa dificuldade ("eu fumava um pouquinho", confessou) e de vez em quando tinha um acesso de tosse seca, que rebatia nas paredes azulejadas como um tiro de revólver.

Mas, prestes a completar 101 anos, Giovanni ainda fazia pequenos trabalhos na casa, se barbeava sozinho todos os dias "com a ajuda da Virgem Maria" e gostava de dar uma voltinha quando o tempo estava bom, mas não tinha sobrado ninguém para ele visitar, agora que todas as suas 13 irmãs e a maioria de seus amigos já morreram. Não parecia haver nenhum gene de ouro em sua família. Ele assistia um pouco de tevê – seu programa favorito era *Sardegna Canta*, um programa musical bastante popular –, mas franzia a testa em reprovação às blusas muito decotadas que algumas mulheres usam hoje em dia.

Sua saúde parecia um pouco precária, mas não havia nada de errado com a memória. Ele nos contou com detalhes carinhosos que certa vez, quando era jovem, recebeu uma encomenda especial urgente de um par de sapatos de festa que seriam o presente de Natal de um cliente para sua filha de 16 anos. Ele trabalhou a noite inteira para cortá-los e costurá-los, e a moça, Sisinnia Cau, ficou tão satisfeita que concordou em casar com ele. Permaneceram juntos quase 70 anos, até 1997, quando ela faleceu – um casamento longo e feliz que produziu nove filhos, e hoje há uma tribo de 13 netos e sete bisnetos.

Durante o dia, Giovanni trabalhava em sua fôrma de sapateiro, fazendo os *bottinos* de couro usados pelos pastores, e à noite e nos finais de semana trabalhava em um pequeno pedaço de terra plantando grãos, batatas e outras coisas. Nunca sobrava dinheiro para fazer um passeio e – como a maioria dos centenários que entrevistamos – a família ganhava o suficiente para sobreviver. Mas apesar de não haver muito o que comer, o que havia era cultivado lá mesmo. E nada tinha mudado. Naquela noite, por exemplo, Giovanni jantaria sua sopa de

Domenico Carta

legumes favorita com uma colher de azeite de oliva extraído manualmente e duas colheres de queijo ralado.

Quando começamos a discutir o que mais poderia ter ajudado a prolongar sua vida, ele mesmo afirmou que era o primeiro centenário de sua família, embora dois tios tivessem vivido mais de 90 anos, que era uma idade avançada para a época. Ele também era grande entusiasta das vantagens de sua cidade natal, que, afinal, tinha produzido outros quatro centenários, mas acrescentou um tempero novo e intrigante a sua receita de longevidade: "Deve ser porque somos gente honesta... o ar é bom e a água é boa, mas (para viver até os 100) devemos nos comportar bem". Como tantas outras idéias inesperadas que haviam surgido no decorrer de nossa busca, quem conseguisse elaborar um experimento para validar esta aqui certamente conquistaria o Prêmio Nobel. Como seria possível definir a honestidade, quanto mais medi-la? E não são somente os bons que morrem cedo?

Em terreno mais conhecido, Giovanni, era óbvio, tinha o amor e o apoio de sua família. Uma de suas filhas, Lina (Raffaela) Lai – uma roliça solteirona na casa dos 60, vestindo um blusão azul e uma saia cinza de lã – ficava de cima para baixo procurando nos proporcionar todo o conforto. Ela tinha desistido de pensar em casamento e se dedicara a cuidar da família quando sua mãe começou a envelhecer. "Muitos homens quiseram casar comigo", ela disse, um pouco melancólica. "Mas eu senti que se me casasse nosso lar desmoronaria. Eu era como uma segunda mãe para a família." Certa vez, ela reclamou, teve até de fazer o jantar na noite em que havia retornado do hospital, depois de uma cirurgia séria. Ela cuidava do pai e também de dois irmãos que nunca tinham casado e permaneceram em casa, e durante nossa visita houve um movimento contínuo de outros parentes que viviam por perto – outra filha e um sobrinho –, que entravam e saíam correndo. Era um estilo de vida centralizado na família, praticamente esquecido no mundo moderno.

Giovanni Lai ainda fazia visitas à igreja, mas tinha deixado de ir à missa aos 99 anos, quando sentiu vontade de ir ao banheiro e teve de correr para casa. Hoje ele se contenta em ver o papa pela Tv Vaticano. Embora pareça bastante confortável com sua idade avançada, confessou que está um pouco cansado de viver. Ele já tivera uma premonição de como seria seu fim quando foi a uma missa especial dedicada aos centenários realizada em um novo asilo para idosos, que tinha sido construída para atender ao crescente número de *anziani*. Nas fotos que nos mostrou, o bispo estava lá, em sua sotaina roxa, mas todos os olhos se voltavam para padre Francesco Noli, o cura de Oristano que acabara de completar 100 anos. "Ele estava um caco", disse Giovanni, balançando a cabeça. "Quando chegou a hora de vestir suas roupas, se atrapalhou e não conseguia vesti-las, tiveram de ajudá-lo."

Em um raro e franco vislumbre de seu mundo particular, ele nos disse: "Acho que não vou durar mais um ano. Estou doente e cansado de não fazer nada. Não gosto de não poder fazer nada". Sua filha Lina colocou as mãos em volta do pescoço dele, como se fosse estrangulá-lo por tal blasfêmia. Mas Giovanni mostrou-se muito entusiasmado ao nos contar os planos para seu enterro, e pediu que ela trouxesse um par de botas especial, que ele havia confeccionado 30 anos atrás, com as quais gostaria de ser enterrado. Eram calçados lindos, de estilo clássico, esperando que algum *designer* famoso os ressuscitasse – botas pretas de meio cano, do tipo usado por trabalhadores, com biqueiras sólidas, quatro ilhoses e quatro cavilhas de metal para os cadarços, o couro flexível como pele de cobra, com quatro décadas de cera. Como ele mesmo, eram pequenas – 37 no tamanho europeu (tamanho 4 na Inglaterra e Austrália), o que significa que seus pés mediam somente 23 centímetros. Quando nos despedimos, ele nos disse que queria as seguintes palavras como epitáfio: "Ele foi pobre, porém honesto".

Pode ser de interesse, mas não de ajuda prática, saber que existem, de fato, evidências que sustentam a idéia de que pessoas pequenas – como Giovanni Lai e todos os outros homens e a maior parte dos centenários que conhecemos – vivem mais tempo. Isso não ajuda muito, pois você pode fazer de tudo para controlar seu peso, mas não pode fazer nada para mudar sua altura. As pessoas de origem asiática e hispânica da Califórnia (e as de ascendência italiana e grega na Austrália), que são mais baixas do que as populações de anglo-saxões predominantes nesses lugares, vivem três ou quatro anos mais; naturalmente, existem outras diferenças ambientais que podem contribuir para esse fato, como sua alimentação. Um estudo nos Estados Unidos mostrou que as filhas de mulheres centenárias são 2,5 centímetros mais baixas que a média.

A pesquisa mais intrigante e polêmica sobre essa relação foi conduzida por um engenheiro aposentado de San Diego chamado Thomas Samaras, que reuniu estatísticas de cada jogador de beisebol dos grandes times entre 1910 e 1975. Quando o estudo foi publicado, no *Boletim da Organização Mundial de Saúde*, em 1992, as diferenças na expectativa de vida que ele trazia eram muito diferentes. Por exemplo, um jogador de 1,62 metro de altura teria uma expectativa de vida de 68 anos, oito a mais que um jogador que medisse 1,93 metro. Por que isso acontece é motivo de conjeturas. Talvez as pessoas mais baixas tenham menor propensão a quebrar ossos em uma queda ou a se machucar em um acidente. Seja o que for, é mais um elemento a se considerar na tentativa de desvendar o mistério da longevidade na Sardenha.

Quando voltávamos para casa, por entre as montanhas escarpadas, eu pensava não tanto no epitáfio de Giovanni Lai, nem em sua fé na ligação entre moralidade e mortalidade, mas sobre o tamanho de seu físico. Ele era, no linguajar automobilístico, um modelo subcompacto de *Homo sapiens*. Apesar de terem progredido muito com relação à nutrição desde a II Guerra Mundial, os sardos ainda são mais baixos e mais leves que outros italianos. Um grande número deles não preenche os requisitos necessários para o serviço militar e, em um ano anterior à guerra, um contingente inteiro foi rejeitado por ter altura insuficiente. Homens como Giovanni Lai, o produtor de vinhos Antonio Argiolas, o dançarino folclórico Salvatore Spano e outros que entrevistamos não medem mais que 1,60 metro, de sapatos, e pesam, presumo, menos de 45 quilos.

Li em algum lugar que existe uma correlação entre tamanho e longevidade também em outras espécies. Cães pequenos, por exemplo, tendem a viver mais do que raças maiores. Um chihuahua tem expectativa de vida de 15 a 18 anos, quase o dobro dos dinamarqueses, que podem viver de 7 a 10 anos. E, certamente, na Sardenha – na verdade, em toda a Itália – é muito menos provável se encontrar um daqueles tipos que parecem um refrigerador, coisa que está se tornando cada dia mais comum na maioria dos países ricos. É algo cultural, creio – *la bella figura*, "uma boa aparência" é tudo por aqui. A única vez em que eu achei que poderia ter de rever essa minha opinião foi em uma manhã na pousada Antica Dimora, quando um homem realmente enorme apareceu para tomar o café-da-manhã e começou a colocar enormes nacos de bolo de ricota no prato. Ele parecia um boneco inflável de Boris Yeltsin. Nossa anfitriã, Gabriella Belloni, chegou e o cumprimentou: "*Gutten Morgen, Herr...* ", disse ela, corroborando minha opinião.

Enquanto eu pensava nisso, minha mente foi levada até outro homem pequeno e magro que eu conhecera alguns meses antes do outro lado do mundo, enquanto fazia pesquisas para este livro. Seu nome era Arthur Everitt e ele era tido como a grande figura da gerontologia da Austrália, um pioneiro na pesquisa sobre a longevidade. Aos 84 anos, ele ainda trabalhava como professor-adjunto honorário de patologia na Universidade de Sydney e no Centro para Educação e Pesquisa sobre Envelhecimento no Hospital Concord de Sydney. Nós nos encontramos em uma linda manhã de verão em um café em frente à antiga Escola de Medicina da Universidade de Sydney, um prédio vitoriano de tijolos ocres revestidos de arenito, imitando o estilo gótico, para discutir o trabalho dele sobre "restrição de calorias". Apesar de todas as coqueluches e fantasias dos séculos passados, das Goji Berries, dos testículos de porquinhos-da-índia e do leite de geleira, este permanece o único método cientificamente provado de prolongar a vida de animais de laboratório. A mensagem de Everitt é simples: coma menos, viva mais; uma mensagem que a necessidade impôs aos centenários da Sardenha.

Everitt começou a trabalhar na universidade como assistente de laboratório ainda menino, em 1942. Seu interesse na ciência de prever – e prolongar – a expectativa de vida começou quando, ainda criança, ele coletava as datas de nascimento de gente importante para ver se a fé de sua mãe nas habilidades dos astrólogos em prever o futuro tinha fundamento. Não tinha, e então ele se tornou um cético vitalício. No início da década de 1950, começou a trabalhar no que se transformaria na razão de ser de sua carreira: ratos de laboratório, grandes ratos brancos com olhos vermelhos, derivados de uma linhagem albina pura chamada Wistar. Os pesquisadores de longevidade adoram os ratos brancos porque, apesar de serem mamíferos como nós, diferentemente de nós, não demoram 80 anos para ver se suas teorias estão certas – ratos morrem aos 2 anos. Ao longo das décadas, mais de mil ratos deram suas corridinhas pelo chão de ferro galvanizado das gaiolas de que Everitt cuidava no porão da universidade, e os resultados de seus experimentos confirmaram a teoria surgida na década de 1930: quanto menos você come, mais você vive.

Hoje, mais de 20 estudos no mundo todo demonstraram que, se for permitido aos ratos comer todas as bolinhas de cereais e carne que quiserem, eles viverão 780 dias, o equivalente humano a 78 anos. Os ratos que têm sua alimentação reduzida em 40% vivem em média 970 dias, ganhando, em termos humanos, mais 19 anos de vida. Os ratos que comem menos são menores, mais magros e menos acometidos por doenças normalmente fatais – câncer, doenças cardíacas e do fígado. O campeão de Everitt foi o rato Matusalém, que viveu o equivalente humano a 150 anos, embora Jay Olshansky, um gerontologista da Universidade de Illinois e autor do livro *The Quest for Immortality: Science and the Frontier of Aging* (Em busca da imortalidade: a ciência na fronteira do envelhecimento), prognostique 130 anos como sendo o limite humano de sobrevivência. Os motivos pelos quais comer pouco aumentaria a duração de nossa vida não são ainda completamente compreendidos, mas, como dissemos antes, cientistas como David Sinclair, que estudam o resveratrol, teorizam que o estresse biológico de reduzir calorias pode sobrecarregar os sistemas de defesa do organismo.

Tão impressionado ficou Everitt com o sucesso de seus ratos que iniciou um experimento para toda a vida em si próprio. Ele segue uma dieta frugal, no estilo mediterrâneos: enquanto eu me sentia culpado a cada gole de meu café com leite com meia colher de açúcar, ele se deleitava com seu chá com leite e sanduíches de salmão com salada, que tinha trazido de casa. Ele parecia incrivelmente bem para sua idade, apesar de estar (na minha opinião) demasiado magro – pesa 57 quilos e tem 1,71 metro de altura e um índice de massa corpórea, ou IMC (a proporção de gordura no corpo) de 19. O IMC "normal" para um homem ocidental adulto é entre 18,5 e 24,9. Seus cabelos estão completamente brancos, sua audição ainda está aguçada e ele fala de modo claro e preciso. Os únicos sinais da idade estão em seus óculos bifocais e o esquecimento ocasional de um nome ou uma data.

O problema, naturalmente, é que os seres humanos não são ratos. Foram conduzidos alguns estudos em animais maiores. Nos laboratórios do Instituto Nacional do Envelhecimento, em Baltimore, e na Universidade de Wisconsin-Madison, nos Estados Unidos, foram estudados os efeitos de uma redução calórica de 30% em duas colônias de macacos *Rhesus*. Os resultados preliminares mostraram, como esperado, que aqueles que seguem esta dieta são menores e têm menos gordura e menor pressão sanguínea. Entretanto, como esses macacos normalmente vivem bem mais de 25 anos em cativeiro, qualquer conclusão sobre sua maior sobrevida, ou se a vida deles será mais saudável, ainda vai demorar uma década. (Por sinal, em 2007, Cheetah, a chimpanzé que participou de muitos filmes de Tarzã, comemorou seus 75 anos na casa onde desfruta sua aposentadoria, em Palm Springs, tendo durado mais que o Tarzã original, Johnny Weissmuller, e Jane, Maureen O'Sullivan.)

Quanto a tentar replicar os resultados em humanos, mesmo se você conseguir convencer alguém a comer metade do que come durante a vida inteira, seria muito nocivo para o corpo. Hoje, nenhum comitê de ética permitiria tal experimento, embora eu tenha descoberto que na década de 1940 foi realizado um experimento extraordinário em seres humanos na Universidade de Minnesota, por um professor chamado Ancel Keys.

Keys foi provavelmente o fisiologista mais famoso do século XX.

Além de desenvolver as odiadas "rações K" ("K" de Keys), que sustentaram as tropas durante a II Guerra Mundial, ele foi pioneiro nos estudos que relacionaram o colesterol às doenças cardíacas, e o primeiro a popularizar a dieta mediterrânea em um livro de receitas que co-escreveu com sua mulher, e condenou os americanos por "fazerem do estômago uma lata de lixo cheia de alimentos nocivos". Ele morreu em paz, em 2004, em uma pequena aldeia de pescadores onde viveu por muitos anos, poucos meses antes de seu 101º aniversário.

Na década de 1940, com a iminência de uma guerra na Europa, os americanos começaram a pensar no tremendo trabalho de reconstrução que aguardava os europeus – não somente reconstruir a economia arruinada, mas restaurar a saúde de dezenas de milhões de pessoas nos países ocupados pelos nazistas. Keys foi encarregado de descobrir em que condições elas estariam, e convocou voluntários. Cinqüenta homens saudáveis, muitos deles quacres e Plymouth Brethren[7], concordaram em participar do que acabou conhecido como o Experimento de Fome de Minnesota. Keys cortou a ingestão de alimento pela metade para tentar replicar as terríveis condições na Polônia ou Grécia ocupadas e fez seus voluntários trabalharem arduamente em um moinho. Mas depois de cinco meses ele foi obrigado a abandonar o experimento. Quatro de seus pesquisados o largaram, incapazes de continuar; três desenvolveram transtornos da compulsão alimentar; dois começaram a roubar comida e, o mais preocupante, um deles desenvolveu depressão profunda e dois tiveram de ser internados com sintomas de psicose. Estudos de acompanhamento 50 anos depois descobriram que alguns dos voluntários ainda sofriam os efeitos dessa

---

7 – Quacre, do inglês *quaker* é um membro da seita protestante Sociedade dos Amigos, fundada na Inglaterra no século XVII. Plymouth Brethren é uma seita religiosa calvinista originária de Plymouth. (N. E.)

Angela Deiana

penosa experiência. Infelizmente, não consegui descobrir se eles acabaram vivendo mais do que a média, mas concluí que viver até os 100 anos não é muito atraente se você acaba passando seus anos derradeiros em uma cela acolchoada.

Nos últimos anos, o experimento mais interessante envolvendo a longevidade humana foi denominado Biosfera 2. Nos anos 1980, o excêntrico bilionário texano Edward Bass decidiu gastar $ 250 milhões para construir um microcosmo hermeticamente fechado e completo do planeta, com um penhasco de 12 metros, um oceano tropical de 4 milhões de litros com recife de coral, uma floresta tropical, um pântano e um "deserto de neblina" – tudo sob mais de um hectare de domos geodésicos no deserto de Tucson, no Arizona. A idéia original era testar se era possível estabelecer uma colônia autosustentável de terráqueos em Marte ou na Lua, mas ele logo se tornou uma oportunidade ideal para testar a restrição de calorias em cobaias humanas dentro de um ambiente onde não havia chance de contrabandear uma barrinha de chocolate ou uma garrafa de Coca-Cola. Em 1991, oito voluntários, quatro homens e quatro mulheres, incluindo o patologista da Universidade da Califórnia-Los Angeles Roy Walford, atravessaram as câmaras de compressão e foram selados dentro da biosfera para um confinamento de dois anos.

Originalmente, eles pretendiam tornar-se auto-suficientes, plantando seu próprio alimento. Mas acabaram não se dando bem nessa atividade e nunca havia muita comida. Durante todo o período de dois anos em que estiveram confinados, eles sobreviveram com uma dieta entre 1.750 e 2.100 calorias por dia, uma redução de 20% a 30% no consumo do homem americano médio, que é de 2.600 calorias, e da mulher média, de 1.900 calorias. A dieta também era drasticamente diferente – predominantemente vegetais, nozes, frutas, grãos e legumes, com muito menos laticínios, ovos ou carne – do que eles estavam acostumados. Quando foram libertados, os pesquisadores descobriram que não somente tinham perdido entre 12% e 22% de seu peso corporal, mas que sua forma física estava muito melhor: a pressão sanguínea, os níveis de colesterol e o IMC estavam todos mais baixos. Ele rendeu um artigo de pesquisa interessante, um tanto guiado pelo jargão científico, cujo resumo é o seguinte:

> Concluímos que humanos não-obesos saudáveis, sob uma dieta de baixas calorias e densa em nutrientes, demonstram mudanças fisiológicas, hematológicas e bioquímicas que lembram as dos roedores e macacos sob essas mesmas dietas. Com relação à saúde dos humanos sob essas dietas, observamos que, apesar da restrição seletiva de calorias e da acentuada perda de peso, todos os membros da equipe permaneceram com excelente saúde e mantiveram alto nível de atividade física e mental durante os dois anos inteiros. – *Atas da Academia Nacional de Ciências, dezembro de 1992.*

Infelizmente, o experimento nunca foi retomado nem concluído, então não podemos dizer se os "bionautas" foram capazes de continuar com sua dieta depois que saíram e se, em conseqüência, viveram mais tempo. Depois que um segundo experimento de "arca" foi abortado, o projeto foi abandonado em meio à ridicularização de cientistas tradicionais. O local ainda permanece no deserto, atraindo alguns turistas curiosos, e na última vez em que verifiquei ele tinha sido vendido a um empreendedor do ramo imobiliário que queria construir uma "comunidade planejada" e abrir um *resort* hoteleiro lá. As estufas de vidro gigantes da Biosfera tinham sido levadas pela Universidade do Arizona para pesquisa não-especificada sobre "assuntos científicos globais".

As descobertas da Biosfera foram mais tarde confirmadas pelo doutor Luigi Fontana, da Escola de Medicina da Universidade de Washington, que passou seis anos estudando 18 homens e mulheres que eram membros da Sociedade Americana de Restrição Calórica, comparando-os com 18 controles. Os membros da sociedade estão tão convencidos dos benefícios de comer menos que alguns deles já praticam a restrição calórica há 15 anos, consumindo entre 10% a 25% menos alimentos do que uma pessoa média, e excluindo qualquer alimento processado e refinado de sua alimentação. Fontana descobriu (*Atas da Academia Nacional de Ciências*, abril de 2004) que sua autoprivação os colocou entre os indivíduos mais saudáveis dos Estados Unidos. Seus níveis de colesterol "ruim" estavam entre os mais baixos, de cerca de 10% da população, e sua pressão sanguínea era de 10/6, como a de uma saudável criança de 10 anos. Apesar de tudo isso, o doutor Fontana disse que não recomendaria essa dieta para o público em geral – o risco de desnutrição é muito alto para quem não for um especialista em alimentação.

Experimentos como esse convenceram o professor Everitt, "sem sombra de dúvida", de que reduzir a ingestão de calorias em 20% (mais praticável) reduz os fatores de risco para as doenças que mais matam, em correspondentes 20%. A obesidade, diz ele, é nosso maior assassino, aumentando o risco não somente de doenças cardíacas, pressão alta e diabetes, mas também de câncer de mama, da próstata e do cólon. Pessoas acima do peso (que têm IMC entre 25-30) com 40 anos perderão três anos de vida, pessoas obesas (IMC de 30-45) viverão sete anos a menos que a média, e homens muito obesos (IMC acima de 45) viverão 13 anos a menos – terão um sexto de sua vida confiscado, ou mais que um dia por semana, somente devido ao seu tamanho. A prova, diz Everitt, não está somente na evidência científica, mas nos fatos demográficos. Os japoneses comem cerca de 20% menos que os americanos e vivem três anos mais. E, a julgar por suas histórias, os centenários sardos tiveram de se contentar com muito menos que isso quando eram jovens.

"Nunca tínhamos o bastante", suspirou Antonio Filippo Sias, tomando sol em uma cadeira na calçada de sua casa, procurando desajeitado por um charuto, segurando uma bengala de tronco retorcido contra o peito. Os charutos eram Toscanelli, bastões marrons com cheiro podre, o tipo de coisa que o ator Clint Eastwood costumava mastigar nos velhos faroestes. Comparados com eles, os cigarros Gauloise são tão fracos e cheirosos quanto o vapor de aromaterapia. Alguns sardos mais velhos ainda os fumavam "do avesso" – com a ponta acesa dentro da boca – embora haja alguma controvérsia sobre a origem do hábito, que teria começado com os homens da infantaria durante a I Guerra Mundial, quando um atirador poderia atingir um fumante pelo clarão da brasa, ou talvez tenha sido assim que os bandidos da Barbagia e os ladrões de ovelhas fumassem de noite, para não serem detectados. De qualquer maneira, os Toscanelli tinham uma grande e distinta clientela nos tempos em que fumar ainda não era um hábito proibido na sociedade respeitável. Garibaldi (que morreu aos 74 anos) costumava dar suas baforadas entre uma revolução e outra. Os charutos inspiraram as árias de Puccini (65), a batuta de Toscanini (89), os versos de Gabriele d'Annunzio (74) e os romances da libidinosa e travestida George Sand (71). Antonio Sias sobreviveu a todos eles, zombando do proeminente aviso *Il fumo uccide* (fumar mata) na frente do distinto maço vermelho e branco que ele segurava. Ele fumava desde os 19 ou 20 anos, há mais de 80, e quando perguntamos se achava que devia parar, disse: "Eu cheguei a parar uma vez, por uns meses... ", e então sua voz se tornou um sussurro. Dando de ombros em resignação, ele deu mais uma boa tragada, parecendo dizer: Por que negar a um velho um dos poucos prazeres que lhe restam?

Antonio Sias também era um homem miúdo e bronzeado, com um ligeiro bigode grisalho no lábio superior, os olhos apertados por entre a fumaça, com uma boina xadrez cobrindo a cabeça. Usava um casaco de lã e um cardigã abotoado sobre a camisa azul, mesmo com o sol forte. Tottoi, como ele é conhecido no dialeto local, tinha acabado de sair do hospital onde passara duas semanas sendo tratado de uma infecção que exigiu que dois litros de fluido fossem drenados de seu pulmão. Cinco anos atrás teve um derrame. Tomou remédio para pressão alta. Como seus médicos devem ter lhe dito, o fumo tem suas conseqüências, mas em seu caso a morte prematura evidentemente não é uma delas.

Quando o visitamos, Antonio iria completar 101 anos dentro de poucos meses. Sua vida tinha sido ainda mais dura do que a dos outros que conhecemos – parte de sua mão esquerda, incluindo o dedo mínimo, estava faltando, o resultado de uma explosão que deu errado na pedreira onde trabalhava. Ele precisava de dinheiro, então voltou diretamente ao trabalho após terem feito um curativo, disse.

Fomos até a aldeia de Suni para vê-lo. É um pequeno agrupamento de socalcos pardacentos aninhados no beiral de um escarpamento íngreme de penhascos calcários que mergulham nas águas cinza-esverdeadas do mar da Sardenha, na costa oeste da ilha. Lá embaixo fica o porto histórico de Bosa, com seu castelo de conto de fadas, praças em estilo espanhol, becos serpenteantes, restaurantes de lagosta e lojas de artesanato que vendem trabalhos de couro e joalheria com corais que atraem cada vez mais turistas britânicos, agora que a companhia aérea Ryanair lançou vôos baratos para a cidade vizinha de Alghero. Quanto tempo levará para que cheguem os aspirantes a Peter Mayle para escrever *Um ano na Sardenha*?

A viagem de Santu Lussurgiu para Suni nos levou a cruzar campos malcuidados – é difícil dizer se eram somente campos sem cultivo onde em alguns pedaços a cevada havia brotado por conta própria ou se era uma plantação de cevada perene coberta de mato. Papoulas escarlates, margaridas amarelas e brancas e as lancetas rosadas dos asfódelos se acotovelavam com as viçosas hastes de grãos. Nos montículos arredondados ao longo da rodovia, aqueles misteriosos marcos de pedra, os *nuraghi*, montavam sentinela.

Antonio ficou órfão aos 7 anos de idade, quando seus pais faleceram de uma doença já esquecida, talvez malária ou a epidemia de gripe que assolou a ilha. Ele foi acolhido por parentes, mas nunca foi à escola nem aprendeu a ler e escrever. Antonio começou a trabalhar no campo com 10 anos e deu duro em vários empregos durante toda a vida, saindo de casa às 4 ou 5 da manhã. Além de trabalhar na pedreira, plantava legumes e uvas em um pequeno terreno e costumava carregá-los em seu burro até Bosa para vender. Sua esposa, Maria – uma fotografia na parede a mostra com um xale preto na cabeça –, morreu ainda jovem, de câncer. Desde então Antonio passou a ser cuidado pelos filhos.

Neste caso, foi sua filha mais nova quem teve de assumir a responsabilidade pelo lar. Santina, uma mulher troncuda agora beirando os 70, com cabelo grisalho muito bem aparado, usava um detalhe de cor muito bem-vindo nesta terra de viúvas em trajes de luto: calças pretas e um colete verde de lã sobre um blusão preto e roxo. Na década de 1960, havia engrossado as fileiras de emigrados sardos e trabalhava como cabeleireira em Turim quando soube da morte da mãe. Aos 29 anos, abdicou da vida na cidade grande e desistiu de pensar em casamento, retornando para sua aldeia natal.

"Ele era meu pai e eu tinha de cuidar dele", disse, com aquele ar fatigado de resignação que já tínhamos visto em outras mulheres que sacrificaram a vida em prol da família. Durante 40 anos, "cuidar do papai" tinha sido sua ocupação; mais recentemente, quando ele se tornou mais dependente, ela tem recebido ajuda da irmã, que mora do outro lado da rua.

Além do cuidado dedicado de seus filhos (e seus 15 netos e 13 bisnetos), Antonio não tem idéia de como chegou aos 100 anos, e gabou-se de ser o primeiro centenário, não somente em sua família, mas em toda a aldeia. Mas sua memória já não é como antigamente. Bem perto deles mora uma prima, uma velhinha miúda chamada Mariangela Ruggiu, que completara 100 anos naquele ano, apenas seis meses depois de Antonio. Ficou óbvio que eles não se viam muito. Ele também preenchia o requisito religião – foi à igreja para seu 100º aniversário, e na parede havia uma fotografia dele vestindo uma túnica branca com a imagem de uma aduela coroada por uma cruz, a vestimenta de uma confraria de leigos defensores da Igreja.

Quanto à sua dieta, era óbvio, dada sua altura e compleição leve, que a "restrição de calorias" havia sido uma necessidade e não um regime cientificamente elaborado, a vida inteira. A dieta de fome de 1.750 calorias dos bionautas soaria como um banquete para ele, quando jovem. Até hoje ele come frugalmente: no desjejum, um copo de leite em vez de café; no almoço, macarrão com molho de tomate e queijo pecorino com um pouco de alface, e uma pêra; no jantar, uma tigela de sopa de carne – mais fácil de comer quando se tem dentes. Vinho? Ele levantou a mão, medindo quatro ou cinco centímetros entre o polegar e o indicador. Exercício? Só parou de trabalhar na horta há cinco anos, quando um derrame o deixou fraco demais para andar muito. Hoje em dia, às vezes vai até o bar no fim da rua para beber uma cerveja gelada em um dia de calor. Ou simplesmente senta em sua cadeira na rua, fumando e jogando conversa fora com os amigos que vêm visitá-lo.

No outro lado da ilha vive Giovanni Mereu, o homem mais velho que encontraríamos na Sardenha. Ele nos esperava em uma poltrona marrom na sala de estar que divide com um enorme javali empalhado. Este é um território de montanheses, os Apalaches da Sardenha, as agrestes e lindas montanhas do interior da Ogliastra onde, durante a temporada de caça no inverno, é permitido caçar tudo o que tenha mais de duas pernas. Avultando-se sobre a aldeia de Urzulei fica o maciço calcário de monte Gruttas, com seus flancos marcados por deslizamentos, aonde, no verão, alpinistas vêm arriscar sua vida. O alpinismo ao estilo sardo não é só pítons e transpiração, como o manual oficial do governo deixa claro. No item "provisões", ele dá este útil conselho:

> No verão, leve pelo menos dois litros de água por pessoa, pão *carasau*, queijo fresco local feito de leite de ovelha ou de vaca (não maturado e levemente salgado), frutas da estação, muitas hortaliças para salada bem lavadas e um limão.
> No inverno: um litro de água por pessoa, queijo local feito de leite de ovelha ou de cabra, presunto local ou lingüiça curada (não muito salgada), chocolate, laranjas ou tangerinas, maçãs, nozes ou amêndoas com casca e uma garrafa térmica de chá ou um quarto de litro de vinho tinto para os dias mais extenuantes.

Por alguma razão não imediatamente óbvia, em 1985, Bruce Beresford rodou aqui seu drama histórico *Rei Davi* – a maior sensação que a aldeia já viveu –, embora eu deva admitir que fazer Richard Gere assassinar Golias no pico nevado do monte Gruttas, a mil metros de altitude, deve ter sido visualmente mais forte do que nas planícies poeirentas da Palestina, onde o fato realmente aconteceu. Ou eu deveria dizer *se* ele realmente aconteceu.

A região rural em torno de Urzulei é realmente a única coisa que a aldeia tem de bom. Às bordas da natureza agreste do Parque Nacional Gennargentu, Urzulei está rodeada de florestas de antigos pinheiros e carvalhos, onde vivem carneiros selvagens e porcos também. Saindo das íngremes escarpas, há pequenos vinhedos, plantações de legumes e árvores frutíferas em flor. Talvez isso seja suficiente para sustentar uma família, mas não uma economia. Nos últimos 40 anos a população diminuiu de 2 mil para 1.300 pessoas, com gente abandonando os lares onde viveram seus ancestrais, condenando-os a se transformar em ruínas.

"É um grande problema", disse o prefeito Giuseppe Mesina, um médico veterinário que, de dia, dedica-se a erradicar a febre suína, quando nos reunimos para um café. "Estamos tentando promover a área, mas é difícil convencer as pessoas a virem para o interior da Sardenha para ver uma coisa diferente – a comida, as montanhas, a qualidade de vida. As pessoas vêm para a Sardenha por causa do mar." Mesina acha que os centenários da cidade poderiam ser um ás na manga, mas não sabia exatamente como promovê-los. "A tevê húngara esteve aqui recentemente e eles estão em contato com uma operadora de turismo, mas não sei se vai dar em algo", ele disse.

Perguntei o que havia de especial na aldeia para proporcionar a extraordinária longevidade – mesmo para os padrões sardos. "Existe um fator genético, isso é certo", ele disse, acrescentando que Mario Pirastu, o cientista da Shardna, veio para Urzulei como parte de seu programa de seqüenciamento genético. "Mas eu também acredito que tem a ver com o estilo de vida. Até 20 ou 30 anos atrás, todos aqui eram pastores. Eles andavam muito, bebiam ótima água e o ar era puro. Não há estresse."

– Qual é a coisa mais emocionante que aconteceu aqui este ano? – perguntei.

– A visita de vocês – ele respondeu.

Uma brisa fresca se levantara, aliviando o ardor do sol de primavera, enquanto descíamos uma rua íngreme e estreita para bater à porta de Giovanni Mereu. "Tenho 103 anos nas costas, então por favor me perdoem se eu não conseguir lembrar [de coisas]", ele se desculpou, enquanto sua filha Rosa nos conduzia para dentro de casa. Ele teria nascido em 1904, alguns meses antes de Antonia Congiu.

Os anos não o tinham tratado muito bem. Sua estrutura curvada fazia com que parecesse ainda menor do que era, estava vesgo, o que lhe conferia um ar de perpétua surpresa, seu rosto estava coberto de manchas causadas pelos longos anos sob o sol, e quando ele sorriu só consegui ver dois espigões que poderiam tirar um naco de uma bota de couro. Na parede, uma placa retratando a Ponte do Porto de Sydney e a Ópera, um presente de um amigo viajado – Giovanni nunca tinha saído do país.

Ele estava envolto em um blusão azul e tinha um boné de veludo cotelê na cabeça para se proteger do frio, mas notei que usava sapatos próprios para caminhada – e não os chinelos pretos adotados pela maioria dos centenários – e também calças de agasalho com a palavra "campeão" bordada na perna. Apoiada nas pernas, uma forte bengala. Ele caminhava devagar, mas conseguia andar sozinho e ainda apreciava uma voltinha sob o sol.

Um dos três centenários da cidade (com o quarto a caminho), Giovanni foi pastor e teve uma pequena fazenda onde plantava batatas e uvas para fazer vinho tinto e branco. Ainda dava conta de um copo ou dois "do que estivessem servindo" com as refeições, mas nunca tinha fumado. Ele achava que sua família não tinha um histórico de longevidade: seus pais morreram na casa dos 70 e um irmão mais novo parecia estar mal das pernas depois de quatro infartos. Mas todos os seus filhos – ele e sua esposa, Caterina, tiveram nove, nos 52 anos em que permaneceram casados – ainda estavam vivos e bem, com a mais velha já adentrando os 70.

Enquanto ele falava, a porta se abriu e entrou um homem em roupas de trabalho, com barba grisalha espetada. Era Massimo, seu filho mais velho, que tinha 72 anos e ainda trabalhava no campo como pastor todos os dias. A família Mereu havia chegado a um acordo prático para cuidar do pai centenário. Ele passa meses alternados com cada uma de suas três filhas: Rosa, que mora aqui em Urzulei, uma segunda filha casada que vive em Nuoro e uma terceira, de Santa Maria Navarresse, uma pequena aldeia costeira a poucos quilômetros dali, dividem a carga. Ele também gosta de passear com seu genro Gaetano Sirca, marido de Rosa, que de vez em quando o leva de carro até as cidades vizinhas, onde param em um bar e dividem uma cerveja.

Quando era jovem, ele disse, não havia muito o que comer – não muita carne, pelo menos, então "tínhamos de comer vegetais, repolho, alface e coisas silvestres, como *porcini*, que encontrávamos nas montanhas". Também havia uma tradição local de medicina herbácea que envolvia, entre outras emoções, fumar as folhas secas de dedaleiras selvagens. Só Deus sabe o que inalar

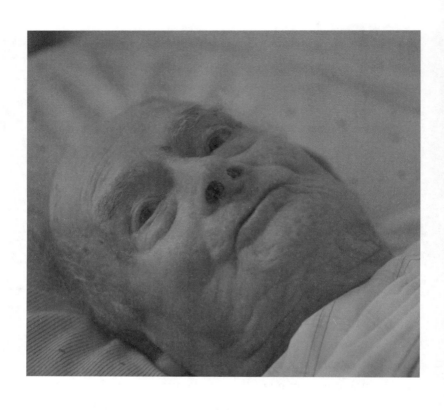

Antonio Boi

dedaleiras pode fazer ao organismo, mas não é algo que eu recomende. Mas o pouco que a família Mereu comia era sempre plantado ali mesmo ou trocado com vizinhos, fresco e de boa qualidade. Giovanni continua com a mesma alimentação frugal até hoje – duvido que ele pese mais que 40 quilos – uma xícara de café com leite com um pedaço de pão pela manhã; um pouco de macarrão com *salsa* (na Sardenha, *salsa* quer dizer o onipresente molho de tomate), uma fatia de vitela, salada, uma maçã ou uma laranja de almoço; salada de tomate com queijo de cabra fresco e uma banana no jantar. Nada de carneiros ensopados nem de leitões no espeto – essas comidas eram para as festas. E o mais importante de tudo, a família concordou, era a água. Ali perto há uma famosa fonte que jorra um litro por segundo da mais pura água das montanhas – muita gente vem de longe, até hoje, para encher garrafas e barris com ela.

No conjunto, parecia uma dieta saudável, mas eu gostaria de saber as quantidades. Aposto que Giovanni consumia menos calorias do que uma típica criança inglesa ou australiana. O que começou como necessidade acabou por tornar-se um hábito.

Jantando em uma taberna em Nuoro, em uma época em que esses homens seriam adolescentes, D. H. Lawrence reclamou da acanhada refeição:

> Quando veio a sopa, a moça anunciou que só havia *bistecca*, que era um pedaço de vaca frita. E assim foi: um pedacinho de carne ressecada, umas poucas batatas e um pouquinho de couveflor. Falando a verdade, não era o suficiente para uma criança de 12 anos. Mas esse foi o fim. Algumas *mandarini* – tangerinas – rolaram no prato de sobremesa. Em poucas palavras, eram assim esses jantares infernais.

Mas talvez não devêssemos confiar muito no comentário gastronômico do filho de um mineiro de Nottingham. Quando Lawrence e sua esposa, Frieda (por acaso, prima do ás da aviação da I Guerra Mundial, Manfred von Richthofen, conhecido como o "Barão Vermelho"), partiram para sua aventura sarda, levaram na bagagem os dois pilares da culinária inglesa: sanduíches de bacon e uma garrafa térmica com chá, para sustentá-los em terras estranhas.

Assim como Giovanni Lai e Antonio Sias, para Giovanni Mereu era um mistério a razão de ter vivido tanto tempo. "Tive sorte; aconteceu, simplesmente", era o melhor que ele conseguia pensar. Aos 100 anos, tinha sobrevivido a uma cirurgia para desobstruir o intestino, mas eu tive a impressão que hoje se sentia um pouco cansado da vida. Como tantos outros que tiveram vida longa e ativa de árduo trabalho pesado, ele se entediava por ter de ficar em casa assistindo à tevê, esperando por uma ocasional ida ao bar, ou pela missa dominical na pequena igreja caiada de San Giovanni.

– Hoje não posso fazer nada, só dormir e comer, porque estou velho demais. Eu queria morrer porque não posso mais trabalhar – ele suspirou.

– Certamente o senhor não quer dizer exatamente isso – sugeri, um tanto chocado.

– Quero, sim. Quando alguém não pode mais trabalhar, é melhor que morra...

– Que outras lições o senhor aprendeu na vida?

Houve uma longa pausa, um silêncio quebrado somente pelo tique-taque de um relógio e pelo leve chiado que vinha de seu peito, antes de ele responder:

– Não roube nada. Aja corretamente com os outros.
– E como gostaria de ser lembrado?
– Como um bom trabalhador.

Sopa de peixe e grandes iates

CAPÍTULO 7

O monarca vestia uma camiseta e sandálias, com os joelhos salientes brotando das bermudas de surfista. O rei Tonino I, oitavo soberano Bertoleoni da ilha Tavolara, chegou por um braço de mar, brilhante e liso como uma lâmina de mica, num barco de pesca azul e branco. Sem ligar para cerimônias, Sua Majestade, um homem de 74 anos, sorridente e grisalho, mas ainda atlético para sua idade, pulou no pequeno píer e gritou "Só um minutinho", desaparecendo dentro de um café para tomar sua dose matinal de cafeína. Embora fossem somente 10 horas da manhã, a chuva tinha evaporado, o frio vento *maestrale* estava prendendo sua respiração e o sol já ardia num céu sem nuvens. A distância, podíamos distinguir o maciço de Tavolara, com seus penhascos de puro calcário elevando-se 500 metros acima do mar, como o salto de uma baleia jubarte de um trilhão de toneladas.

O rei Tonino, que desempenha as múltiplas funções de barqueiro, chefe de cozinha e proprietário do restaurante Tavolara's Da Tonino além de seus onerosos deveres como soberano do menor reino do mundo – a população de verão é de cerca de 12 pessoas –, nos contou sua história quando o barco voltava a Tavolara com um punhado de turistas a bordo. O mar estava tão limpo e verde quanto nossos guias de viagem haviam prometido, com cardumes de peixinhos reluzentes visíveis lá no fundo.

A história conta que em 1836 seu tatara-tatara-tatara-tatara-tatara-tatara-avô Giuseppe tinha hospedado o rei Carlo Alberto, o regente de Turim baseado na Sardenha, que viera para a ilha caçar cabras. A caçada foi boa, e depois de um banquete com cabrito assado e lagostas locais – presumidamente regado a copiosos barris de vinho – o agradecido Carlo Alberto declarou Giuseppe e seus herdeiros os monarcas da ilha. Após um breve e insatisfatório flerte com o republicanismo, no século XIX, a monarquia fora restaurada e a coroa passada de geração em geração, até que em 1993 foi parar na cabeça do rei Tonino. Bem, é uma história simpática, mesmo quando o monarca, na verdade, tem de pagar seus impostos para Roma como qualquer outro italiano hoje em dia e de sofrer a indignação imposta pela Organização do Tratado do Atlântico Norte (Otan), que anexou metade de seu reino para instalar uma base de comunicações secretas.

Tavolara fica próxima da costa nordeste da Sardenha, e não estávamos aqui para caçar cabras, mas para ver se conseguíamos descobrir pelo menos uma das receitas "mediterrâneas", pois nossos encontros com os frutos do mar sardos haviam sido, quase sempre, frustrantes. Um deles fora um prato estranho, de suposta origem fenícia, servido em um restaurante de Cagliari. Era composto de postas de bagre marinadas em vinagre e servidas com um molho engrossado com amêndoas moídas. Desconfiamos que não agradaria muito ao paladar de quem não fosse natural da Sardenha. Nós nos demos muito melhor na bonita ilha de San Pietro, próxima da costa noroeste da Sardenha, embora parecesse um pouco excessivo desviar 200 quilômetros e pegar uma balsa simplesmente para nos deleitarmos com um banquete de camarões e massa com tinta de lula.

Os benefícios do peixe na alimentação já são alardeados há muitos anos, e não somente pela Igreja Católica, embora seja relativamente recente o fato de os cientistas terem atribuído o crédito a um grupo de substâncias antiinflamatórias conhecidas como ácidos graxos ômega-3. Essas substâncias químicas são encontradas nos peixes de água fria como salmão, arenque, cavalinha, linguado e sardinhas e também nas nozes (populares entre os longevos adventistas do Sétimo Dia da Califórnia) e nas sementes de plantas como linhaça e perila, uma erva de intenso sabor de hortelã e limão conhecida como *shiso* no Japão, onde suas folhas e suas espigas cor de malva são usadas para guarnecer pratos de sashimi. A maior parte das pessoas que cresceram na Inglaterra durante a II Guerra Mundial provavelmente lembrarão que tapavam o nariz quando tinham de engolir sua colher diária de uma detestável ração distribuída pelo governo, que consistia em óleo de fígado de bacalhau e extrato de malte, embora eu acredite que o óleo era, naquela época, promovido como um substituto da luz do sol para aquelas pálidas crianças (tem muita vitamina D) e o extrato de malte é rico em ferro e outros minerais essenciais. Foi somente na década de 1970 que alguns trabalhos sérios começaram a ser realizados sobre outros segredos que os peixes poderiam ocultar – instigados, a princípio, pela curiosidade sobre a longevidade do povo inuit (esquimós) que vive nas expansões glaciais do Ártico, cuja dieta consistia, predominantemente, de grandes pedaços de baleia e gordura de foca.

Estudos sobre os benefícios do óleo de peixe para a saúde já foram realizados em grupos que variam de crianças pequenas na Dinamarca a homens japoneses com diabete incipiente, de americanos com pressão alta a colônias de ratos e camundongos em todo o mundo, que foram convocados para fazer o sacrifício supremo. Para os que ainda não se convenceram dos benefícios de comer peixe, um excelente resumo de mais de 130 trabalhos científicos está disponível na internet, organizado em 2002 pela Universidade de Maryland. Resumindo, os estudos descobriram que comer peixes gordos duas vezes por semana melhora significativamente a saúde de pessoas que têm doenças mortais, como pressão alta e arteriosclerose (o endurecimento e estreitamento das artérias), e assim, logicamente, prolonga seu tempo de vida. Alguns estudos também mostraram que há maior proteção contra derrames, alguns tipos de câncer, diabetes, osteoporose (aumenta o consumo de cálcio) e uma melhora nos sintomas de uma grande variedade de problemas, como artrite e, de modo mais polêmico, a depressão. Em 2006, a Administração Federal de Drogas (FDA) dos Estados Unidos aprovou fabricantes que faziam "alegações de qualidade de saúde" para dois ácidos graxos ômega-3, o EPA e o DHA.

Mas é justo avisar que essas afirmações ainda são discutidas em alguns lugares – tudo o que tem a ver com "soluções mágicas" deveria ser, especialmente quando os grandes da indústria farmacêutica encaram os testes clínicos conduzidos apropriadamente como um inconveniente que os impede de ganhar mais US$ 1 bilhão. Em 2006, a Universidade de East Anglia conduziu outro "macroestudo" de 89 trabalhos científicos e descobriu o oposto da Universidade de Maryland – "não havia evidências sólidas" de que o óleo de peixe reduzisse as doenças cardíacas, nem o câncer nem a taxa de mortalidade total de pessoas com esses problemas. Leia as evidências e decida por si próprio; meu palpite, baseado no aumento da venda de peixe (incluindo corridas a espécies altamente apreciadas, como o "anticancerígeno" mexilhão verde da Nova Zelândia), é que a fé no pescado como prolongador da vida está ficando mais forte em quase todo o mundo desenvolvido... mas não na Sardenha.

Ao contrário de outros ilhéus, os sardos não são grandes marinheiros nem pescadores – o perigo, na forma de piratas, tropas inimigas e malária, estava à espreita na costa. A maior parte dos idosos com quem falamos nunca tinha tomado banho de mar, e uma senhora que vivia nas montanhas, mas a apenas dez minutos de carro do oceano, riu quando perguntei se ela costumava comer peixe. "Peixe? O que é isso? Eu nunca quis saber onde fica o mar", ela brincou. Uma das grandes surpresas foi descobrir que aqui, no meio do Mediterrâneo, a dieta mediterrânea, abundante em peixe, era quase desconhecida.

As espinhentas e rosadas lagostas de Alghero são famosas (e caras de chorar) e, toda primavera, na costa da ilha de San Pietro, acontece a *mattanza*, o sangrento ritual de abate do atum azul, no qual os grandes peixes prateados são conduzidos em grupos através de um labirinto de redes até que chegam à "câmara mortuária", onde são abatidos com arpões e transportados para a fábrica de enlatados local. *Bottarga*, a ova salgada e seca da tainha cinza, é um ingrediente delicioso, reservado para ocasiões especiais, quase sempre servido de modo simples, misturada dentro de uma tigela de espaguete. Ocasionalmente é possível ver enguias, cações, sardinhas (naturalmente, as palavras "sardinha" e "Sardenha" têm origem etimológica comum na Grécia antiga) ou ovários de ouriço-do-mar e outros itens exóticos no menu dos restaurantes sofisticados que atendem aos turistas. Mas esses produtos não fazem parte da dieta típica local, pelo menos não de pastores como Antonio Todde, para quem uma dessas coloridas latas *art déco* de atum seria um item de luxo.

Tavolara, entretanto, é a central do pescado. As cabras há muito se foram e os pescadores locais e seus pequenos barcos de madeira feitos à mão lançam as redes no oceano do mesmo modo como têm feito há centenas de anos. O rei nos deixou no píer e saiu apressado para inspecionar a pesca do dia e preparar nosso almoço. Passeamos um pouco pela língua de terra coberta de areia que se projeta feito um pé chato e branco sob o contorno escuro das montanhas, pausando para uma visita ao pequeno cemitério. "Temos centenários na família, sim", riu Tonino, "mas somente mulheres. Os homens... todos fumavam."

De fato, a primeira lápide que encontramos ao cruzar os portões, sob uma tosca cruz feita de madeira trazida pela maré, era de um de seus ancestrais, retratado com um orgulhoso cachimbo pendurado na boca, que morreu aos 68 anos. As mulheres, como testemunham as lápides, se deram melhor. Lá, com o brasão real de Tavolara ainda não gravado em sua tumba de concreto, estava Laura Molinas (1904-2006), uma prima do atual soberano, que morreu aos 102. E aqui estavam os túmulos de duas parentas famosas, Italia Murru, conhecida mais recentemente como "a rainha-mãe de Tavolara", que morreu em 2003 com 95 anos, e Mariangela Bertoleoni, que morreu em 1934 aos 96. Gaivotas cinza e brancas rodopiavam e guinchavam sobre nossa cabeça enquanto percorríamos o caminho sob o sol escaldante do cemitério até a praia, onde Mayu deu um mergulho com os peixes antes do almoço. De soslaio, pude notar dois mergulhadores sendo alertados por militares numa lancha, e me perguntei que outros segredos esta ilha guardava.

O Da Tonino estava fervendo quando voltamos – uns 50 ou 60 animados adolescentes tinham surgido com uma excursão escolar e faziam o tipo de algazarra normalmente mais associada a uma batalha campal do que a um almoço sossegado. Fora isso, o cenário era idílico. O restaurante dava para uma praia, com o mar a somente dez metros de distância. Um jovem pescador limpava suas redes e alguns trabalhadores em uma barcaça construíam um novo píer. No bar ao ar livre, algumas pessoas mais ilustres, que tinham chegado nos iates ancorados, bebericavam seus aperitivos à sombra de uma vasta e antiga amoreira, que tinha um de seus três galhos nodosos atravessando artisticamente a parede do restaurante, e outro apoiado por uma forte muleta de madeira.

Quando deu 1 hora, os homens que trabalhavam na barcaça largaram as ferramentas e se acomodaram em volta de uma longa mesa onde, pelas duas horas e meia seguintes, entornaram jarros de cinco litros de vinho tinto e consumiram enormes terrinas de espaguete com molho de tomates e miolos de vitela. As crianças, fiquei abismado em ver, empanturravam-se de comida européia: batatas *chips* e bifes à milanesa. Eu me perguntei, não pela última vez, se a próxima geração de sardos seria a primeira a morrer mais jovem que seus pais, especialmente depois de estar num café, numa cidadezinha, com um bando de adolescentes comemorando um aniversário com pizzas cobertas de batatas *chips*. Até mesmo aqui, nesta linda ilha, com os peixes praticamente pulando em seu prato, era quase impossível fazer os sardos comê-los. Somente os passageiros dos iates e nós havíamos escolhido frutos do mar.

Pedimos o que estava modestamente descrito como *zuppa di pesce* – sopa de peixe –, esperando, quem sabe, uma tigela de *bouillabaisse* ou uma versão local do abrasador e famoso *cacciuccio* de Livorno. Mas quando o rei Tonino finalmente chegou à mesa, exultante, segurava uma travessa com peixe suficiente para alimentar meia dúzia de trabalhadores famintos. Eram todos frescos e pescados lá mesmo. Em muitos dos restaurantes sardos, os pratos feitos com produtos congelados estão assinalados no cardápio, uma convenção admirável que deveria ser copiada por todos. E eram de espécies que desafiavam qualquer tradução ou mesmo ortografia precisa, pois os nomes estavam em um inescrutável dialeto local: peixes de cara feia e vermelha, peixes com pele preta e carne branca e densa, macios anéis de lula, camarões pálidos e mexilhões escancarados, todos nadando em molho espesso de tomates e salsa.

Fiz o possível para traduzir a receita simples de rei Tonino utilizando espécies disponíveis em outras partes da Europa e Austrália, mas – como as melhores coisas na vida – nunca haverá maneira de repetir aquela fascinante combinação de ingredientes, ocasião e cenário. E eles não são aquelas espécies gordas de água fria adoradas pelos nutricionistas, então aquelas longevas mulheres Bertoleoni devem ter tido o auxílio de alguma outra coisa além do ômega-3.

SOPA DE PEIXE DO REI TONINO

Chamar este prato de sopa é como chamar *foie gras* trufado de vísceras com fungo. Ele daria um prato maravilhoso para ser servido num almoço de verão ao ar livre. Depende, acima de tudo, de escolher os peixes melhores e mais frescos – nada daqueles camarões tóxicos chineses, nem os filés de perca congelada do Nilo. Das anotações que fiz na ocasião, não havia menos que oito variedades de frutos do mar envolvidos. Lulas, camarões e mexilhões não são difíceis de achar, mas o que fazer com os *saraghi* (um peixe macio e prateado, como a brema), *orata* (brema marinha), *corvina* (outro peixe branco), *occhiata* (brema listrada, um peixe com pele preta e carne firme e rosada, como vários peixes comestíveis) ou *scorfano* (peixe-escorpião).

4 cebolinhas picadas
6 dentes de alho picados
1 pimentão picante picado
1 colher de sopa de azeite de oliva

250 gramas de lulas pequenas
2 latas de tomates italianos picados
2 xícaras de salsinha picada
1 colher de chá de sal
1 xícara de vinho branco – Vermentino, ou talvez um pinot grigio
1 quilo de peixes de barbatanas, sem escamas e limpo
250 gramas de camarões verdes
25 mexilhões azuis pequenos, limpos e escovados

Utilize um recipiente grande e raso – um tacho de paella seria ideal. Refogue levemente as cebolinhas, o alho e o pimentão no azeite por alguns minutos, e em seguida acrescente as lulas limpas e sem pele, mas sem a tinta. Após alguns minutos, acrescente os tomates picados e seu sumo, 1 xícara de salsa, o sal e o vinho e cozinhe em fogo brando por 3 ou 4 minutos.

Acrescente os peixes de barbatana, os pequenos inteiros e os maiores cortados em pedaços graúdos, e cozinhe em fogo brando por mais 20 minutos. Adicione os camarões verdes, cozinhe por cinco minutos e, no último minuto, junte os mexilhões – assim que abrirem estarão cozidos.

Espalhe o resto da salsa sobre o prato e coloque, com a ajuda de uma concha, dentro das tigelas com muitos pedaços crocantes de baguetes. (Por uma vez os sardos abandonaram o onipresente pane carasau para este prato.) Perfeito com uma salada de folhas e uma taça de Vermentino resfriado. Serve 6 pessoas.

A costa nordeste da Sardenha está, como vocês devem ter notado, em outro tempo, em outro país. Tínhamos abandonado as montanhas "selvagens, de vegetação escura, a céu aberto" da Barbagia, como D. H. Lawrence as chamou, e mergulhado nas praias de areia clara e mar cor de água-marinha da Costa Esmeralda da Sardenha. Foram somente 100 quilômetros de viagem, mas o contraste é tão gritante quanto entre o parque Snowdonia e a Côte d'Azur, entre as montanhas Nevadas e a Costa do Sol. Tínhamos deixado para trás as aldeias pobres e carcomidas do interior. Aqui ficava a outra Sardenha, a Sardenha que lançava mil campanhas turísticas, a Sardenha dos bares de praia e das casas noturnas sofisticadas, do surfe e do mergulho, dos iates de bilionários e dos chiliques de estrelas de Hollywood.

É um enclave com portões opulentos, uma ilha de privilégio e indulgência dentro desta terra sacrificada, que se estende por 55 quilômetros ao longo de uma das costas mais lindas do Mediterrâneo. Foi criada pelo príncipe e *playboy* Karim Aga Khan, imame dos 15 milhões de muçulmanos ismailitas espalhados pelo mundo, que esteve aqui em um cruzeiro na década de 1960. Ele percebeu uma grande oportunidade de desenvolver um balneário de classe para seus amigos ricos nesta costa intocada de penínsulas rochosas e áridas, planícies e dunas cobertas de *macchia* e enseadas com praias isoladas onde havia somente carneiros e cabras pastando e pequenos produtores tentando sobreviver. Os habitantes ainda riem muito das longas limusines com motorista dos potentados que visitam a ilha, arrastando-se impacientemente ao longo da estreita rodovia do aeroporto de Olbia, parados atrás de um trator com artrite ou um cansado Piaggio de três rodas, o transporte preferido pelos agricultores da Sardenha, cheios de cestos de alcachofras, cerejas ou queijo.

Algumas partes desta terra pertenciam originalmente à família de Domenico Carta, um centenário que hoje vive no outro lado da Sardenha, em Bortigali, uma pequena cidade nos contrafortes do monte Lameddari. Deve ter sido lá que ele aprendeu a apreciar peixe. De todos os 24 centenários que encontramos, Domenico foi o

Anna Mattu

único que tinha ouvido falar da dieta mediterrânea e, por acaso, a praticara a vida inteira. Nascido em Monti di Mola, uma aldeia no que é hoje a Costa Esmeralda, em 1905, ele pertencia a uma família de oito filhos cujos pais tinham um rebanho de cem cabras. Mas quando ele tinha 14 anos fizeram uma oferta irrecusável pelos seus 50 hectares de terra – 6 mil liras, nos dias em que 4 liras comprariam um carneiro. Mas Domenico não sentia pesar quanto a esta decisão, nem pelo que sua aldeia ancestral havia se tornado.

"Voltei lá uma vez e vi todas aquelas casas de veraneio que eles tinham construído", ele disse. "Está muito melhor agora do que era antes, quando havia somente cabras."

Elegante em seu terno grafite, camisa branca e gravata azul-marinho, Domenico era, obviamente, um homem de posses. Ele tinha casa própria, mais um desses socalcos escuros e estreitos, com lances de escadas íngremes de mármore, e também possuía uma segunda casa, virando a esquina. Ele estava com a mente arguta e o físico ativo; os únicos sinais da idade eram os aparelhos de audição colocados nos dois ouvidos, dentaduras amareladas e um par de óculos com armação de osso. Em um banquinho ao lado de sua cadeira estava o jornal que ele lia enquanto aguardava nossa chegada. Domenico ainda caminhava até a igreja aos domingos, embora não fosse uma longa jornada – somente 50 passos cruzando uma *piazza* de pedra até a imaculadamente conservada igreja aragonesa de Santa Maria degli Angeli, com suas grandes portas de bronze e enormes e intensas pinturas, *Adoração dos Magos* e *Anunciação*, atribuídas ao Maestro de Ozieri. Ele ainda plantava suas próprias frutas e legumes em uma horta cercada por muros, não muito distante de sua casa: limões e laranjas, ameixas e azeitonas, um pequeno pedaço de terra reservado a batatas, favas, cebolas e ervilhas – ele tirou algumas vagens para mastigar –, lavanda e alecrim que perfumavam o ar, alfaces brotando, abelhas zunindo em torno das flores de morango.

"O segredo é este", ele disse, "comida boa e saudável." E não muita. Ele comia pouca carne, gostava de frutas, legumes e iogurte, nunca fazia um lanche entre as refeições, apreciava um copo de vinho tinto, mas *"poco, poco"*. E adorava peixe, especialmente *orata*, a brema marinha, que sua filha e cuidadora de 73 anos, Paolina – mais uma mulher que abdicou da vida própria para cuidar dos pais e nunca se casou –, assava para ele, somente com um pouco de azeite de oliva, sal e alecrim. Dieta mediterrânea à risca.

Domenico sempre realizou árduo trabalho físico – principalmente no campo –, e mesmo quando jovem era peso-galo. Media cerca de 1,50 metro e pesava 55 quilos. Era tão pequeno que foi recusado pelo serviço militar. E podia ser considerado um vencedor na loteria do "gene da longevidade" também. Seu pai teve morte prematura ao ser picado por uma aranha, aos 57 anos, mas sua irmã gêmea Caterina viveu até um mês antes de completar 100 anos, sua mãe viveu até os 97 e uma tia até os 101.

De modo geral, Domenico Carta foi, de todos os centenários que encontramos, quem chegou mais perto do típico logaritmo da longevidade: exercício, alimentação frugal e saudável e pais bem selecionados. Na verdade, ele foi o único a reunir todos os quatro critérios. Tinha 101 anos quando o conhecemos e ainda esperava viver mais alguns, pelo menos. Seu epitáfio, quando chegar a hora?

– Minha família me ama. Fui um bom pai, e essa é a coisa mais importante (na vida).

– Como se sente? – perguntamos, ao partir.

– Velho – ele disse, rindo para nossa intérprete Simonetta –, mas não velho demais, bonitona!

A ILHA DOS ANCIÃOS

Não muito longe de onde se situava a fazenda de criação de cabras dos Carta, onde hoje é a Costa Esmeralda, está localizado um dos hotéis mais exclusivos e caros do mundo, entre as grandes rochas de granito e as árvores floridas que circundam uma pequena enseada arenosa. O Hotel Pitrizza, que faz parte da pequena terra de luxo do Aga Khan, cobra $ 3.330 por uma noite em um apartamento *standard* e $ 8.330 pela suíte.

As refeições estão incluídas, embora eu tenha percebido, vasculhando o cardápio em uma manhã de sol, que há uma taxa de $ 141 se você pedir lagosta. Cada uma, é claro. E isso não chega nem perto das acomodações mais caras que a Costa Esmeralda tem a oferecer. Seguindo pela estrada, recatadamente escondidos atrás de algumas árvores, estavam as torres e terraços do palaciano Cala di Volpe, que tem seu próprio cais e cuja suíte presidencial, com 500 metros quadrados (completa, com terraço particular e piscina, três quartos e três banheiros), é classificada pela revista *Forbes* como a mais cara do mundo: $ 50.050 por dia. Com esse dinheiro é possível comprar uma pequena casa nas cidades-fantasma das montanhas da Sardenha – e ainda lhe dariam algumas cabras de lambuja.

O Pitrizza é o menor e mais discreto do trio de hotéis superluxuosos (o terceiro é o Romazzino) que o Aga Khan encomendou nos anos 1960 – como era de se esperar para um lugar que já recebeu a rainha Elizabeth II, o astro do basquete Michael Jordan e a magnata da moda Donatella Versace, entre outros hóspedes ilustres. "As pessoas vêm para cá em busca de privacidade", ronronou a chefe de relações-públicas do hotel, Maddalena Ciociola, que parecia uma modelo em seu traje de linho preto e brincos que pareciam moedas antigas, enquanto nos mostrava o lugar. A piscina era esculpida em granito sólido, as praias particulares tinham cercas que as protegiam das massas com barreiras de bóias brancas, e iates cruzavam a baía.

Não consegui ver nenhuma celebridade naquele dia. Um jovem intenso mexia em seu BlackBerry, um casal degustava um Campari antes do almoço no terraço, uma mulher de cara azeda em um biquíni dourado, com cílios postiços longuíssimos e unhas acrílicas vermelhas, se estirava em uma espreguiçadeira. Mais tarde vim a saber que era um grupo de executivos da Coca-Cola – e seus consortes – gastando uma boa parte do dinheiro dos acionistas no que deve ter sido uma "conferência" muito desgastante.

O Aga Khan contratou alguns dos maiores nomes europeus em planejamento e arquitetura para criar aqui um parque temático do tipo Disneylândia-vai-a-Marrakesh, descrito, de modo agridoce pelo excelente guia de viagens Cadogan, como "um dos grandes sucessos da moderna indústria do turismo que mostrou que na Sardenha, assim como na América, o falso é mais popular que o real". Eles têm seu próprio exército de seguranças, coleta de lixo, serviços de bombeiro e emergência, centrais de eletricidade e água e operam o aeroporto – em resumo, o Consortio Costa Esmeralda, proprietário do *resort*, é um Estado dentro do Estado, não mais uma parte da Sardenha do que suas urbanizações exóticas.

O ponto central da ação é em volta do porto, a aldeia de pescadores *faux* de Porto Cervo, uma fantasia extraordinária que funde elementos das ilhas gregas, da arquitetura espanhola e norte-africana, chaminés falsas com aberturas estranhas, que lembram vagamente algo que Antonio Gaudí poderia ter desenhado, elevam-se acima dos telhados e muros rebocados em tons variados de castanho, ferrugem e terracota. Aqui estão as butiques com os nomes de todos os estilistas que fariam babar uma mulher teúda e manteúda – Versace, Zegna,

Gucci, Dolce e Gabbana, Prada e uma série de outros. Notei que até a sorveteria serve champanhe Deutz.

Ainda estavam fechados os restaurantes e casas noturnas onde, dentro de mais ou menos um mês, as estrelas e o lixo europeu irão cabriolar com oligarcas russos e celebridades do show business cujos nomes estão na lista da revista *Fortune*, com colunistas sociais em seu encalço. O Aga Khan vendeu o controle acionário do consórcio quatro ou cinco anos atrás – para horror dos ambientalistas locais, que temem ainda mais "desenvolvimento" – para o magnata libanês-americano Tom Barrack, e desde então há rumores sinistros que dizem que o lugar vai para o buraco.

Os *paparazzi* logo chegariam aos bandos para a "temporada", sedentos por fotos de jovens príncipes bêbados com haréns de prostitutas em seus braços. Talvez Saadi Gadafy, o filho *playboy* do ditador da Líbia, baterá seu iate nos muros do píer mais uma vez, ou Silvio Berlusconi, o rei da mídia e atual primeiro-ministro italiano, será apanhado fugindo precipitadamente de uma de suas mansões com uma amante local. A princesa Diana e Dodi Al-Fayed estavam veraneando aqui no dia anterior à sua trágica morte. Bill Gates, Rod Stewart, Tony e Cherie Blair... todos eles costumam passas férias aqui na Costa Esmeralda. Uma gravação em vídeo de uma festa de $ 2 milhões que o magnata Dennis Kozlowski organizou aqui para comemorar os 40 anos de sua esposa – cuja principal atração era uma réplica em tamanho natural do *Davi* de Michelangelo urinando vodca – foi mostrada ao júri em seu julgamento, e não há dúvida de que ajudou a convencê-los a puni-lo com 25 anos de cadeia por roubar $ 1 bilhão de sua empresa, a US Tyco International.

Felizmente, estávamos em maio, quando absolutamente ninguém que seja alguém seria visto aqui. O lugar estava quase deserto, a maior parte das lojas ainda fechada para as férias de inverno de nove meses de duração. Porto Cervo é como uma estação de esqui ao contrário, onde o comércio tem que ganhar dinheiro durante uma curta e agitada estação de verão, quando os preços passam do meramente indecente ao absurdamente obsceno. Em junho, chegam os franceses e ingleses para serem esfolados, em julho é a vez dos árabes e russos, e em agosto vêm Berlusconi e outros italianos super-ricos. TomKat (abreviação das celebridades Tom Cruise e Katie Holmes) estiveram aqui para praticar um pouco de esqui aquático algumas semanas depois de partirmos, Bruce Willis teve um enorme acesso de raiva e foi expulso de um clube noturno chamado Billionaire e Anne Hathaway chegou com seu séquito. Em que outro lugar a estrela de *O Diabo Veste Prada* passaria suas férias?

Até agora, havia somente um grande peixe no porto, e era uma baleia. Olhando para o porto apinhado lá em baixo, repleto de centenas de iates que são alugados por $ 10 mil por dia, ou mais, o garçom nos apontou "o Russo". Estávamos sentados em um modesto restaurante onde – me desculpe se reclamo muito dos preços, mas eles realmente são extorsivos – uma tigela de sopa fria de tomate, acompanhada por uma cesta de pão amanhecido, custa $ 40, e uma Coca $ 15. "Isso não é nada", nos disse um amigo. "Espere até agosto; tudo custará o dobro." O garçom apontava para o maior iate que eu já tinha visto. Na verdade, "iate" é pouco, essa coisa parecia um pequeno transatlântico, tão grande que não podia chegar ao atracadouro e tinha de ancorar no quebra-mar do porto. Era o *Pelorus*, o navio capitânia da frota do oligarca russo exilado Roman Abramovich, que cavou uma imensa fortuna, estimada em $ 25 bilhões, antes dos 40 anos, pilhando os bens da antiga União Soviética.

Era um brinquedo impressionante – os oligarcas não são conhecidos por sua modéstia nem por seu recolhimento, exceto quando se trata de pagar impostos – e, com seus 115 metros, era mais ou menos duas vezes o tamanho da balsa que faz as travessias no porto de Sydney. Ele era completo, com piscina, heliponto e lancha para desembarque; a tripulação era composta de 40 pessoas e custava cerca de $ 200 milhões. Abramovich o utilizava para passar férias e para acompanhar a sorte de seu time de futebol, o Chelsea (outro brinquedo caro, que lhe custou mais de $ 700 milhões). Quando ele atracou em Mônaco para assistir a uma partida da Liga dos Campeões, a cantora Shirley Bassey, que desfruta de sua aposentadoria lá, reclamou que aquela "coisa enorme e feia" estava bloqueando a vista de seu apartamento.

Mas, para um oligarca, excessos nunca são demais. Depois de voltarmos, vazou a notícia de um estaleiro em Hamburgo, na Alemanha, de que Abramovich tinha encomendado uma nova nave capitânia para sua frota, que faria do *Pelorus* um nanico. Na verdade, será provavelmente o maior iate do mundo. O *Eclipse* terá 155 metros e custará assombrosos $ 350 milhões. Um jornal londrino calculou que, somados, o comprimento dos três superiates de Abramovich seria maior do que a frota irlandesa.

Toda essa experiência que tivemos na Costa Esmeralda foi como visitar alguns daqueles Club Med encravados em ilhas pobres do Caribe ou do Pacífico, onde estrangeiros abastados tomam sol, bebericam coquetéis e dançam noite adentro, e os únicos habitantes locais que eles encontram – estão sempre usando aventais. Existe uma indignação latente entre os sardos em relação ao desenvolvimento, mesmo que ele gere empregos em um lugar onde 20% dos adultos – e todos os jovens que encontramos estão desempregados. O Aga Khan decretou que metade dos empregos deveriam ser reservados para os sardos, mas pelo que vimos eles tinham cargos na limpeza e na cozinha, e não na gerência. De qualquer modo, era muito melhor do que a indústria poluente que foi impingida à ilha em tempos passados. As incríveis ruínas industriais em volta de Carbonia, uma das "novas cidades" construídas por Mussolini no noroeste da Sardenha, são uma dura lembrança da tentativa fracassada de planejamento centralizado da economia.

Mesmo fora de temporada, ficamos contentes por não estarmos hospedados na Costa Esmeralda. Simonetta havia gentilmente nos cedido sua modesta casa de veraneio, localizada em uma colina entre a *macchia* e o interior, onde, com um pouco de boa vontade, é possível ver a beleza natural original da terra, como a boa ossatura por baixo dos traços esticados e cirurgicamente melhorados de uma velha e vaidosa estrela de cinema.

Depois de alguns dias de descanso, era hora de voltarmos à nossa busca. Os únicos centenários da Costa Esmeralda estavam mais para dólares, do que para anos – gente que valia $ 100 milhões ou mais.

Selecionamos nosso destino e Narelle nos guiou até Ogliastra, através de um dos mais espetaculares cenários europeus, o coração do Parque Nacional de Gennargentu, passando por solitárias cadeias de montanhas, grandes desfiladeiros e cachoeiras com leitos de seixos cinza. "Montanhas de formas fantásticas nas tardes nubladas, taludes, castelos, tumbas ciclópicas, cidades prateadas e bosques azuis, cobertos pela neblina", como Grazia Deledda descreveu. Também é o passeio favorito dos motociclistas locais, que passavam por nós gritando em suas Ducatis, em esquadrões que desafiam a morte, entrando nas curvas mais fechadas quase na horizontal, rente à estrada.

Estávamos indo para a cidade de Jerzu, outra aldeia remota incrustada no sopé de incríveis aflorações verticais de calcário chamados *tacchi*, ou "calcanhares", que são os desafios prediletos dos alpinistas que passam por aqui. Este povoamento tem dezenas de milhares de anos. Perto ficam as ruínas de antigos *nuraghi* e os restos de um assentamento púnico – mas o que faz a fama de Jerzu, além de seus centenários, é o vinho, um dos mais famosos Cannonau. Como estávamos com sorte, havia um festival na cooperativa local, a Cantina Sociale Antichi Poderi, mas, infelizmente, não havia degustação e tivemos de nos contentar em provar alguns queijos de leite de ovelha e de cabra locais.

Fomos recebidos pela doutora Cinzia Sanna, uma jovem e atenciosa antropóloga da Universidade de Cagliari que estuda a história social dos idosos do distrito há vários anos. Ela havia registrado os detalhes de 99 pessoas, todas com mais de 70 anos, para uma tese que estava preparando, e ficou satisfeita em poder nos apresentar sua paciente mais famosa, Angela Deiana – esse sobrenome continuava se multiplicando. A senhora Deiana, ela disse, não estava com muita vontade de nos receber porque achava que íamos querer medi-la e pesá-la, como os outros que tinham vindo para saber seus segredos. Quando a encontramos, compreendemos seu constrangimento: ela era a primeira dentre nossos centenários que se encontrava acima do peso. Não obesa, mas – como dizer? – era mais para gorduchinha, com as bochechas salientes como se escondessem uma bola de golfe cada uma, e uma camisa preta ondulava sobre sua abundante cintura.

Para chegar à casa dela, tivemos de andar por um caminho de cimento quebrado em um declive íngreme sob um caramanchão de rosas perfumadas. O clã familiar dos Deiana vive em um grupo interligado de quatro casas, todas com quatro andares, dispostas em ziguezague na metade da montanha. Este tinha sido o lar da família por mais de um século, sendo expandido gradualmente para cima e para fora a fim de acomodar as sucessivas gerações. O chalé original, no fundo, tinha portas de no máximo 1,50 metro de altura, e o fogão a lenha original, que estava aceso hoje para assar pães tradicionais (nesta aldeia eles têm a forma alongada, como o mapa da Sardenha) para as festividades locais.

Depois de subir seis andares por uma estreita escada de mármore, encontramos Angela Deiana em seu pequeno apartamento – sala de estar, um quarto, banheiro e cozinha completa, com um congelador barulhento e grande o bastante para acomodar vários carneiros – que tinha sido seu lar nos últimos 34 anos, desde a morte de seu marido. Estava coberto de miniaturas, como uma casa de bonecas: fileiras de pequenos tachos de cobre nos quais mal daria para cozinhar um ovo estavam penduradas nas paredes de azulejos brancos, uma prateleira de xícaras e pires do tamanho de um dedal, colheres de madeira e espátulas não maiores do que *hashis*. Todos os brinquedinhos que ela nunca tivera quando criança. Estava sentada em uma cadeira de criança, com as mãos descansando sobre outra cadeira infantil que ela usava como andador para fazer manobras dentro de seus aposentos.

Angela vestia o obrigatório cardigã preto e tinha um cachecol de lã preta envolvendo a cabeça; suas sobrancelhas eram cerradas; suas orelhas, grandes e ela usava batom, mas não tinha dentes. "Se eu contar como os perdi, vocês vão rir de mim", disse, fazendo careta. Acabamos arrancando dela essa história. Quando tinha 18 anos, sentiu uma terrível dor de dente e sua mandíbula inchou. Não havia médico, só a curandeira da aldeia, uma velha que conhecia os segredos da medicina herbácea e que prometeu curá-la. Ela sentou a jovem Angela à frente do fogo e atirou um feixe de ervas nas chamas. Elas queimaram, enchendo a sala de fumaça, e fazendo Angela dormir. Quando ela acordou, três horas depois, todos os seus dentes

Maria Grazia Farre

caíram. Bem, esta é a história. Ela nunca colocou dentadura, a despeito dos pedidos do marido, porque nunca as apreciou – e, afinal de contas, "ainda consigo comer de tudo".

Angela Deiana nasceu em 1905, em uma família de cinco filhos, e seu pai era agricultor e produtor de vinhos. Sua juventude deve ter sido extraordinariamente dura, mesmo para os padrões da época. Ela deixou a escola aos 6 anos, após ter estudado somente um ano, ajudava nas tarefas da casa e depois era mandada para o trabalho, acordando antes de o dia raiar seis dias por semana, para fazer e assar 60 quilos de pão, que ela entregava nas lojas, descalça, mesmo nas mais frias manhãs de inverno. Só conseguiu se casar aos 35 anos, pois tinha de trabalhar para ajudar a manter a família. "Sofri muito nesta vida", ela disse. "Trabalhei muito, nós éramos muito pobres, havia problemas com a família e os invernos eram terríveis."

O que eles comiam? "Batatas. Batatas. Batatas. Porque era o que plantávamos. Favas seriam um luxo. Não podíamos nem comprar azeite para as batatas nem farinha para fazer macarrão." Eles comiam carne "uma vez por ano" – por vezes, trocavam batatas por uma cabra ou um carneiro, e às vezes seu marido, Attilio Boi, apanhava um javali na floresta, que eles conservavam cortando-o em pedaços "deste tamanho" – ela fechou um punho – e deixando-o de molho no vinagre. Eles saíam à procura de chicória, *erba cipollina* (cebolinha), erva-doce e hortelã. Ela costumava gostar de uma bebida, "mas só vinho caseiro de boa qualidade". Quanto a comer peixe, "eu nunca quis saber onde fica o mar", ela brincou (na verdade, fica a 15 quilômetros de distância).

Apesar de seu peso – um problema recente, que surgiu quando ela ficou confinada à casa, após ter quebrado uma perna, quatro anos atrás –, Angela deveria estar em perfeita forma e ser muito ativa quando mais jovem. Aos 98 anos, ela jactou-se, tinha plantado 350 quilos de sementes de batata sozinha, com as mãos. "A coisa mais importante na vida é o trabalho", disse, com orgulho. "Eu era mais forte que um homem... as mulheres modernas não conseguiriam fazer isso."

Quanto aos seus genes, ela não sabia se havia outros centenários na família – seus oito irmãos e irmãs já estavam mortos havia tempo. Enquanto conversávamos, seu bisneto favorito, Mario, um garoto de 12 anos, com um sorriso generoso e cabelos cortados à escovinha, entrou na sala amparado por muletas – ele tinha se machucado jogando futebol. Eles se abraçaram e Angela disse: "Ele me perguntou, uma vez, 'Nonna, como se chega aos 100 anos?' Eu respondi: 'Não pense nisso, coma de tudo, e uma gotinha de *filu 'e ferru* de vez em quando não faz mal algum'".

– A senhora acredita mesmo nisso?

– Bem, só Deus sabe. É fácil chegar até os 100. Tive muitas dores e muitas preocupações na vida, e sei que não se morre disso.

Enquanto ela falava, suas duas filhas a importunavam, assobiando para que ela se calasse e falando aos brados e de modo rude, como se falaria com uma criança malcriada. Francesca, que usava um vestido azul, tinha 62 anos e sua irmã Giovanna, 68 – ela estava sentada em um banquinho ao lado de uma janela por onde entrava o sol, fazendo seu bordado enquanto conversávamos. Nenhuma delas casou, ambas optaram por ficar em casa e cuidar da mãe, embora, devo dizer, ela não parecesse ter precisado de cuidados até pouco tempo. Ainda conseguia vestir-se e despir-se e ir ao banheiro sem ajuda, não tomava nenhum remédio, sua pressão era ótima e raramente precisava ir ao médico. Seu único problema parecia ser o tédio. Elas não saíam muito – no sábado anterior Angela tinha ido ao batizado de seu bisneto Egidio, mas foi das raras saídas – e quando perguntei o que ela fazia o dia inteiro, respondeu:

— Não faço nada. Fico sentada aqui falando com minhas filhas.
— Então, ainda vale a pena viver?
— Não. Não quero viver mais porque não tenho mais utilidade para ninguém.

Apesar de ter ouvido esse tipo de coisa de outros centenários, fiquei um pouco confuso e me perguntei se ela realmente falava sério ou estava provocando um elogio, um reconhecimento por parte de suas filhas mandonas por uma vida longa e profícua.

Peso à parte, Angela se encaixava no fenótipo do centenário sardo que estava se tornando familiar para nós: uma vida de árduo trabalho físico, uma dieta frugal e saudável baseada em alimentos caseiros, um ambiente distante do estresse e da poluição das cidades e uma família unida e carinhosa. Discutimos isso mais tarde com a doutora Sanna e ela concordou que quase todas as 99 pessoas que havia estudado compartilhavam essas características. Mas, certamente, muitos outros aldeões que morreram com a metade da idade deles também compartilhava. Como se pode explicar isso?

Sanna acredita que existe outro fator que influencia os que chegam aos 100, um fator genético. Os pastores de Jerzu costumavam levar suas ovelhas para pastar nos campos costeiros, e inevitavelmente traziam a malária para a aldeia com eles. Antes da guerra, era a doença que matava mais pessoas nesta região. Os que a malária não matou, diz Sanna, foram protegidos por sistemas imunológicos muito fortes que os ajudaram a sobreviver a outras doenças fatais. Através da história social e da observação epidemiológica, ela havia chegado à mesma conclusão que o biólogo molecular Luca Deiana, com sua descoberta da anomalia genética G6PD[8].

---

8 – A deficiência em glucose-6-fosfato desidrogenase (G6PD) é uma doença hereditária recessiva ligada ao cromossomo X que, freqüentemente, desencadeia um tipo específico de anemia. Os pacientes são homens em sua maioria, as mulheres são apenas portadoras assintomáticas, ou seja, transmitem a doença mas não a desenvolvem. (N. E.)

A ilha dos anciãos

Angela Deiana levantou outra questão perturbadora que discutimos durante o almoço em um pequeno e rústico *albergo* da aldeia, onde paramos para a sesta. Tivemos o prazer de descobrir que havia caça no cardápio e nas paredes. Fotografias de presas e caçadores heróicos de anos passados nos encaravam. Em uma delas, um jovem sorridente com cabelo cacheado exibia, com orgulho, seu tórax musculoso, cruzado por bandoleiras nas quais havia dezenas de coelhos e perdizes recém-abatidos. Hoje havia javali no cardápio e, a esposa do proprietário sussurrou, era fresco, e não congelado. Prometemos não contar à polícia e chafurdamos em um enorme prato de javali ilegal (em ambos os sentidos da palavra) que tinha passado seis horas cozinhando no vinho tinto.

O proprietário, um homem austero e moreno, com as sobrancelhas eternamente franzidas, ofereceu uma mó de fedorento *casu marzu* para sobremesa, mas era uma versão mais higiênica, sem os bichos. "Não vou para a prisão por causa de vermes", ele grunhiu, "muito menos agora que estamos prestes a conseguir um selo de Denominação de Origem Controlada." Enquanto comíamos, discutimos se havia razão para viver demais, quando a qualidade de vida estava seriamente comprometida, como Angela, que fica dizendo que quer morrer. Isso era algo que iríamos perceber mais adiante, com dois outros centenários em extremos opostos na escala de *joie de vivre*, um aqui em Jerzu e um do outro lado das montanhas de Gennargentu.

Em sua estreita cama de ferro no segundo andar de um sobrado de estuque verde, a 100 metros do restaurante, estava deitado Antonio Boi, com a cabeça pálida e enrugada, de escassos cabelos brancos, amparada entre travesseiros, tentando focalizar os visitantes. Um gorro de lã vermelha saía de baixo das cobertas. O pequeno quarto estava nu, um cubículo branco cuja única mobília era a cama hospitalar branca, um guarda-roupa, uma mesinha de cabeceira onde estavam os remédios que ajudavam a mantê-lo vivo: pílulas para a pressão alta, para uma doença pulmonar, para o coração. Quando entramos no quarto, ele corajosamente tentou falar, murmurando uma saudação silenciosa. Conseguiu dizer o nome, sua data de aniversário (27 de fevereiro de 1907) e o fato de ser um de quatro irmãos. Qual era o nome de sua irmã?

– An... An... – instigou sua filha Mariella, sentada ao lado da cama.
– Não adianta, não consigo lembrar – ele disse, com a voz em sumiço.
– Angela.

Antonio Boi, era óbvio, não estava bem – nem seu corpo nem sua memória. A praia da memória havia sido lavada pela maré do tempo. Ele estava confinado à cama havia três anos, incapaz de mover as pernas, desde o dia em que, aos 97 anos, chegou em casa com uma tosse que nunca sarou. Mas também não o matou. O "gene da longevidade" corre em sua família – sua mãe viveu até os 90, uma tia até os 94, e ele teve um avô com 97. Mas, neste caso, ficamos imaginando se era uma bênção ou uma maldição. Tenha cuidado com o que deseja. Quando você chega aos 100, de acordo com o gerontologista da Universidade de Boston doutor Thomas Perls, você tem uma chance em três de permanecer "cognitivamente intacto" e capaz de viver de modo independente.

Instigado pela família – sua esposa de 71 anos, Elvira Mura, também ao lado da cama, carinhosamente segurava sua mão –, ele nos permitiu vislumbrar um pouco de sua vida. Filho mais velho de um proprietário de terras, sua família era considerada abastada pelos padrões da virada do século XIX, com cabras que produziam leite fresco, e carne dos porcos e carneiros que os pastores trocavam por pasto para seus rebanhos nas terras de Boi. Eles também comiam caça. Antonio tinha boa mira e costumava trazer para casa coelhos, perdizes e, uma vez, um javali que pesava 40 quilos e cujo couro deu um belo tapete.

Mesmo assim, a casa onde ele cresceu não tinha banheiro e eles tinham de fazer as necessidades na rua, um hábito que estarreceu D. H. Lawrence quando ele tropeçou em um grupo de aldeões, homens e mulheres, conversando alegremente com as calças abaixadas até os tornozelos em uma rua transversal que usavam como latrina comum. Antonio estudou durante três anos, era um dos poucos meninos que tinham um par de sapatos para calçar e aprendeu a ler e escrever, embora nunca tenha usado uma calculadora, muito menos um computador. Só sabia dirigir um carro de bois e foi "ao estrangeiro" somente uma vez, quando foi convocado para o serviço militar em Trieste.

Antonio se casou em 1936 e continuou a vida de agricultor para sustentar a pequena família. Plantava uvas, da variedade Cannonau tinto, que se dá tão bem na ilha, entregando 300 quilos ou mais a cada safra para a cooperativa local transformar em vinho. Ele e a esposa ainda apreciavam um ou dois copos do *nero* com a refeição. O maior perigo naquela época não era a doença, mas os bandidos. Sua filha nos contou que, certo dia, quando ele conduzia um carro de bois cheio de vinho para Nuoro, dois mascarados armados apareceram e tentaram roubá-lo. Antonio sacou sua própria arma e os espantou.

– O senhor a teria usado? – eu perguntei.

– É claro, eu teria protegido meu vinho – ele disse. Depois, sussurrou: – Sempre trabalhei muito, sempre tive boa saúde (até agora) e sempre estive em paz com todo mundo. Esse é o segredo para uma vida longa. Coma coisas naturais, trabalhe ao ar livre nas montanhas, onde o ar é bom, o sol, o vento... – A voz dele sumiu e ele fechou os olhos. Em seguida, abriu-os novamente e acrescentou um pensamento: – E, certamente, meus genes.

Antonio nos disse que não tinha medo da morte e ficamos com a sensação – mas ele não disse, não com sua esposa e a filha ao lado – de que, como Angela Deiana, ele acolheria bem a chance de "parar no meio da noite, sem dor", como colocou John Keats. Hoje em dia, tudo o que esse velho homem, que já foi muito ativo, tem para esperar é o jogo diário de cartas com a mulher, um jogo chamado *briscola*, popular na Sardenha – vemos homens jogando nos cafés em toda a ilha –, e as refeições. Ele não comia mais carne de caça, só uma tigela de sopa de legumes, *culurgiones*, iogurte, ovos, ou quem sabe seu prato favorito, lasanha. Às vezes algum velho amigo vem bater um papo, às vezes o padre lhe faz uma visita. Essa era a sua vida.

Ainda tinha o amor e os cuidados de sua esposa, é claro, mas aos 90 anos ela também não podia sair – tinha problemas nos joelhos e o médico a aconselhara a não submeter-se à cirurgia, pois já estava muito velha. Ela disse que não havia longevidade em sua família e duvidava que chegasse aos 100. Seu pai morreu com 57 de doença pulmonar e, aos 53, sua mãe tornou-se a primeira vítima de um acidente de carro, quando foi atropelada e morta pelo primeiro carro da cidade. O carro era de propriedade do filho do médico local, um homem influente, e sua família teve que arcar com o conserto do carro, ela reclamou.

Após esse encontro um tanto depressivo, que alegria foi cruzar as montanhas para conhecer Anna Mattu. Embora fosse somente um ano mais jovem que Antonio Boi, a senhora Mattu era um dínamo, saltitando para lá e para cá na sala do asilo onde morava, tagarelando o tempo todo, precisando de pouca persuasão para dar um pulo até o café com seu "brinquedinho", um animado residente 30 anos mais jovem que ela. Os asilos têm uma imagem ruim na Sardenha – são lugares que cheiram a mofo e desinfetante, onde pessoas solitárias e sem amor são despejadas para terminar seus dias. Mas este tinha muito alvoroço e estava situado em um dos lugares mais belos do mundo.

Tínhamos voltado à aldeia de Tiana, aquela onde vivia Antonio Todde, o homem mais velho do mundo. Nosso destino era uma grande mansão no topo da montanha com vista para as encostas íngremes da floresta escura e uma névoa rosada de cerejeiras em flor. A casa fora legada por seu rico proprietário – na parede havia um retrato dele, com seus 80 anos, pedalando uma bicicleta ergométrica – para um asilo em uma aldeia que precisava urgentemente de um. Tiana tem uma das maiores populações de idosos no país europeu que envelhece mais rápido; de muitas maneiras, é um lampejo do futuro que todos nós teremos de encarar.

Essa calma e ensolarada aldeia, situada em meio aos picos reflorestados de mil metros do lado ocidental do Gennargentu, acima das corredeiras do límpido e frio rio Tino, tem mais pessoas com 80 anos ou mais (60) do que jovens de 16 ou menos (59). Um em cada 20 habitantes reside em um asilo. Talvez seja por isso que a prefeita gritou: "Cuidado com a criança", enquanto íamos de carro para seu gabinete, na rua principal. "Não podemos perder nenhuma."

Cesarina Marcello, a prefeita, tinha 70 anos – uma mulher atarracada e extrovertida, profundamente preocupada com o futuro de sua cidade. Em uma geração, mais da metade da população desapareceu e ficou reduzida a 543 habitantes. Metade das casas estava com tapumes ou abandonada, as casas de comércio tinham fechado ou mudado e a principal fonte de atividade econômica atual era a pensão do governo.

"Metade de nossa população recebe pensão, mais da metade", ela disse. A escola de segundo grau estava fechada, havia somente uma dúzia de crianças na escola infantil, eles tinham de dividir o padre com a vizinha Ovodda, e até os *carabinieri* haviam decidido que não havia crimes suficientes para manter um guarda lá – embora, brincou a proprietária da única pizzaria da cidade, "isso não seja mau, porque agora podemos dirigir sem carteira de motorista".

Mas Cesarina Marcello estava triste. "Sentimos falta do barulho das crianças", disse. "Mas o que podemos fazer para atrair mais gente? Não temos minas, não temos óleo, nem fábricas... só temos esta (ela fez um gesto na direção da janela de seu gabinete, que dava para os pomares e a floresta) grande área verde." Ela se entretinha com a idéia de tentar convencer alguém a abrir ali um sanatório no estilo suíço, "para as pessoas poderem vir aqui somente para respirar o ar puro da montanha, comer nossa comida natural e beber nossa água cristalina". Ela estava convencida de que essa era a razão pela qual a cidade abrigava tantos centenários – seis, nos últimos anos. Sem falar no ritmo lento da vida desse lugarejo sossegado. Era mais que um simples *campanilismo*, o orgulho que todo italiano tem de seu campanário ou de seu rincão. Em um canto de seu escritório havia uma grande pilha de livros, cópias de biografias do filho mais famoso de Tiana, o supercentenário Antonio Todde. Anna Mattu concordava. "Sim, o ambiente é importante, a beleza das montanhas e das florestas", ela declarou, falando mais rápido do que eu conseguia anotar com minha taquigrafia. "Mas também temos que considerar que todo mundo aqui é muito tranqüilo. É por isso que eles vivem mais tempo. Eu aceito o que Deus me reservou, não me preocupo com dinheiro, aceito tudo o que vier. Esteja em paz com você mesmo e com todos. Esse é meu lema." O que levantou mais uma questão perturbadora: será que sua atitude em

Rosa Pireddu

relação à vida pode afetar sua duração, e como será que alguém faria para testar essa idéia cientificamente? Estará Antonio Boi se permitindo morrer? O comprometimento de Anna Mattu com a vida fará com que ela viva muitos anos mais?

Anna nasceu em 5 de outubro de 1907 e, quando conversamos, planejava a festa de seu 100º aniversário, que seria dentro de alguns meses. Estava fazendo a lista de convidados em seu diário, planejando o bolo, imaginando quanto vinho iria encomendar – ela adora um gole de Cannonau. Adentrou a sala de estar do asilo, onde outros residentes se recostavam nos sofás ou olhavam a paisagem pela janela, rodeada por uma enfermeira desnecessária que vestia um jaleco azul, apertou as mãos de todos e arrastou-se até um canto do sofá. "Linda manhã", disse, como saudação.

Era uma mulher ativa e inteligente, que irradiava sua determinação em apreciar a vida. Ainda havia algumas mechas cinza em meio a sua cabeleira branca, tinha um bom relógio de ouro no pulso – o tempo era importante para ela, ao contrário da maioria dos centenários que encontramos – e, nos pés, resistentes sapatos de passeio. Todas as manhãs ela subia e descia um lance de íngremes degraus de pedra na frente do asilo para regar os vasos de gerânios e azaléias. Não precisava de óculos, nem mesmo para tricotar – ostentava um grande xale nos tons do arco-íris que havia terminado de fazer –, nem para ler ou escrever seu diário. Ainda conservava a maior parte dos dentes, tinha boa audição e gostava de dar uma caminhada até o café local: "Não ando tão rápido quanto antes, mas gosto de manter minha mente trabalhando também", ela disse. Considerando tudo isso, era a garota-propaganda da geração centenária.

Anna Mattu tivera a sorte – em seu caso – de herdar bons genes, também. Ela era, pelo que sabia, a primeira centenária de sua família, mas diversos parentes próximos chegaram a viver mais de 90 anos. Seu pai, Antonio, que foi pastor a vida inteira, exceto pelos nove anos que passou no exército na I Guerra Mundial, viveu até os 92, uma irmã, Salvatorica, até os 96 e outra, Maddalena, tinha 90 anos quando morreu. Anna contou que teve uma infância feliz, diferente das histórias cruéis de privações que tínhamos ouvido dos outros centenários. Mas fiquei imaginando se a história dela havia sido tão diferente assim, ou se era mais uma atitude de superação da parte dela que fazia a diferença. "Eu nunca trabalhei demais, tive uma vida boa", ela disse. "Mas nunca tivemos muita comida quando eu era pequena, às vezes só pão e água." Ela se casou com um pastor que costumava passar meses longe de casa, nas montanhas, cuidando do rebanho, e com quase 80 anos ela ia a cavalo para os pastos mais altos levar-lhe comida e trazer o queijo.

Quanto à sua dieta, ela deu de ombros. Nada de especial. Carne de vez em quando, minestrone, sopa de legumes e macarrão – macarrão com molho de tomate e macarrão com azeite de oliva e toucinho. E frutas. As geladas terras montanhosas são bem conhecidas por suas cerejas, pêssegos, maçãs e peras. Vinho? "Ah, sim, eu gosto de vinho. Tinto ou branco, não importa, se me derem, eu bebo."

Eles nunca tiveram filhos, obviamente uma grande frustração, e a razão pela qual Anna se internou no asilo – não tinha uma filha para cuidar dela. Mas vivera independente até o ano anterior, quando tinha 98, com a ajuda dos vizinhos. "Em Tiana somos uma grande família. Aqui são todos meus parentes", ela disse.

O que podíamos perceber de modo muito claro é que essa era uma mulher de grande determinação que permaneceu bem conectada com o mundo à sua volta. Quando era criança, não aprendeu a ler nem a escrever porque "não havia papel, nem canetas, nem professores, nem escola". Mas quando seu marido morreu, e ela estava na casa dos 70 anos, percebeu que isso tornaria sua vida muito difícil, então sentou-se e aprendeu, sozinha, a ler e a escrever. Tinha um sólido círculo de amigos que cuidavam dela e um exemplo em Antonio Todde, que costumava visitá-la até pouco antes de morrer, aos 112 anos. Um de seus admiradores, um homem de 67 anos que também mora no asilo, chamado Giulio Zucca, pegou em seu braço e levou-a até o café da aldeia, pedindo para ela um café bem curto e forte. Nós a provocamos, falando de seu novo "namorado", e ela empertigou-se e fingiu irritação. "Tire essas mãos de mim", disse para ele.

Tive a sensação de que Anna Mattu ainda permaneceria conosco por um bom tempo – não era somente uma subsistência triste e cheia de males, mas alerta e envolvida, e que apreciava a vida.

– *A kent'annos* – dissemos, ao nos despedir dessa mulher notável.

– Não esqueçam do meu aniversário – ela gritou, voltando à sua lista de convidados.

Freiras e prêmios Nobel

CAPÍTULO 8

Na cozinha, as mulheres recolhiam os restos da melhor refeição que comemos na Sardenha. Estávamos aprendendo a lição vagarosamente – se não consegue derrotá-los, junte-se a eles, em seu longo e indolente horário de almoço. Sentamo-nos a uma mesa repleta de coisas gostosas, boa parte delas produzida na fazenda para a qual tínhamos sido convidados, a Agriturismo Calavrina, uma versão italiana de um hotel-fazenda, oferecendo acomodação rústica, comida caseira e a oportunidade de desfrutar de um pouco da verdadeira vida rural da Sardenha. Ficava no alto de uma colina na aldeia de Bitti, uma pequena cidade não muito distante da enclausurada e perigosa Orune, a capital sarda da vendeta, mas o contraste não poderia ser maior. Aqui, em uma ensolarada manhã de primavera, as crianças jogavam futebol em torno da *piazza* e grupos de velhinhos com boinas iguais, sentados do lado de fora do Bar Italia 1990, conversavam sobre futebol e política enquanto tomavam café. Era a primeira cidade do interior da Sardenha que visitamos que poderia ser considerada bonita, e não ficamos surpresos em saber que seus habitantes são chamados parisienses, embora, aparentemente, o apelido seja por causa do sotaque (eles raspam a letra "r", como os franceses, e falam o dialeto mais parecido com o latim de toda a Sardenha), e não da arquitetura.

A estrada para o *agriturismo* serpenteava através de campos de asfódelos rosa, que as mulheres tecem e transformam em lindas cestas, e ulmárias, cujas flores alvas flutuavam como suflês de couve-flor sobre os pastos verdes. As serras calcárias do monte Albo, a "montanha branca", de onde os romanos, em tempos passados, extraíram prata, desenhava um horizonte semelhante a uma serra dentada, e não muito distante dali ficava a nascente do Tirso, o rio mais longo da Sardenha.

No caminho, nosso guia insistiu em desviar um pouco da rota para nos mostrar outro sítio arqueológico, um lugar chamado Romanzesu. É uma ruína assombrada de rochas cobertas por líquen distribuídas na forma de um anfiteatro a céu aberto, sob antigas árvores de cortiça onde *betyls* – protótipos de estátuas – montam guarda sobre um poço sagrado, marcado por uma colméia de blocos de granito. Eu tinha lido em algum lugar que era em locais como este que as tribos nurágicas costumavam se reunir para decidir o destino dos acusados de crimes, como o roubo de gado. Era uma justiça rudimentar. Sua cabeça era mergulhada em água fervente – se viesse à tona ilesa, eles eram inocentes, se ficassem cegos com o sacrifício, eram culpados.

Quando finalmente chegamos, Piero Sanna, o proprietário do *agriturismo*, esperava por nós com um grande sorriso em seu rosto corado de agricultor e uma garrafa de Bruschetto rosê resfriado nas mãos, uma maneira mais afável de lidar com a formidável uva Cannonau. Outro bom sinal: ao encostarmos o carro, vimos três *carabinieri* sair do restaurante lambendo os beiços, brigando para colocar seus coletes à prova de balas e em seguida arrancar em seus 4x4. Um italiano que se preze nunca despreza um bom almoço, e a presença da polícia militar em um restaurante era tão promissora quanto uma estrela no Michelin. Felizmente, eles não estavam investigando outro seqüestro ou assassinato da *faida;* estavam lá por causa das eleições locais, que estavam prestes a acontecer, e durante esse período os rivais políticos, de vez em quando, dão alguns tiros ou soltam uma bomba. Uma cidade vizinha, nos disseram, não tinha eleições para prefeito fazia muitos anos porque ninguém tinha coragem suficiente para disputar a eleição.

A mesa estava posta com um banquete de pratos tradicionais locais: travessas de presunto curado, lingüiças e queixada de porco em conserva, azeitonas e pequeninas cebolas selvagens, alcachofras em picles, berinjela e *panadas* à moda espanhola, tortas em miniatura recheadas com carne de porco ao alho e berinjela, ricota e requeijão frescos feitos na véspera com leite do rebanho da própria fazenda, que nós comemos às colheradas com torradas crocantes feitas de pão caseiro. *Basta!* Mas nossa anfitriã não nos deixaria ir embora antes do prato principal. Lucia Farre, a gorducha e radiante cozinheira, saiu às pressas da cozinha exibindo uma travessa de suculento queijo pecorino derretido, uma torta de queijo, um disco quente de pão que parecia pizza, assado na banha de porco, e uma tigela de fígado de carneiro cozido em fogo brando com um molho picante com muitas folhas de louro. A esta altura já estávamos em uma situação embaraçosa e a massa nem havia chegado. Fiquei pensando se deveria me jogar no chão e socar meu peito de modo teatral. Ou talvez devesse continuar me empanturrando e ter um infarto de verdade? Decisões, decisões... Mas já era tarde demais. Grandes e fumegantes tigelas de um macarrão caseiro que é feito enrolando a massa em agulhas de tricô (aqui são chamados *maccarones de errittu*) foram colocadas sobre a mesa, cheias de molho de tomate e carneiro, junto com delicados sachês de ravióli recheado de queijo pecorino fresco.

Quando nos congratulávamos por ter sobrevivido a mais uma versão sarda de *A comilança*, houve um estardalhaço na cozinha. Eu havia esquecido completamente que, alguns dias antes, Simonetta tinha me perguntado se havia algo especial, tipicamente sardo, que eu ainda não tivera a oportunidade de experimentar, e mencionei um prato camponês sobre o qual havia lido em meus livros de receitas: *tattaliu*. E aí vieram eles, espetos de ferro nos quais estavam empalados os rins, corações, fígados, pulmões e outras vísceras de dois cordeiros, embrulhados em seus intestinos e grelhados em fogo alto. Era a cidade do colesterol, 90% pura gordura saturada, o pior pesadelo de um cirurgião, um infarto do miocárdio de bandeja.

"Comam", disse nosso anfitrião, "mas deixem um espacinho para a sobremesa – temos *sebadas* (pasteizinhos doces fritos em banha de porco) saindo." Quando perguntei como eles sobreviviam a esse tipo de comida – mesmo sendo uma comemoração –, ele deu de ombros: "Se você vai trabalhar o dia todo no campo, tem de comer uma refeição decente". E isso não fizera mal a sua família, ele disse. Sua mãe, Pasquanatalia Calvisi, que nasceu no dia de Natal do ano de 1918 e completaria 90 anos em breve, "tem um bom estômago". E uma tia-avó que morava com eles na fazenda, Raimonda Cumpostu, completaria 100 anos em setembro de 2007. "Ela ainda adora um carneiro, e quanto mais gordo melhor", disse Sanna. A essa altura, eu havia chegado a uma conclusão provisória: os sardos, pelo menos estes, vivem muito tempo, apesar de sua dieta e não por causa dela.

Quando terminamos, os outros convidados sentados à comprida mesa cheia de restos de comida afastaram suas cadeiras. Havia quatro deles, todos trabalhadores que moravam no bairro e eram chamados de Tenores di Bitti, o grupo de canto tradicional mais famoso da Sardenha. Mas o canto deles era algo que nunca tínhamos visto, algo lúgubre e sobrenatural saído dos porões do tempo, quando os solitários pastores nas encostas agrestes clamavam à lua, uivavam desafiando uma tempestade de neve e falavam a língua de seus carneiros e vacas.

Primeiro *sa vohe*, o cantor principal, entoou uma estrofe de uma canção no dialeto sardo, depois em uníssono, o baixo, o tenor e uma voz de timbre médio entraram como um contraponto que não parecia produzido pela voz humana – um estranho zumbido com sons harmônicos de gaitas de fole e um acordeão cigano. Os homens, de olhos semicerrados, viravam os globos oculares para cima como se estivessem drogados. Eram canções de lamento, de amor (é claro) e de festivais de dança da aldeia que haviam sido passadas de geração em geração por milhares de anos e tinham suas origens nos ritmos primais da própria natureza. Depois, o líder do grupo, um produtor de vinhos de 75 anos chamado Daniele Cosseliu, explicou que as antigas canções foram salvas da extinção e revividas nas décadas de 1970 e 1980 – hoje havia mais de cem grupos que se apresentavam pela Sardenha e pelo mundo. Eles já haviam se apresentado na Argentina, Austrália e Tailândia, cantado para o papa e com o guru da *world music*, Peter Gabriel. Não há outra maneira de entender essa música a não ser ouvi-la no site www.tenoresdibitti.com.

Um pouco cambaleantes depois desse almoço-maratona, partimos para nossa verdadeira missão em Bitti, que era encontrar a centenária chamada Maria Grazia Farre, que vivia em outro daqueles terraços na encosta com estreitas escadas de mármore que pareciam desencorajar os visitantes e assustavam os ocupantes mais velhos, impedindo-os de se aventurar pelo mundo. Aqui, a senhorita Farre vivera sozinha a maior parte de sua vida, contando somente com a companhia eventual de duas sobrinhas que a visitavam quando voltavam do trabalho na escola local e de um cuidador que, nos últimos anos, passava a noite lá. Seu quarto era despojado, com um sofá, uma cama de ferro antiga com a cabeceira decorada com uma linda pintura e, nas paredes, ilustrações de uma Virgem Maria em estilo bizantino com um halo dourado, uma pintura de Antonia Mesina (a adolescente candidata a santa de Orgosolo) e a fotografia de uma mulher de aparência temível, vestindo um manto preto, que era, na verdade, a mãe de Maria Farre. Cega de nascença – o grande par de óculos com lentes escuras era para manter as aparências –, ela teve sorte de sobreviver em uma terra onde os fracos morrem cedo. O fato de ter durado mais de 100 anos nos alertava para que havia algo de excepcional nela.

Completamente envolta em preto, como uma mulher dos países islâmicos radicais, só conseguíamos ver seu rosto, que tinha traços finos e poucas rugas, algumas mechas de cabelos brancos e um sorriso calmo que revelava dentes uniformes. Suas mãos torciam um rosário de contas de madeira marrom. Sua audição era boa, sua memória arguta e sua voz, quando nos contou uma história, era tão clara e aguda quanto a de um menino cantor. A mãe de Maria desposou um pastor quanto tinha 17 anos, e nos 30 anos que se seguiram eles tiveram nada menos que 13 filhos, uma família grande até mesmo para os padrões daqueles tempos, quando o único bem que os camponeses podiam acumular eram filhos. A família parecia ter sido mais abastada do que muitas que conhecemos: "Havia sempre queijo e leite na mesa, mesmo se não houvesse pão", ela disse.

Logo ficou óbvio que também havia um componente genético para sua longevidade; de fato, sentado ao lado de Maria no sofá estava seu irmão Giorgio, um pequeno homem troncudo, de mãos musculosas e bochechas bronzeadas de alguém que trabalhou sempre a céu aberto. Com 96 anos, ele ainda era levado todos os dias ao terreno onde cuidava de um pequeno pomar de amêndoas, peras, tangerinas e oliveiras. "Acho que também vou viver (até os 100)", ele brincou. "Não se esqueçam de vir para o meu aniversário."

– Qual é o seu segredo?

– Leve uma vida simples e seja comedido em tudo. Não abuse do álcool, da comida... nem daquela outra coisa.

– Sexo?

– Sim.

– Com que freqüência eu deveria fazer sexo para poder chegar aos 100 anos?

– O senhor é um homem educado – não precisa de conselhos para isso.

Juntos, a irmã centenária e o irmão quase centenário discorreram orgulhosamente sobre os longevos da família. Não havia outros centenários, mas o pai deles morrera aos 90, as irmãs Maddalena e Francesca chegaram aos 97, Rosa aos 96, o irmão Giuseppe aos 90. Era muita gente idosa com relações de parentesco para ser mera coincidência, mesmo considerando o fato de que todos tiveram vida saudável no campo.

– Então, seus genes são bons? – perguntei a Maria.

– Sim, mas eu também levei uma vida boa.

Ela estava ávida para nos dizer que comeu bem a vida inteira: carne, de vez em quando – eles matavam um carneiro, embrulhavam-no em um tecido e o enterravam para conservá-lo por alguns dias –, mas principalmente verdura, como alface, e até peixe: trutas e enguias pescadas nos riachos das montanhas, que eles trocavam por queijo. Dieta mediterrânea?

"Às vezes comíamos essa dieta mediterrânea, mas não com freqüência, porque não tínhamos muito dinheiro e não podíamos comprar essas coisas (como peixe)." E ela queria que soubéssemos que achava que Deus deve ter colocado um dedinho em sua longevidade, também. De fato, quando era pequena quis ser freira, mas a família a convenceu do contrário. "Deus é muito importante para mim", ela disse, fazendo o sinal da cruz. "Somos todos filhos e filhas de Deus."

O que me impressionou ainda mais do que sua óbvia devoção foi o otimismo estóico com o qual essa infortunada mulher tinha aceitado sua cegueira por toda a vida – um fardo duplo porque aqui isso significava não somente dependência, mas também que ela nunca poderia se casar ou ter filhos. Apesar disso, Maria Farre disse: "Eu tive uma vida muito feliz, muito boa". Como Anna Mattu, a animada centenária que encontramos para um café com seu novo "namorado", ou Salvatore Spano, o velho dançarino brincalhão, ela tinha o que aqueles irritantes psicólogos motivacionais chamam de olhar positivo para a vida. Então, que provas reais havia de que a atitude de alguém perante a vida faz diferença para sua qualidade ou sua duração? Será isso um fato ou um factóide?

Se você vasculhar a internet, encontrará tanto chavões inócuos como as "Doze dicas para ter qualidade de vida" de Frederick M. Hudson, quanto as costumeiras baboseiras escritas por charlatões para tirar proveito dos ingênuos. Existem, literalmente, milhares de livros publicados sobre o assunto e eles normalmente se situam nas livrarias entre as seções de "saúde" e "auto-ajuda", em um terreno que os editores ironicamente classificam como "místico". Poucos deles vão tão longe quanto o autor Thomas R. Blakeslee, que montou um website no qual você pode testar sua atitude perante a vida e depois comprar um livro ou um vídeo que, como se alega, produzirá "uma incrível melhora nas suas expectativas de saúde... você terá uma vida mais longa e mais saudável". Esse livro, por sinal, se baseia na altamente controvertida teoria de um certo doutor Ronald Grossarth

Maticek, da Universidade de Belgrado, que alega (diversos pesquisadores já desmascararam seu trabalho) ter medido as atitudes perante a vida de "milhares" de habitantes idosos de Heidelberg, na Alemanha, em 1973. O professor voltou lá 21 anos depois e descobriu que as pessoas que tinham a visão mais otimista da vida tinham 30 vezes (!!) mais probabilidade de estarem vivas e bem do que aquelas que eram mais pessimistas. "Impressionante!", grita o senhor Blakeslee. "Incrível!" seria mais adequado.

No entanto, há uma série de estudos científicos respeitáveis que parecem corroborar essa teoria. O problema com eles não é tanto a fraude deliberada ou as falhas na metodologia – os estudos estão em publicações científicas que são revisadas por pares, ou seja, o trabalho do autor é cuidadosamente examinado por outros cientistas da mesma área –, mas a dificuldade é que toda essa história de "mente-corpo" é uma área obscura onde a ciência se mistura com sociologia, onde fatos tendem a se dissolver na saborosa sopa da teoria social. O que é "positivo", afinal de contas? Como medir seus níveis? Como descartar todas as outras variáveis que comprovadamente alteram a vida, como os genes, a dieta e os exercícios? Visto que os ratos de laboratório não têm essas coisas, pelo menos não que saibamos, quem dispõe de 70 ou 80 anos para ficar aqui esperando que os humanos morram para provar se essa teoria é certa?

Por sorte, temos um estudo de alto quilate que já dura mais de 20 anos, dirigido por um homem chamado doutor David Snowdon, professor de neurologia da Escola de Medicina da Universidade do Kentucky (EUA). Em 1996, Snowdon soube de uma comunidade de freiras professoras chamada Irmãs Professoras de Notre Dame, que tinham, na época, idades que variavam entre 75 e 102 anos e trabalhavam ou viviam em retiro nas escolas, conventos ou asilos de sete regiões dos Estados Unidos. Essas freiras exibiam condições físicas profundamente diferentes: algumas, na casa dos 70 anos, estavam acamadas, seriamente incapacitadas e impedidas de se comunicar. Outras estavam ativas e alertas e ainda trabalhavam o dia inteiro, mesmo com 90 anos ou mais. Formavam um grupo grande, e 678 delas acabaram participando do estudo, um número estatisticamente significativo. O que tornou essas mulheres perfeitas para tal experimento foi que, exceto por seus genes, elas tiveram experiências de vida quase idênticas – trabalharam nos mesmos lugares, comeram a mesma comida, não fumaram e beberam muito pouco, nunca se casaram e tiveram o mesmo acesso a tratamentos de saúde durante toda a vida. Eram, por assim dizer, o oposto exato dos gêmeos idênticos. Mas como medir sua atitude perante a vida, não somente hoje – porque as atitudes mudam com o passar do tempo –, mas também quando elas eram jovens seguindo sua vocação?

É aqui que entra a verdadeira mágica do que se tornou conhecido simplesmente como o Estudo das Freiras. Antes de elas fazerem os votos finais, quando estavam na casa dos 20 e 30 anos, a madre superiora da ordem pedia a cada uma que escrevesse uma pequena autobiografia, não mais que 200 ou 300 palavras em uma página, na qual elas descreviam sua vida, sua família e seu chamado. Durante 60 anos, essas folhas de papel manuscritas ou datilografadas foram cuidadosamente guardadas, e hoje essas corajosas freiras – no interesse da ciência – concordaram em permitir que os pesquisadores as lessem e graduassem de acordo com seu "conteúdo emocional". O estudo, que teve verba de $ 2,4 milhões proveniente do Instituto Nacional do Envelhecimento dos Estados Unidos, descobriu diferenças notáveis em suas atitudes perante a vida. Aqui estão dois exemplos, tirados de um trabalho publicado no *Journal of Personality and Social Psychology* da Associação Americana de Psicologia em maio de 2001:

Irmã 1 (pouca emoção positiva): Nasci em 26 de setembro de 1909 e era a mais velha de sete irmãos, cinco meninas e dois meninos... Meu ano de aspirantado foi passado na Casa Mãe, lecionando química e latim para o segundo ano no Instituto Notre Dame. Com a graça de Deus, pretendo dar o melhor de mim para a nossa ordem, para a difusão da religião e para minha satisfação pessoal.

Irmã 2 (alta emoção positiva): Deus iniciou minha vida muito bem, concedendo-me uma graça de valor inestimável... O ano passado, no qual fui aspirante, estudando no Colégio Notre Dame, foi um ano muito feliz. Agora aguardo ansiosamente e com grande alegria receber o Sagrado Hábito de Nossa Senhora e ter uma vida de união com o Amor Divino.

As freiras receberam gradações de acordo com a expressão de emoções positivas, como amor e felicidade, ou negativas, como tristeza, raiva, medo ou desgosto. Os resultados, quando publicados, mostraram algumas correlações sólidas entre a atitude e a longevidade. Até agora foram publicados cerca de 50 trabalhos como resultado dos testes em andamento, que foram concebidos, originalmente, para descobrir as causas (e modos de prevenção) do mal de Alzheimer, da demência e de derrames, mas agora foram ampliados para um estudo genético da longevidade e da qualidade de vida na idade avançada. Além de se submeterem a exames físicos e mentais regulares, as freiras concordaram em permitir que após a morte tenham o cérebro removido e dissecado para que neurologistas procurem as placas receptoras e emaranhados de fibras cerebrais que indicam o Alzheimer e outras doenças neurológicas.

Através do estudo, foi descoberta uma anomalia genética (conhecida como APOE) que tem conexão com o Alzheimer. Com 95 anos,

Gonaria Soro

as pessoas que têm essa variação estão quatro vezes mais propensas a sofrer dessa doença terrível. Também foi feita a descoberta preliminar de que as freiras que estão bem na velhice têm níveis mais altos de licopeno, um poderoso antioxidante encontrado no pigmento dos tomates e das frutas vermelhas. Mas antes de chegar a conclusões precipitadas e correr para comprar caminhões de *passata* – molho de tomate é um componente básico da dieta de todos os centenários que entrevistamos –, lembre-se de que essas descobertas ainda não foram confirmadas.

Sem sombra de dúvida, os resultados mais interessantes estão relacionados, não com a dieta ou com a genética, mas com as atitudes das freiras, sua educação e "densidade de idéias" quando elas eram jovens. No geral, estas formam um grupo de extrema longevidade: 295 das 678 freiras tinham mais de 85 anos quando o estudo começou, indicando uma expectativa de vida de cerca de dez anos mais que as demais mulheres americanas. Em um só convento, em Mankato, Minnesota, havia recentemente sete centenárias, sendo a mais velha uma ativa senhora de 106 anos. Já sabemos que os profissionais religiosos vivem mais tempo, mas o que torna o Estudo das Freiras diferente é que diversos projetos de pesquisa agora descobriram uma correlação direta entre a longevidade e a educação, incluindo a habilidade lingüística e o pensamento original. As freiras que tinham o curso superior viveram três anos mais e eram mais saudáveis do que as que não tinham, por exemplo. E, o mais importante, quanto mais alta a "medida de emoção positiva", maior a probabilidade de viverem mais e menor a probabilidade de desenvolverem doenças físicas e mentais como a demência, que destrói qualquer motivo para alguém querer viver muito.

Foram realizados outros estudos que confirmaram essas descobertas, embora nenhum deles seja tão persuasivo quanto o Estudo das Freiras. Nos Estados Unidos, em 1975, uma equipe encabeçada por uma professora da Universidade Yale chamada Becca R. Levy foi à pequena cidade de Oxford, Ohio, e questionou 660 pessoas com 50 anos ou mais acerca de sua atitude perante a velhice, perguntando, por exemplo, se elas concordavam ou não com afirmações como "Quanto mais velho, menos utilidade você tem". Trinta e três anos depois, eles retornaram a Oxford para verificar as taxas de mortalidade. Depois de levar em conta fatores como idade, sexo, saúde e condição socioeconômica, Levy descobriu que aqueles que tinham uma atitude "positiva" perante o envelhecimento viveram 7,5 anos mais do que os que tinham uma atitude "negativa".

Outra pesquisa fascinante se concentrou no sucesso e na autoestima como alavancas para uma vida mais longa. Um economista de Universidade de Warwick, na Inglaterra, analisou todos os homens vencedores do Prêmio Nobel entre 1901 e 1950 – mais de 500 – e descobriu que eles viveram, em média, 1,4 ano mais do que os cientistas e estudiosos que foram indicados ao prêmio, mas não o ganharam. Um estudo semelhante realizado nos Estados Unidos descobriu que os atores que ganharam o Oscar viveram 3,6 anos mais do que os que foram somente indicados (mas para os roteiristas ele teve o efeito contrário: os que ganharam um Oscar morreram mais de três anos antes que os que não ganharam). O doutor Fabio Varlese, do Hospital Baycrest, em Toronto, um dos maiores especialistas em medicina genética do Canadá, concluiu: "A atitude é um dos mais importantes fatores para se prever a longevidade. Quando você analisa os índices de satisfação com a vida, de satisfação com o trabalho, são todos considerados indicadores de longevidade".

Existem, é claro, os resistentes, que acreditam que nossa atitude perante a vida é irrelevante para nossos males. De fato, eles afirmam que toda essa ênfase em ter uma atitude "positiva" com relação a qualquer problema que nos aflija é, na realidade, ruim, porque nos faz sentir culpados por não sorrir diante da adversidade. "Somente os perdedores morrem de câncer" é a mensagem que esses arautos da felicidade tentam nos passar, diz Adele Horin, uma jornalista de Sydney que sobreviveu ao câncer. "Se o câncer volta, não é devido à patologia do câncer, mas a alguma falha no caráter ou na vontade do paciente."

Essa análise foi sustentada pela publicação internacional *Cancer* em um estudo realizado pelos pesquisadores da Escola de Medicina da Universidade da Pensilvânia com pessoas com câncer no pescoço e na cabeça que colocaram à prova essa teoria. Foi um estudo de dez anos que descobriu que aqueles com uma perspectiva otimista não se deram nem melhor nem pior que os mais desanimados. "Se houvesse uma ligação entre o estado emocional e a sobrevivência, nós a teríamos encontrado porque o estudo foi muito amplo e também porque todos os pacientes tinham câncer em estágio avançado e receberam tratamento muito parecido", disse o principal autor do trabalho, doutor James Coyne, professor de psiquiatria. Esses resultados levaram a um estudo similar, embora menor, de 204 pessoas com câncer de pulmão, publicado em 2003 pela doutora Penny Schofield e colegas no Centro do Câncer Peter MacCallum, em Melbourne.

A falha de todos esses estudos – tanto a favor quanto contra – é que, ao contrário do Estudo das Freiras, eles não rastreiam a atitude das pessoas até a juventude. Quem veio primeiro: o ovo ou a galinha? – os idosos são saudáveis porque são felizes ou são felizes porque são saudáveis?

Certamente, Rosa Pireddu teria um índice muito alto no quesito "atitude positiva" atribuído pelos cientistas. "Minha filosofia é 'Encare qualquer situação com um sorriso. Todo problema tem sua solução'", ela disse. A senhora Pireddu não era somente "bem adaptada" à sua vida, como diriam os sociólogos, mas estava realmente florescendo, com um grande sorriso no rosto rechonchudo enquanto falava sobre sua infância, bebericando café com leite e jogando "só mais um" biscoito fresquinho para dentro da boca. Talvez estivesse até gozando a vida em demasia – uma barriga carnuda levantava seu cardigã preto, e ela confessou ter pressão alta e diabetes, que controlava com injeções de insulina. Não que estivesse reclamando: "Sempre fui uma pessoa calma, uma pessoa muito feliz... As únicas verdadeiras preocupações que eu tive foram criar meus filhos". Seu médico, o prefeito da cidade, a parabenizou por ter a constituição de alguém com 15 anos a menos, ela gabou-se.

Rosa mora com duas gerações de sua enorme família em uma casa na rua principal na agitada cidade de Macomer, confluência de rotas comerciais desde os tempos dos fenícios. Os romanos construíram uma estrada aqui e os ingleses fizeram o levantamento topográfico da rota sinuosa do *trenino verde*, o "trenzinho verde" de bitola estreita que segue resfolegando através de algumas das paisagens mais deslumbrantes da Sardenha, da costa até a cidade montesa de Nuoro. Hoje em dia, brincou nossa intérprete Simonetta, os habitantes do lugar apelidaram Macomer de *Forte Apache, O Bronx*, por causa de sua semelhança com uma cidade fortificada. A estrada está repleta de barracas militares que abrigam um regimento de engenharia do exército italiano.

Rosa viveu aqui a vida toda, também filha de um pastor com uma família de sete filhos. A foto de seu pai na parede foi tirada no dia do casamento dele, há mais de um século. Ele trajava uma roupa tradicional, com o gorro enterrado na cabeça, como um fez. Ela não teria recebido uma avaliação muito alta na escala de educação das freiras, apesar de ter aprendido a ler e escrever antes de ter de deixar a escola, aos 9 anos, para ajudar no sustento da família. Pelo menos, ao contrário de muitos que precisavam dormir enrolados diante do fogão no chão da cozinha, eles tiveram camas. Mas como quase todas as mulheres de sua geração ela sempre precisou trabalhar arduamente. Aos 14 anos foi enviada para a casa de uma abastada família de Macomer, para trabalhar como empregada sete dias por semana, levantando às 2 ou 3 horas da manhã para assar pão no fogão a lenha – algo que ainda fez até seus 90 e tantos anos. Lavava a roupa da família no rio, com sabão feito da mistura de cinzas com barrela e gordura de carneiro – não banha de porco, ela disse, indignada, que era reservada para a comida.

Quando Rosa era mais jovem, a família comia o trivial frugal. Às vezes havia somente pão com queijo ou gordura de carne na mesa, às vezes nhoque ou uma tigela de vegetais como favas, batatas ou tomate. Ela nunca fumou, tomava um copo de vinho somente em ocasiões especiais e – muito raro na Sardenha, que adora cafeína – raramente bebia café. No outono, eles costumavam matar um porco grande e gordo e o transformavam em presunto e lingüiças e conservavam a banha para durar todo o longo e tenebroso inverno. Rosa ainda adora um prato de *tattaliu*, aqueles espetos de vísceras e entranhas.

Talvez contrariando sua alimentação rica em colesterol, pela qual estava pagando o preço, Rosa herdara genes poderosos: seu pai viveu até os 90, talvez duas vezes a média de sua geração, seu irmão Sebastiano tinha 92 e sua irmã Giuseppina tinha sido mais uma centenária, morrendo aos 102. Por pouco elas não se tornaram o fenômeno mais raro de longevidade, irmãs centenárias – Rosa Pireddu recebeu sua carta de congratulação do papa Bento quando completou 100 anos, em fevereiro de 2007, pouco mais de um ano após a morte de Giuseppina.

A ILHA DOS ANCIÃOS

Rosa e seu finado marido Antonio, um fabricante de queijos que trabalhara na cooperativa de laticínios local, não foram egoístas em passar seus genes adiante. Ela listou os nomes do grande clã, as quatro gerações das quais é matriarca: 12 filhos, dos quais sete ainda estão vivos (na verdade eram só seis – a família ainda não tinha criado coragem de informar que sua filha favorita havia morrido), 27 netos e dois bisnetos. Quanto aos sobrinhos, sobrinhas e primos, ela jogou as mãos para o alto e riu: "Somos uma aldeia, uma pequena aldeia". Como, exceto por dois filhos que partiram para Milão em busca de trabalho, todos ainda vivem aqui, a linhagem pareceria apontar para uma explosão de centenários em Macomer um pouco mais adiante neste século.

Voltando ao Estudo das Freiras, o que mais nos impressionou foi a natureza efervescente de Rosa. Ela era jovial, ligada, parecia amar a vida, mesmo que hoje esta se resumisse a um banho de sol na sacada quando o tempo está bom, assistir às novelas na tevê ou se inteirar das notícias pelo jornal local enquanto esperava sua filha Sebastiana trazer seu minestrone, ou repolho refogado em azeite com azeitonas, para o almoço. Todo domingo o padre vinha lhe dar a comunhão.

– Então, quem é o atual primeiro-ministro? – perguntei, para testar sua memória.

– Não aquele tal do Berlusconi. Para mim, ele parece um pouco o Mussolini, sempre dizendo às pessoas que elas têm de trabalhar. *Mamma mia!* Mas ele (Mussolini) fez algumas coisas boas (para a Sardenha). Ele fez a jornada de oito horas e ajudou as famílias pobres, e construiu Carbonia. Não, agora é o Prodi, é ele. Parece um pouco melhor que o Berlusconi. Parece.

Como a maioria dos italianos de qualquer idade, ela tinha uma saudável desconfiança dos políticos, de qualquer partido.

Antes de sairmos, perguntei a essa mulher vivaz se ela achava que poderia bater o recorde mundial de 122 anos. Ela levantou as mãos, horrorizada:

– Não, não, não! Pelo amor de Deus! Eu queria morrer amanhã, se possível. Estou cansada de não fazer nada – estou entediada.

Nesse momento, sua filha interrompeu:

– Ela diz isso da boca para fora. Precisa ver quando ela fica doente, não quer ir embora.

– Bem, de qualquer maneira, não tenho medo. Se eu for para o céu, estarei com meu marido, como antigamente.

Sempre otimista...

A uma hora de carro através dessas traiçoeiras estradas de montanha dormita a aldeia de Sarule. Construída nos contrafortes das montanhas de Gennargentu, fica próxima ao centro geológico da Sardenha, um lugar seco e agourento que lembra uma cidade árabe, cheia de becos sinuosos e estreitos e casas com reboco de cor escura cujo fundo dá para a rua.

Narelle, o navegador, ficou confuso, então paramos uma mulher que passava e pedimos que nos mostrasse como chegar à casa de Gonaria Soro. *"Zia Soro?"*, ela disse, chamando-a de "tia". "Sigam-me." E assim fizemos, através de um labirinto de ruelas, até chegarmos ao número 10 da Via Mazzini, uma casa que mais parecia um forte em miniatura do que um lar. Era cercada por um muro caiado maciço de três metros de altura, e quando o grande portão de ferro se abriu, pudemos ver que o interior parecia um ninho de vespa ao contrário, com sete ou oito pequenas celas que se abriam para um

Mariangela Ruggiu

pátio central de concreto, que um dia teria abrigado um poço. Fiquei me perguntando se lá pelo meio do século XIX, quando o lugar foi construído, a família poderia estar envolvida em uma *faida* – com um par de atiradores no telhado e um ou dois porcos na salmoura no porão, o suficiente para agüentar alguns meses.

Gonaria Soro esperava por nós na sala da frente, a melhor da casa, reservada aos visitantes, o que ainda é comum em muitas casas italianas, com uma cômoda repleta de peças de porcelana, o legado de várias gerações. Havia um vaso com um buquê de flores plásticas sobre a mesa, uma lareira vazia – embora o dia estivesse frio e nublado –, um pato de porcelana captado em meio a um grasnido no consolo da lareira, ao lado de uma estatueta de aparência triste da Virgem Maria usando uma coroa cafona, uma árvore de borracha no canto e um relógio parado em 4h55. Outra casa onde o tempo não tinha muita importância.

Gonaria deve ter sido uma linda mulher: tinha uma boca generosa e larga, com marcas de sorriso profundamente gravadas, maçãs do rosto salientes, como uma modelo, os olhos brilhantes e a pele, ainda firme, conservava seus traços. Os únicos sinais de que ela tinha 100 anos, e não 70, eram a escassa mecha de cabelo branco que se projetava para fora do lenço preto que lhe cobria a cabeça, com as pontas caindo sobre o pescoço, e suas juntas, que percebi estarem com dolorosos nódulos causados pela artrite. Apesar de não ser tão jovial quanto Rosa, nem tão roliça – ela era uma mulher pequenina, como Raffaela Monne –, exalava a mesma sensação de calma. Quando perguntei o que ela havia aprendido em sua longa vida, respondeu com três frases curtas. "Paz", disse. Em seguida, depois de uma pausa: "Oração". E por fim: "Todos me amam". O mesmo tipo de resposta, imagino, que obteríamos daquelas freiras de Notre Dame.

Não parecia haver um padrão especial de longevidade em sua família, embora uma irmã, Giovanna, tivesse vivido até os 92. Tampouco tinham uma dieta incomum: pão e queijo, batatas assadas na banha de porco, salada de hortaliças, *pistizones* (um tipo de macarrão pequeno, especialidade local) com molho de tomate, *sebadas* com açúcar... esse tipo de coisa. Ela disse que nunca comia muito e, a julgar por seu porte pequeno, não havia como duvidar. E, um golpe para o fã-clube do resveratrol, ela nunca bebeu vinho. Quando perguntamos sobre o fumo, ela franziu a testa e disse: "Que vergonha!" Entretanto, havia algo de incomum na vida de Gonaria. Como as freiras, ela nunca se casou; foi a segunda das três solteironas centenárias que conhecemos.

Não há evidência, por sinal, de que as pessoas solteiras vivam mais que as casadas; na verdade, é o contrário. Sem contar as comunidades especiais, como os profissionais da religião, todos os estudos sociais mostram que o casamento está fortemente relacionado à longevidade, especialmente para os homens. Uma pesquisa nos Estados Unidos descobriu que os homens casados vivem dez anos mais que os solteiros, o que torna o casamento o mais proeminente indício de uma vida longa.

No caso de Gonaria, entretanto, sua decisão de permanecer solteira não se deveu à convicção religiosa nem, como Maria Farre, a uma deficiência física. Nem, segundo ela, resultado da grande falta de homens após a I Guerra Mudial, quando toda uma geração de mulheres européias encarou a possibilidade de nunca encontrar um parceiro com quem dividir a vida – 615 mil italianos, quase todos homens, morreram na guerra. "Pediram a minha mão", ela disse, "mas eu não podia casar." Por que não? Quando tinha 10 anos, seu pai, um pastor, morreu repentinamente e sua infância teve de parar. Como filha mais nova, ela teve que deixar a escola e ficar em casa ajudando a mãe a criar a família – assar pão, buscar água no rio, até que a prefeitura construísse uma fonte, e tecer os tapetes coloridos típicos da região, chamados *burras*, para ganhar dinheiro.

Ela também tinha algo que notamos em quase todos os centenários: não reclamava de ter levado uma vida dura. Morava com duas sobrinhas, Paula e Speranza, ambas nos seus 60 e 70 anos, que também nunca se casaram. As três solteironas idosas, vestidas identicamente de preto bíblico – uma tinha até um avental preto sobre a saia preta – lembraram-me as três mulheres Pintor, no romance *Caniços ao vento*, de Grazia Deledda, andando para lá e para cá na velha casa, sonhando com os tempos passados. "Eu fiz tudo o que quis (na vida)", disse Gonaria Soro. "Quando Deus me chamar, estarei pronta para ir."

Buon giorno. La luce fa ritorno. (Bom dia. A luz voltou à minha vida.)

Esta é uma graciosa saudação de boas-vindas de um tempo de gentileza, uma época em que os cavalos eram o principal meio de transporte, a água vinha dos poços, a luz, das lanternas e a Sardenha ainda não tinha visto o primeiro avião, usado o primeiro telefone nem ouvido a primeira transmissão de rádio. Esse era o mundo em que nasceu Mariangela Ruggiu, em 1907, uma das cinco crianças de um próspero fazendeiro que criava carneiros e gado em suas próprias terras. Nossa busca nos trouxera de volta a Suni, a pequena cidade da qual se podia avistar o Mediterrâneo, do alto de um escarpamento calcário na costa oeste da Sardenha.

A casa onde morava Mariangela Ruggiu ficava pertinho de seu primo centenário, Antonio Filippo Sias – o centenário fumante –, mas sob todos os demais aspectos era um mundo diferente. Em vez de um terraço escuro e estreito em uma trilha de pedestres, sua casa era uma pequena mansão, com uma entrada de mármore grandiosa, situada em meio a um jardim novo e ainda incompleto, cheio de vasos de plantas e cactos. Era o tipo de casa enorme que poderíamos encontrar nos projetos urbanísticos de luxo em Sydney ou no interior da Inglaterra. Mariangela Ruggiu, outra mulher minúscula, nos esperava na sala de estar, sentada em um sofá e apoiada em uma enorme almofada bordada com renda, em frente a uma tevê nova de tela plana.

Após a sesta, assistia à parte sarda do Giro d'Italia – a versão italiana da corrida ciclística Tour de France – e nos disse que a equipe italiana não estava indo "tão mal". Ela vestia o costumeiro traje preto, similar a uma *burqa*, e seus traços tênues estavam emoldurados por um xale de cabeça e as mãos murchas, parecendo pés de galinha, debatiam-se sobre o colo. Quando ela sorriu, mostrou um conjunto de dentes que exemplifica as armadilhas da prosperidade – os tapetes persas, o enorme armário cheio de pratos dourados e prateados, o candelabro de cristal pendurado no teto, a mesa de jantar em falso estilo eduardiano com um castiçal sobre a toalha de centro, os lambris de madeira e as cortinas que chegavam até o chão. A casa pertencia a seu sobrinho, e seu sobrinho era dentista, uma profissão que rende muito dinheiro na Sardenha e a verdadeira razão pela qual tantos centenários têm de se contentar com suas gengivas e um ou outro molar ou incisivo sobrevivente. Não é à toa que a macia lasanha é, de longe, o prato favorito entre os centenários que entrevistamos.

A criação de Mariangela também foi de um enorme contraste com a penosa pobreza enfrentada por seu primo, o órfão analfabeto que precisou trabalhar no campo aos 10 anos de idade. Ela nos disse, orgulhosa, que freqüentou a escola por cinco anos, e até há bem pouco tempo, antes de seus olhos piorarem, ela gostava de ler e de fazer bordados finos, que vendia para ganhar uns trocados. Quanto ao trabalho – foi uma surpresa saber que ela foi considerada uma criança doente e passou muito tempo no hospital, com "pulmões fracos". Eu teria adorado pôr as mãos em sua ficha médica para saber que probabilidade os médicos lhe davam de chegar a idade tão avançada. Seus pais nunca exigiram que ela trabalhasse, mas ela ajudava na casa. E, como Gonaria Soro, nunca casou – talvez devido a sua saúde, ou porque sua mãe precisava dela em casa, não ficou claro. Centenários podem ser tão evasivos quanto qualquer outra pessoa quando estranhos começam a bisbilhotar sua vida.

As dietas dos primos, particularmente, foram absolutamente opostas. Antonio Sias comia o pouco que conseguia, quando conseguia; Mariangela teve o luxo, tão raro na Sardenha de um século atrás, de poder escolher o que comer. "A alimentação é muito importante, é a coisa mais importante (para a longevidade)", ela disse. Gostava de queijo pecorino do rebanho da família, pão, macarrão caseiro e vegetais da própria horta. Mesmo tendo condições, eles "muito raramente" comiam carne e evitavam a gordura e as vísceras tão adoradas pelos outros centenários; e, extraordinariamente, para um nativo da Sardenha, ela nunca comeu salame nem outros embutidos "porque minha mãe dizia que não me fariam bem". E, luxo supremo, a família ocasionalmente se deleitava com uma lagosta, simplesmente fervida e temperada com limão e azeite de oliva, que os pescadores de Bosa, que fica muito perto, vendiam de porta em porta. Ela sempre gostara de frutas – para o almoço, hoje, exercitaria sua magnífica dentadura com uma maçã. Bebia um pouco de vinho tinto e, ao contrário de seu primo, nunca fumara. Mariangela nunca tinha ouvido falar da dieta mediterrânea mas, pelo que nos contou, sua família entendia bem seus princípios.

A ILHA DOS ANCIÃOS

Se algum dia o fã-clube do "gene da longevidade" quisesse um par de garotos-propaganda, seriam Antonio Sias e Mariangela Ruggiu, vivendo na mesma cidade e compartilhando os mesmos avós, mas sem muito mais em comum em sua vida completamente diferente – um pobre, a outra rica; um que trabalhou duro, a outra que viveu descansada; um que passou fome, a outra que escolhia o que queria comer; um analfabeto, a outra refinada e educada. Mesmo assim, eles completaram 100 anos com uma diferença de meses um do outro. E existiram muitos nonagenários e octogenários na família: o pai de Mariangela viveu até os 90, uma irmã mais velha, Antonia, tinha 96 e outra irmã, Sebastiana, 92. A oportunidade realmente despejou seu naipe de trunfos aqui, na ensolarada Suni.

Mariangela ainda conseguia andar, com um pouco de ajuda para subir e descer os traiçoeiros degraus de mármore. Seu sobrinho e a esposa estavam viajando, mas ela podia contar com uma extravagância, uma cuidadora em tempo integral, uma mulher de 25 anos natural da Romênia, chamada Claudia. Os sardos ficam estupefatos em ver como, depois de mais de um século se refugiando em outros países, agora sua pobre e velha ilha está atraindo seus próprios refugiados. Nos campos, nas cozinhas dos restaurantes e nos hospitais, pessoas das carentes novas democracias do leste europeu e das cruéis ditaduras do norte da África estão entrando ilegalmente por mar para fazer o trabalho mal remunerado que a Sardenha de hoje desdenha.

Não foi surpresa, diante de seu estilo de vida confortável, saber que Mariangela era otimista em relação à vida e suas probabilidades de ficar por aqui mais tempo. "A coisa mais importante (na vida) é seguir o conselho de seus pais e comportar-se bem e ser uma boa pessoa", ela disse. "Tenho de permanecer em boa forma e saudável. Se o

Senhor me permitir (alguns anos mais), tudo bem. Se Ele me quiser antes, eu irei. Não tenho medo da morte."

– Quantos filhos você tem, minha cara? – ela perguntou a Mayu quando saíamos.

– Atualmente, nenhum.

Ela ficou horrorizada:

– Mas quem cuidará de você quando ficar velha?

Com sorte, poderemos contratar uma cuidadora romena.

Isso é só uma pequena amostra, mas as atitudes dessas quatro mulheres eram comuns à maioria dos centenários que entrevistamos – mas não a todos. Elas vinham dos mais variados meios socioeconômicos e tinham idéias muito diferentes sobre alimentação e boa forma. Algumas vinham de famílias com os "genes da longevidade"; outras, não. Duas eram casadas e duas, não. Mas todas permaneceram mentalmente ativas, envolvidas com suas famílias, otimistas com a vida e sem medo da morte. Se pudéssemos ter acesso a seus ensaios escolares – quer dizer, das que aprenderam a ler e escrever –, poderíamos ver como elas seriam classificadas nos medidores de emoção positiva. Do jeito como está, podemos somente conjeturar, mas aposto que se sairiam tão bem quanto as freiras.

Mingau, bacalhau e leite de jumenta

CAPÍTULO 9

Como uma criança levada, ela tentou sorrateiramente pegar o frasco de porcelana pintada que continha biscoitos e estava sobre a mesa. Sua mão pálida e enrugada se arrastava, chegando cada vez mais perto, como um polvo albino encurralando sua presa, e então...

"Pare aí mesmo, mãe", disparou Maria Pala, arrebatando os biscoitos no último momento. "A senhora sabe que come doces demais."

Giuseppina Deidda franziu as sobrancelhas e fez um ar de enfado. Mais uma tentativa frustrada.

Estávamos sentados à mesa de jantar de sua residência, situada entre uma série de casas caindo aos pedaços numa minúscula *piazza* no pequeno povoado de Birori, tentando melhorar o humor desta rabugenta velhinha cuja total atenção estava agora concentrada em tentar saquear o frasco de doces. Sua filha foi até a sala ao lado em busca de fotos da família e, rápida como uma flecha, a tampa do frasco foi retirada, o papel prateado, rasgado e um bombom de chocolate foi sorvido para dentro da caverna de sua boca sem dentes. Um sorriso de triunfo fez tremer as feições marcadas de Giuseppina.

Na reta final de nossa jornada, alguns centenários desafiavam terminantemente qualquer padrão, qualquer gabarito científico.

A ILHA DOS ANCIÃOS

Giuseppina Deidda era um deles. Era a única centenária da família – de fato, a única que já havia vivido nesta cidade decadente no oeste da Sardenha. Birori, que ficou reduzida a somente 500 habitantes, já teria sido esquecida há muito tempo não fosse sua extraordinária herança arqueológica. Perto dali ficam duas antiqüíssimas *tombe di gigante* (tumbas de gigantes), uma enorme necrópole neolítica, guardada por uma falange de pedras em forma de barcos perfuradas por pequeninas portas oscilantes, cuja função é permitir que a alma dos mortos partam.

Giuseppina não somente era destituída do "gene dourado" em sua família imediata – o melhor que ela podia lembrar era uma prima que ainda estava bem forte aos 97 –, mas não era, absolutamente, uma pequenina fada centenária. Era uma mulher grande com um grande apetite, e estava pagando por isso. Na cômoda atrás dela estava a farmacopéia que a mantinha viva, controlando sua pressão alta e sua diabete. Quanto a sua classificação no quesito "emoções positivas", como se sua boca, com os cantos permanentemente puxados para baixo, já não fosse sugestiva o bastante, ela atacou Simonetta com um sonoro "F...-se!" quando ela pediu tempo para traduzir.

Localizá-la tinha sido um quebra-cabeças, pois sua filha e cuidadora Maria Pala, ela própria com quase 70 anos, tinha conseguido nos dar o número da casa e do telefone errados. Ficamos dando voltas na pequena praça naquela tarde quente, batendo em portas que não atendiam e espiando através de janelas sujas de salas de visitas há muito tempo abandonadas. Não havia um pedestre sequer a quem pedir informações nessa silenciosa e deserta cidade-fantasma. Acabamos encontrando-as, num sobrado ladeado por duas ruínas, junto a um terreno com figueiras e oliveiras e uma horta de alcachofras. Maria nos levou até a sala da frente, a melhor da casa, onde uma foto do finado marido de Giuseppina, um viking de farta barba ruiva chamado Basilio Pala, estava pendurada na parede. Sobre uma mesa havia placas comemorativas de seu centésimo aniversário, do papa e do conselho local, assim com uma estatueta de prata de Luca Deiana, o biólogo molecular. Fiquei me perguntando se, contra todas as probabilidades, ele teria encontrado algum indício de seu genoma da longevidade em Giuseppina.

Uma mulher de aparência determinada com queixo quadrado e rugas profundas de carranca sobre o nariz adunco, ela nos esperava sentada à mesa de seu quarto, vestida com roupa de lã preta, com seu espetado cabelo grisalho preso em um coque. Era um quarto despojado e caiado, com uma grande lareira no canto, uma cômoda, uma geladeira barulhenta e uma estreita cama de solteiro de ferro. Este era seu mundo, o lugar onde, nos últimos 45 anos, sua filha – empregada e governanta, cozinheira e faxineira – havia cuidado dela. Os chinelos pretos nos pés de sua mãe nos diziam que ela nunca saía.

Como outras filhas dedicadas que encontramos, Maria nunca se casou nem tinha coragem de sair de casa a não ser que sua mãe estivesse dormindo, com medo do que ela poderia aprontar. "É isso que uma filha deve fazer", disse essa mulher atormentada. "Eu nunca seria capaz de colocá-la em um asilo; ela morreria em uma semana."

Talvez fosse esse o primeiro indício de demência; afinal, Giuseppina tinha 106 anos de idade. Mas ela e sua filha discutiam a todo momento, o que nos fez sentir um tanto desconfortáveis. Elas não conseguiam concordar nem com o cardápio do almoço.

– Raviólo – disse Maria.

– Não – disse sua mãe –, você comeu todo.

A certa altura, Giuseppina deu um doído tapa no rosto da filha, e depois a mais jovem retaliou com dois tapinhas de brincadeira, e pegou o rosto da mãe entre as palmas das mãos.

— A senhora é uma criança — ela ralhou.

Como freqüentemente acontece com os muito velhos, as lembranças da juventude são mais claras do que os acontecimentos recentes. Falando em seu dialeto local, ela nos contou que era um dos sete filhos — todos os outros já faleceram há muito tempo — do prefeito desta cidade, um agricultor de certo peso. Enquanto falava, sua filha colocava *pavesini*, pequenos palitos de bolacha champanhe, naquela boca voraz, para mantê-la apaziguada. Ela cresceu em uma "casa grande", que, na verdade, era a ruína ao lado, que hoje parece mais um estábulo do que a residência do prefeito, com uma castanheira no jardim e carneiros, vacas, cavalos e jumentos. Eles sempre tiveram o bastante que comer: macarrão, que para muitas pessoas nessas aldeias paupérrimas era um luxo, com queijo e azeite de oliva, ou o ubíquo molho de tomate. Ela gostava de um gole de vinho tinto e reclamou amargamente: "Eles não querem me dar vinho agora... mas de vez em quando eu tomo assim mesmo".

Tinha trabalhado duro quando jovem, ela disse, então talvez esse peso extra que ela hoje carrega fosse o resultado de sua atual imobilidade, assim como de seu gosto por doces. Com 12 anos foi para o campo cuidar das ovelhas e era conhecida por seus lindos bordados. Sua filha trouxe um lençol que ela havia bordado para sua noite de núpcias, há 80 anos. Mas hoje ela não saía de casa nem para ir à igreja, já há mais de dez anos. O dia inteiro, só assistia a tevê e discutia com sua sofrida filha.

Perguntamos qual era o segredo de sua longevidade — os centenários de todo o mundo adoram que lhes perguntem isso porque lhes dá a oportunidade de pontificar sobre sua fraqueza preferida, particularmente as idiossincrasias dietéticas. Montei minha pequena coleção particular delas, a partir de recortes de jornais, enquanto pesquisava para este livro: Mabel Mustard de Moray, do norte da Escócia, atribuiu seus 100 anos ao fato de comer mingau todos os dias; Elva Wagerman, do Arizona, chegou aos 106 declarando que sua mente e corpo sadios eram fruto dos sanduíches de cebola, embora isso deva ter acabado com sua vida social; uma salvadorenha, Cruz Hernández, alegava ser a pessoa mais velha que já viveu e disse que chegou aos 128 por causa de sua bebida favorita, uma cerveja com dois ovos crus; um agricultor turco, Hasan Alagoz, sobreviveu até os 118 alimentando-se de manteiga e mel; Maria Esther de Capovilla, uma equatoriana que morreu em 2006, alguns dias antes de completar 117 anos, apreciava um copo de leite de jumenta; Emilio Mercado Del Toro, de Porto Rico, chegou aos 114 jantando *funche com bacalau*, um prato caribenho feito com bacalhau seco cozido, milho, leite e manteiga; o cubano Benito Martínez Abrogán, outro que alega possuir o título de pessoa mais velha do mundo, disse que chegou aos 126 porque comia mandioca cozida na banha de porco e "nunca enganou ninguém nem disse nada ruim para outras pessoas". Chan Chi, de Hong Kong, talvez discípulo do taoísmo, ofereceu a explicação mais original que já encontrei: ele alcançou os 107 porque não fazia sexo havia 77 anos, desde a morte de sua esposa, durante a II Guerra Mundial.

Infelizmente, Giuseppina se perdeu um pouco com as palavras quando soltei a pergunta. "Eu vivo um dia de cada vez", foi tudo o que ela conseguiu produzir. O que a tornava diferente de seus contemporâneos? Havia entendido mal a pergunta e, com evidente satisfação, relatou rapidamente uma longa lista de nomes e apelidos de todos os seus colegas de escola, todos eles já mortos. E a medicina moderna – todos aqueles comprimidos na cômoda? Ela não achava que devia muito ao seu médico?

"Eu o odeio", ela berrou. "Se ele chegar perto de mim eu arranco seus olhos." Decidimos que já era hora de deixá-las sozinha; despedimo-nos e rumamos para a porta. Enquanto Pala nos acompanhava até a saída, percebemos mais um movimento daquelas rechonchudas mãos pálidas – furtivamente, a tampa do pote se abriu e mais dois chocolates foram sorrateiramente engolidos.

Independente de seu catolicismo – que parecia ser mais um hábito do que uma prática hoje em dia – e seu estilo de vida tranqüilo, eu podia ver muito pouco que motivasse um pesquisador a colocar Giuseppina Deidda em qualquer lista prospectiva de centenários. Sua longevidade parecia inexplicável, sem bases na natureza ou na alimentação, e pouco provável de ter sido passada para seus três filhos ainda vivos. Ela comia muito, da comida "errada", e não se exercitava, era rabugenta e tinha má-vontade, além de ter os principais indicadores de doenças fatais: diabetes e hipertensão. E mesmo assim tinha sobrevivido, razoavelmente intacta, até a notável idade de 106 anos, mais de 25 além da idade em que seus compatriotas sardos, em média, batem as botas. Não pela primeira vez fiquei imaginando se o professor Deiana estava errado quando rejeitou a sorte como o menos significativo de toda a cadeia de complexos fatores envolvidos na longevidade.

Nas montanhas de Ovodda, repousando ao lado de uma crepitante fogueira de toras de madeira para espantar o vento frio que vinha das montanhas com densas florestas, estava outra anciã que não se encaixava nas teorias científicas sobre as pessoas que vivem até os 100. Ela tinha conhecimento de outros quatro centenários, com um sexto a caminho, em uma cidade de 1.700 habitantes – uma proporção extraordinária de quase 300 centenários para cada 100 mil pessoas. Proporcionalmente, eles tinham 20 vezes mais probabilidade de se tornarem centenários do que outros europeus ou americanos – uma pessoa em cada 340 que vive aqui verá seu próprio aniversário de 100 anos, se a tendência continuar.

Ovodda é uma cidade engraçada, com as costumeiras ladeiras íngremes e confusas despencando sobre a encosta, com fileiras de casas de concreto e reboco, sem nenhuma característica especial, que costumamos encontrar na Sardenha rural. Fantasiando sobre nossa viagem quando saímos da Austrália, tínhamos imaginado uma paisagem como as da Toscana ou da Úmbria, pontilhada com fazendas de cartão-postal, um cenário "diagramado e perfurado – aprisco, alqueive e arado", como Gerard Manley Hopkins certa vez descreveu o interior da Inglaterra.

Em vez disso, encontramos grandes extensões de charnecas ressecadas pela estiagem e pastos desertos, exceto pelos ocasionais pastores conduzindo algum pequeno rebanho de ovelhas esqueléticas de olhos amarelos. O silêncio é quebrado somente pelo som de seus sinos, e o do vento nos juncais ao longo dos riachos – não meros juncos raquíticos, mas plataformas que pareciam aduelas de bambu de três ou quatro metros de altura. As casas ficam todas amontoadas nas aldeias, uma distribuição que, originalmente, deve ter tido razões defensivas, com os pastores e agricultores deslocando-se diariamente para as colinas para cuidar dos rebanhos e cultivar os campos. Elas parecem mais pesadas na parte de cima, têm normalmente quatro andares que acabam com nossas pernas, mesmo quando possuem somente sete ou oito cômodos, devido ao fato de que, a cada nova geração, em vez de comprar mais terreno e crescer para os lados, os camponeses construíam para cima, sobre os mesmos alicerces que abrigavam a cabana de pedra original de seus ancestrais.

A casa de Maria Giuseppa Vacca, quando finalmente conseguimos encontrá-la, era a exceção que confirma a regra. Aconchegada atrás da muralha da cidade, ela não se encaixava nos padrões, parecendo mais uma vila toscana do que um sobrado sardo. Uma bela construção de dois andares, cercada por um imenso jardim com árvores frutíferas e uma plantação de vegetais – uma treliça colocada em um dos cantos sustentava uma enorme e antiga trepadeira de kiwi. Quando a encontramos, faltavam somente duas semanas para seu aniversário de 104 anos. A família estava planejando uma festa-surpresa e o pároco local viria até a casa para rezar uma missa especial.

Ela nos esperava no saguão, a sala de outra família temente a Deus: à mostra havia uma enorme Bíblia, muitos artigos católicos e uma foto de uma de suas filhas, Maria, fazendo seus votos de castidade, pobreza e obediência perante o papa João Paulo II. A outra religião da casa era o futebol. Na parede havia uma fotografia de um dos filhos da senhora Vacca, Gianfranco Matteoli, antigo astro da Inter de Milão, agora de volta a sua terra natal, dirigindo o time do Cagliari. Era uma sala escura, com pesadas cortinas de renda que barravam os poucos raios de sol que penetravam a folhagem da trepadeira.

Pequena e troncuda, Maria era muito mais vivaz do que Giuseppina Deidda, mas, falando proporcionalmente, igualmente gorducha. Tinha pneus de gordura amontoados sob o queixo e estava criando uma bola de rúgbi sob sua camisa preta. Ela também estava pagando o preço por desfrutar, em idade avançada, alguns dos luxos que lhe foram negados quando criança e hoje tinha de tomar medicação para pressão alta. Ela conseguia andar com alguma ajuda, mas hoje em dia raramente saía de casa, como indicavam seus chinelos pretos. Embora estivesse óbvio que comia demais para seu nível de atividade, ela disse que a vida inteira tinha comido alimentos plantados em casa, nunca comera sanduíches e raramente comprava algo no supermercado. Quando era jovem, eles costumavam comer uma versão caseira do *pane carasau*, com queijo e batatas – esta cidade montesa era muito fria e famosa por suas batatas – e, ocasionalmente, seu pai, um agricultor, matava um carneiro, que ela cozinhava para fazer o temível *pecora in cappotto*. Tudo isso está longe de fazer parte da dieta mediterrânea, embora hoje Maria afirme que está comendo coisas mais leves. No almoço do dia em que a visitamos, por exemplo, ia tomar um pouco de sopa de ervilhas frescas, um pequeno pedaço de vitela picada (ela não tinha mais dentes) e refogada em azeite de oliva, e uma pêra. Ela nunca fumou e nunca bebeu vinho.

– A senhora alguma vez comeu um hambúrguer? – perguntei, intrigado por seu horror a comida processada.

– Um o quê? – ela respondeu, apelando para sua filha Gracia Curreli, para uma explicação sobre essa comida exótica. – Não, prefiro carneiro ou *porcheddu* (porco assado).

Aliás, em todas as nossas viagens através da Sardenha nunca vimos um McDonald's.

Gracia Curreli tinha 75 anos e era uma mulher atarracada, que tinha um sorriso simpático e mãos marcadas pelo trabalho pesado. Como as muitas solteironas cuidadoras que conhecemos, ela tinha vivido nesta casa toda a vida, primeiro ajudando a mãe no serviço de casa, depois cuidando de seus pais idosos. O pai, Elias Curreli, fora um agricultor que morreu aos 83 anos de complicações com a diabetes – "doenças do estilo de vida" como esta, que já foram raras na Sardenha rural, agora estão se tornando mais comuns, infelizmente, com a entrada do açúcar refinado e de amidos na dieta tradicional. Uma das muitas ironias da vida no campo hoje em dia é que as garrafas plásticas de um litro e meio de vinho tinto caseiro, rico em resveratrol, colocadas na mesa de jantar quase sempre serviram como recipientes para Coca-Cola ou algum outro refrigerante cheio de gás e açúcar.

Curreli nunca saía de casa e não se casou. "Era meu dever ficar aqui e cuidar da família... foi minha escolha e não me arrependo de nada", ela diz. Mas e se ela se considerasse incapaz de cuidar da mãe? "Eu nunca permitiria que a colocassem em um asilo. Se ela precisar de cuidados extras, eles (os cuidadores) terão de vir aqui em casa."

Maria teve uma infância difícil e penosa – foi a primeira a nascer e por isso teve de desempenhar muitas tarefas na casa. Em um gesto teatral, ela deu de ombros quando lembrou que caminhava com dificuldade através da neve do inverno para lavar as roupas no riacho. "As pessoas iam dançar na *piazza*, mas eu não", disse. "Nunca tive tempo de me divertir com essas coisas. Tive de trabalhar minha vida inteira." Ela se casou com um homem de uma aldeia vizinha, distante somente 10 quilômetros, mas a um dia de caminhada de ida e volta pelas montanhas, para os que não tinham dinheiro para comprar um cavalo. Naquele tempo havia somente uma trilha, não uma estrada, ligando Ovodda ao resto do mundo. Eles criaram sete filhos, mas um morreu na infância, de doença desconhecida. "Eu tive uma vida boa", ela disse.

Se não havia nada de especial sobre a alimentação no balancete da longevidade, Maria se deu um pouco melhor pelo lado da natureza. Ela é a primeira centenária de sua família, ou a primeira de que se tem notícia, mas dois irmãos viveram até 84 e 85 anos, e sua irmã mais jovem, Louisa, esperava chegar aos 100, mas morreu quatro anos antes. E depois, novamente, quando repassávamos seu histórico familiar, o assunto da malária veio à tona – com muita freqüência para ser mera coincidência. Neste distrito a doença tinha sido avassaladora e Maria, apesar de ter sobrevivido, perdeu três de seus 12 irmãos, três irmãs. O professor Deiana veio aqui entrevistá-la e tirou um pouco de sangue para uma análise de DNA, e perguntei se ela achava que o seu genoma podia conter a chave – quem sabe a deficiência de G6PD que protege contra a malária – para uma vida mais longa para todos. A resposta dela me surpreendeu. Dando pequenos goles de uma pequena xícara de café que continha uma mistura de 50% de café preto e 50% de açúcar branco, ela disse: "O professor Deiana não decidirá nada. A vida longa quem decide é Deus... e, é claro, alimentos cultivados em casa".

Mais uma incrédula, ou talvez alguém que acredita no sobrenatural acima da ciência. Mas, como aconteceu com Giuseppina Deidda, não havia um motivo claro para que Maria Vacca, entre todos os habitantes desta cidadezinha, tivesse sido escolhida para chegar a uma centena de anos – a única de sua família de 13 a viver tanto tempo. Ela estava acima do peso, tinha pressão alta, comia "de tudo" (embora evitasse alimentos processados) e não se exercitava, pelo menos atualmente. Poderia ter alguma vantagem genética, quem sabe, mas se fosse algo simples, como uma anomalia herdada, certamente os cientistas já a teriam rastreado e engarrafado.

Sobraram outros três fatores, os mais difíceis de medir. Maria tem os cuidados e a companhia de sua filha e de sua enorme família que freqüentemente a visita. Seus filhos e seus 15 netos têm as chaves da casa e podem entrar e ficar o tempo que desejarem. Ela acredita em Deus e sintoniza regularmente a missa do Vaticano na Rádio Maria. E tem, senão uma atitude tão jovial perante a vida quanto a das freiras, um ar fleumático de resignação tipicamente sardo. Quando perguntei quanto tempo achava que ainda viveria, ela simplesmente disse: "Deus é quem decide".

O pequeno povoado de Teti era um lugar apropriado para terminarmos nossa busca. Grudada em uma serra rochosa, bem acima do rio Tino, Teti é uma das três cidades que constituem o Triângulo Doura-

Giueseppina Deidda

do da longevidade, bem no centro da Zona Azul do professor Deiana, no coração agreste da Barbagia. As outras duas são a cidade natal de Maria Vacca, Ovodda, e Tiana, onde vivia Antonio Todde, o homem mais idoso do mundo. Tendo como único acesso uma estrada íngreme e estreita que serpenteia pelas áridas montanhas, cujas curvas são de arrepiar os cabelos, Teti é uma aldeia silenciosa, estática, que mais parece um asilo que uma municipalidade, onde um em cada dez dos 773 habitantes remanescentes tem mais de 80 anos, com a maior expectativa média de vida da Itália, sendo que um em cada 40 habitantes tem mais de 90 anos. A emigração em massa dos jovens, naturalmente, contribuiu para esses bizarros dados demográficos, mas não há dúvida de que a população que aqui ficou vive até uma idade anormal.

Clelia Galisai era a matriarca da aldeia. Nascida em 16 de maio de 1905, acabara de comemorar 102 anos quando a visitamos. Esses nomes antigos, como Clelia e Efisio, incidentalmente, têm uma ressonância nostálgica para os italianos, tanto quanto Agatha, Jemina ou Wilfred podem ter para os nativos de língua inglesa, nomes que lembram água de rosas, polainas e rapé. Clelia Galisai foi batizada com o nome de uma das filhas de Garibaldi, que teria sido uma jovem que vivia exilada na ilha Caprera quando ela nasceu. Mais uma vez, deparamos com uma centenária que obstinadamente se recusava a caber no estereótipo que vínhamos pacientemente tentando construir nos últimos dois meses.

Como a família Mereu, em Urzulei, as três filhas de Clelia dividiam o fardo de cuidar da mãe revezando-se em abrigá-la. Este mês era a vez de Maria Tidu, que mora em uma rua alta com vista estonteante para pequenos bosques de oliveiras e pastos de ovelhas nas montanhas distantes. "Nunca a colocaríamos em um asilo", disse a senhora Tidu. "Ela é nossa rainha."

Infelizmente, Sua Majestade não estava muito bem no dia de nossa visita. Era outra mulher grande com bochechas salientes caindo sobre uma boca que tinha dobrado sobre si mesma, aproximando demais as pontas de seu queixo e de seu nariz. Ela tinha olhos castanhos lacrimosos que se esforçavam para fazer foco e a cabeça coberta por cabelos da cor de estanho velho amarrados atrás por um nó e diversos grampos. Apesar de haver um grande sol brilhando no céu e de a temperatura estar por volta dos 30 graus, Clelia usava um cardigã preto sobre o vestido de lã preto e estava sentada apoiada em almofadas coloridas em um sofá de couro preto, aquecendo-se diante de um aquecedor a gás enquanto assistia a um programa de perguntas e respostas na tevê de tela plana.

Depois que achamos o ouvido certo para falar com ela (o direito funcionava melhor) conseguimos nos comunicar, embora em dialeto – Clelia nunca aprendera o italiano. Infelizmente, sua memória não estava muito boa. Com um pouco de estímulo de sua filha, ela também viúva, disse-nos que não havia um histórico de longevidade em sua família. Embora seu irmão Battistino ainda estivesse muito forte aos 84 anos e três de seus seis filhos tivessem morrido entre os 60 e 70 anos, não havia o tal "gene dourado". E quanto ao estilo de vida?

"Duro", ela disse. "Trabalho duro." Ela vinha de uma família de pastores pobres e, quando era criança, tinha de dormir no chão porque não havia cama.

Ela tampouco teria se saído muito bem no quesito educação do Estudo das Freiras – praticamente não tinha ido à escola, mal conseguia ler e brigava para escrever o próprio nome. Quando era pequena, foi enviada para as montanhas para cuidar de ovelhas, uma vida solitária e isolada. Sua dieta consistia em "o que houvesse". Hoje, a facilmente mastigável lasanha e o ravióli são seus pratos preferidos, mas, como

Maria Vacca, Clelia insistiu que ainda comia somente "coisas naturais" oriundas da pequena propriedade da família, incluindo vinho caseiro e nunca comida processada ou congelada.

Seu segredo? "Viva em paz, trabalhe muito, coma coisas boas e desfrute um bom copo de vinho." Talvez acidentalmente ela tenha omitido Deus em sua fórmula de longevidade – ela costumava freqüentar a igreja até completar 100 anos.

Clelia se casou aos 25 anos com um viúvo que tinha dois filhos, uma prática comum naquela época. "O casamento não costumava ser por amor, era por necessidade", nos dissera a socióloga Paola Melis. "Era simplesmente impossível alguém criar uma família sozinho." Mesmo assim, a vida deve ter sido uma batalha constante, pois eles criaram seis filhos nesta aldeia desolada. "Eu tinha de dar duro mesmo quando estava grávida", Clelia nos contou.

Esses breves períodos de conversa demoraram mais de uma hora. Mesmo para os padrões dos outros centenários, tirar alguma informação de Clelia era como arrancar dentes, ou seria, se ela tivesse algum. Ela ficava ali sentada manipulando as contas de madeira de seu rosário sobre o colo, tentando com afinco nos ajudar, mas conseguia lembrar muito pouco.

De repente, como se tivéssemos ativado uma sinapse lá no fundo da zona de memória de seu cérebro, ela começou a cantar uma música com uma voz estridente e desafinada. Trechos de cantigas de ninar de sua infância, versos de hinos, os mesmos fragmentos de músicas, repetidamente. Sua filha não lhe pedia que parasse, então combinamos de levá-la para passear em sua cadeira de rodas. Foi um empreendimento e tanto. Quando Maria Tidu tentou levantar sua mãe do sofá, pudemos perceber que ela não somente era gorda, mas mais alta que a filha, e as juntas de seus quadris não funcionavam mais como antigamente. Com os braços enlaçados, as duas velhas viúvas de preto valsaram vagarosa e penosamente na direção da cadeira de rodas. Em seguida, ainda cantando, Clelia foi dar uma volta ao redor da buganvília roxa e dos vasos floridos. Quem diria que viver, mesmo que seja por esses breves momentos, não vale a pena?

De todos os centenários que conhecemos, Clelia Galisai era uma das mais incomuns. Além de viver em uma linda e despoluída cidade nas montanhas, ter dado duro a vida inteira, acreditar em Deus, pertencer a uma família e a uma comunidade que mantêm laços estreitos e ver o lado positivo da vida, como Maria Vacca e Giuseppina Deidda, não havia uma razão especial que pudéssemos identificar para ela ter vivido tanto tempo. Talvez estivéssemos fazendo as perguntas erradas. Ou talvez estas fossem as respostas certas. E, nesse caso, como explicar que ela fosse a única centenária de Teti, uma aldeia onde quase todos tinham o mesmo estilo de vida, com a única óbvia exceção dos homens que fumavam aqueles fedorentos charutos Toscani e invariavelmente morriam alguns anos mais jovens do que suas esposas não-fumantes? No caso de Clelia, de qualquer maneira, a genética, a educação, o acesso a cuidados de saúde e a alimentação – ela pode ter comido "coisas naturais", mas obviamente comeu muito, pelo menos nos últimos anos – parecem não ter importado de maneira alguma. Ela zombou da maioria, mas não de todas, as teorias que tínhamos explorado.

Então, como a nossa busca estava terminando, nosso carro desceu pelas montanhas com nossos *laptops* cheios de informação, o gravador lotado com mais de cem horas de entrevistas, nossa câmera carregada com mais de mil imagens de centenários e das estranhas e surpreendentes paisagens que eles habitavam. Já estávamos viajando fazia mais de um mês e, de repente, o verão havia chegado a Cagliari. Os jacarandás ao longo do lindo bulevar do Largo Carlo Felice haviam escondido um grande número de heliotrópios em flor. Os cafés ao ar livre em volta da Piazza Yenne estavam cheios de jovens em roupas de verão tomando sorvetes multicoloridos. Rapazes ociosos jogavam conversa fora no bar local, o Café Inerzia – nome perfeito para um café de Stampace. Ao longo da praia Poetto, o Lido de areia da cidade, garotas de *topless* se aqueciam ao sol enquanto nigerianos em seus robes coloridos vendiam bolas de praia, brinquedos mecânicos e – escondidos atrás das cabines de praia – drogas que o freguês escolhia de acordo com um complicado código, puxando um dos fios coloridos que eles amarram em volta de seus pulsos.

Enquanto estivemos fora, lemos que o jornal *L'Unione Sarda* tinha declarado guerra à burocracia paralisante da Sardenha, reclamando que seis meses para obter o resultado de uma mamografia, dois anos para uma permissão para construir e 57 anos para terminar um famoso julgamento eram demais. Desejei-lhes sorte. Qualquer lugar onde seja necessária uma identificação com foto para se hospedar em um hotel, comprar um telefone celular ou usar a internet em um café, enquanto a maior parte dos bancos e todas as repartições públicas fecham por três ou quatro horas no meio do dia e onde se podem comprar bilhetes de ônibus nas tabacarias e pagar para estacionar em bares, não seria fácil mudar.

– Descobriu o segredo? – perguntaram nossos novos amigos.

– Bem, sim... e não.

Alguns dos centenários que conhecêramos tinham os "genes dourados" – e eles prevaleciam especialmente nas comunidades antigas e endogâmicas das montanhas de Barbagia e Ogliastra. Isso foi mais notável com famílias como a dos Todde, na pequena Tiana, com quatro centenários e três pessoas com mais de 90 anos na mesma geração. As probabilidades de isso acontecer por coincidência estão na casa dos bilhões, em território de DNA semelhante. Como previu o doutor Pirastu, ainda não tínhamos encontrado um centenário morando em uma cidade grande, mas isso não quer dizer que eles não existam – há cerca de 30 em Cagliari –, mas sim que as grandes municipalidades são mais cheias de burocracia do que as acolhedoras pequenas comunidades e se recusam a nos ajudar com algum tipo de apresentação.

Depois de mais de uma década de estudo e investimento por parte do governo e do setor privado, as diferenças genéticas precisas (além do G6PD) que existem entre essas pessoas altamente longevas e outros sardos ainda desafiam a compreensão da ciência. A identificação e síntese de uma ou mais proteínas para imitar os efeitos dessas anomalias herdadas – em outras palavras, a pílula ou poção da longevidade – está a anos, senão décadas de distância. Se isso realmente acontecer, e se pudermos encontrar as respostas para o complexo que envolve custo e questões de lucro líquido que tal descoberta inevitavelmente acarretaria.

No lado alimentar da equação, as coisas eram ainda mais complicadas. Alguns de nossos centenários estavam em excelente forma e ativos e tinham sido assim a vida toda, subindo e descendo as montanhas com seus carneiros e cabras. Salvatore Spanco, o elfo dançarino de Serdiana, com sua bicicleta e sua máquina de perder peso, é a imagem que me vem à mente. Muitos deles – mas não todos, encontramos alguns pesadões – são pequeninos feito passarinhos, como nossa aniversariante de 109 anos Raffaela Monne, de Arzana. Sabemos, por meio dos estudos com ratos, que a "restrição calórica" é a única maneira comprovada de prolongar a vida de animais de laboratório, e muitos sardos que cresceram em condições muito pobres, por volta da virada do século XIX, nunca tiveram muito o que comer. Talvez isso compense o fato de que o que eles comiam estava longe do que consideramos uma dieta mediterrânea saudável, embora, mais uma vez, houvesse exceções. Pensem no caro Domenico Carta, com seus jantares de brema do mar.

Acreditamos que antioxidantes como o resveratrol, encontrado em abundância nos robustos vinhos tintos sardos, e o licopeno, presente no molho de tomate do macarrão, o prato nacional da Sardenha, retardam o "enferrujamento" dos sistemas corporais e, conseqüentemente, prolongam a vida. Certamente, Antonio Argiolas, nosso produtor de vinhos de 100 anos, nos levaria a acreditar nisso. Mas fora esses não encontramos nenhum outro elixir dietético comum, a menos que se descubra que carneiro cozido e porco crocante tenham propriedades milagrosas de longevidade, ou que os cientistas descubram alguns perigos fatais antes insuspeitados nos vegetais.

Tínhamos encontrado pessoas vivendo em um ambiente árduo, mas puro, distante da fumaça, do clarão das refinarias e das torres de transmissão da Europa industrial, embora os benefícios de um estilo de vida rural fossem difíceis de quantificar, a despeito de loquazes afirmações como "viver em (pode ser Londres/Nova York/ Tóquio/ Sydney) faz tanto mal quanto fumar um maço de cigarros por dia". Também, é claro, viver no campo pode ter um efeito nocivo, pois os tratamentos de saúde eram inexistentes nessas aldeias até depois da II Guerra Mundial, ou então caros demais. Em geral, encontramos pessoas ocupadas demais com a batalha da sobrevivência diária para acumular estresse – embora, mais uma vez, além da evidência epidemiológica de que os profissionais religiosos vivem mais tempo do que os leigos, não podíamos provar que efeito, se há algum, o estresse tem sobre a duração da vida.

A ILHA DOS ANCIÃOS

Partindo daí, escorregamos para o domínio mais misterioso da psicologia social, a terra de ninguém entre o exército fortemente armado da ciência e as hordas de autores "místicos", o proselitismo dos charlatões da saúde, os pregadores, os palestrantes motivacionais, os que pregam estilos de vida alternativos, os mascates do desenvolvimento pessoal e mercadores do lucro fácil de toda estirpe. Destacando-se dentro desse inconsistente miasma de desinformação encontram-se algumas – bem poucas – ilhas sólidas de fatos cientificamente verossímeis, como o Estudo das Freiras. Então, o que podemos aprender de verdade quando aplicamos suas lições aos centenários da Sardenha? No conjunto, eles parecem ter uma imperturbável e, sim, sardônica aceitação das cartas que a vida lhes reservou, que poderia ser classificada como uma atitude "positiva". Não é de sua natureza reclamar, e muitos dos homens, particularmente, classificam "portar-se bem com os outros" como a lição mais importante da vida. Então, acrescente alguns anos. Mas se a educação e a "densidade do pensamento" também precisam ser consideradas, então esses incultos e, em alguns casos, analfabetos, devem estar no fundo da balança. Subtraia alguns anos. Podemos pisar em terreno mais sólido quando olhamos para o papel que a religião exerce na vida deles – especialmente nas mulheres. Você pode decidir por si próprio se é Deus (se é, por que ele escolheu Maria Vacca para chegar aos 100 anos e não sua igualmente virtuosa irmã de 96?) ou se é o aconselhamento, o conforto e a companhia que a comunidade da paróquia proporciona. E, bem óbvio, o sacrifício e o apoio de sua família são importantes, mas o efeito que isso pode ter exercido sobre todas aquelas solteironas de preto que – como as freiras – abdicaram de uma vida própria pelos outros, ainda está para ser visto.

Este livro não prometeu respostas fáceis. Se quiserem maximizar suas próprias chances de uma vida longa e saudável, de viver tanto quanto os sardos, não desperdicem seu dinheiro em um livro de dieta nem

Maria Giuseppa Vacca

em um programa de saúde. Simplesmente escolham seus pais de modo sábio e lembrem que até que as leis da termodinâmica sejam revogadas, se as calorias que você consome ultrapassarem as calorias que você queima se exercitando você irá engordar, e as pessoas mais gordas – como nos lembrou o professor Everitt – morrem mais cedo. É simples assim.

O que me propus fazer foi permitir que um notável grupo de pessoas, suas famílias e seus amigos e médicos, pudessem dizer por que achavam que tinham chegado a uma idade tão avançada e que lições eles tinham aprendido com a vida. Se você somar a idade das 24 pessoas que entrevistamos, chegará a quase dois milênios e meio, o equivalente a uma duração de vida cumulativa que se estende até 500 anos antes de Cristo. Então, seguramente, pelo menos vale a pena ouvi-los. Fomos privilegiados por conhecer uma população única em um momento único no tempo, que o mundo nunca mais verá igual. Poderão suas idéias ser colocadas na matriz da última pesquisa sobre a longevidade, para ver se elas têm algum sentido científico? Em alguns casos (genética, exercício, restrição de calorias), pode ser. Em outros (especialmente a dieta), não pode. Alguns dos centenários, como o fumador de charutos Antonio Sias, deveriam ter morrido há muitos anos e não tinham idéia das razões pelas quais sobreviveram tanto tempo. Nem é provável, embora lhes desejemos boa sorte, que o professor Deiana ou o doutor Pirastu cheguem tão cedo ao elixir protéico da longa vida.

Então, o segredo é: não há segredo. Simplesmente evite o *pecora in cappotto* caso apareça por lá. E lembre-se de dizer *A kent'annos* a todos que encontrar, especialmente aos que moram nas montanhas de Ogliastra, que têm as maiores chances do mundo de chegar aos 100, mesmo que não saibamos, de fato, por quê.

EPÍLOGO

Embora ainda não haja explicação cientificamente comprovada para a extraordinária longevidade dos *anziani* da Sardenha, nossa busca não foi, de modo algum, uma perda de tempo. Espero que tenham apreciado conhecer esses grandes sobreviventes – nós apreciamos. E espero ter conseguido transmitir a vocês um pouco da terra, do povo, das paisagens, da história e da comida de lá.

Desde que voltamos, foram comemorados alguns aniversários e – infelizmente, mas não inesperadamente – alguns funerais entre os centenários que entrevistamos. Aqui está uma rápida atualização da situação deles:

- Raffaela Monne, a gentil senhora cujo aniversário de 109 anos nós ajudamos a comemorar, na cidade de Arzana, faleceu alguns meses depois.

- Salvatore Spano, o elfo dançarino de Serdiana, deu uma festa de arromba para marcar seu século e, com 100 anos, apresentou-se na procissão de Páscoa.

- Antonio Argiolas sedimentou seu título de produtor de vinhos mais velho do mundo quando completou 101 anos, um dia após o Natal, e esperava ter uma colheita abundante.

- Na pequena Orroli, Rita Lobina ainda era uma garota de cartão-postal. Ela completou 101 anos no final de 2007, embora sua família esteja preocupada com sua saúde.

- Os vizinhos de Rita, Silvia e Efisio Piras, chegaram mais perto de completar seu extraordinário 77º ano de casamento. Efisio deu uma grande festa com todos os seus parentes para comemorar seus 101 anos, em março de 2008, e Silvia aguardava ansiosamente completar 99, em novembro de 2008.

- Cercada de relíquias religiosas em seu pequeno apartamento em Santu Lussurgiu, Salvatorangela Fragola rezava pedindo mais alguns meses de vida – ela fará 100 anos em dezembro de 2008.

- No asilo San Giovanni, Lorenzina Salaris, frágil mas ainda capaz de se virar sozinha, com uma ajudazinha, chegara aos 103.

- Na cidade costeira de Sa Rocca Tunda aconteceu a última festa de aniversário de Anna Maria Fadda, em julho de 2007, quando completou 108 anos – ela faleceu cinco meses depois.

- Jolly Rosa Pireddu, a centenária favorita de Macomer, comeu demais (novamente) na festa de seu aniversário de 101 anos, em fevereiro de 2008.

- A festeira Anna Mattu recebeu todos os amigos – incluindo seu "namoradinho" – para a festa de seus 100 anos, como planejado, e ainda recebia flores e dava um pulinho no café de Tiana para um *espresso*.

- Ainda seguindo sua dieta mediterrânea e caminhando para a igreja quando o tempo está bom, Domenico Carta aguardava ansiosamente seu aniversário de 103 anos, em setembro de 2008.

- A rabugenta Giuseppina Deidda recebeu alguns convidados especiais quando completou 108 anos, em janeiro de

2008 – o bispo de Alghero Bosa e o famoso geneticista professor Lucca Deiana, que ainda procurava a chave de sua incrível longevidade.

- Na aldeia de Bitti, a família Farre se aproximava do fenômeno mais raro, irmãos centenários. A cega Maria Grazia completou 101 em janeiro de 2008 e seu irmão Giorgio planejava seu aniversário de 98 anos.

- Maria Vacca, em Ovodda, aguardava ansiosa para comemorar seus 105 anos em junho de 2008, cercada por sua imensa família – ainda vivaz e lúcida, ela foi entrevistada pela tevê sarda na ocasião.

- Giovanni Lai, o sapateiro de Ovodda, teve de adiar seu funeral mais uma vez. Ele deu uma grande festa para celebrar seus 101 anos, em 2008.

- Aqueles charutos Toscani finalmente pegaram Antonio Sias, o centenário fumante de Suni. Ele morreu em junho de 2007, logo após completar 101 anos.

- A prima de Antonio, Mariangela Ruggiu, comemorou seu 101º aniversário em fevereiro de 2008, mas, cuidada por sua acompanhante, estava confinada à cama.

- Nas montanhas de Urzulei, Giovanni Mereu chegou aos 104 anos, em fevereiro de 2008.

- Angela Deiana, de Jerzu, infelizmente não chegou aos 102 anos. Ela morreu, ainda sob os cuidados de suas duas filhas solteiras, em dezembro de 2007.

- Antonio Boi, acamado, chegou a completar 101 anos antes de morrer, em fevereiro de 2008.

Clelia Galisai

FONTES

Estas são as principais fontes de informações desta obra:

LIVROS

Brian Appleyard, *How to Live Forever or Die Trying* (Como viver para sempre ou morrer tentando). Londres: Simon and Schuster, 2007.

Giuliano Buggiati, *Food of Sicily and Sardinia and the smaller islands* (Comida da Sicília e Sardenha e ilhas menores). Nova York: Rizzoli International Publications, 2002.

Salvatore Colombo, *Guida Pratica allá Flora e allá Fauna della Sardegna* (Guia Prático da Flora e Fauna da Sardenha). Nuoro: Editrice Archivio Fotográfico Sardo, 2003.

Robert Corder, *The Wine Diet – a complete nutrition and lifestyle plan* (A dieta do vinho: Um plano completo de nutrição e estilo de vida). Sphere, 2006.

Grazia Deledda, *Reeds in the Wind* (Caniços ao vento), traduzido por Martha King. Nova York: Italica Press, 1998.

Daba Facaros e Michael Pauls, *Sardinia* (Sardenha). Londres: Guias Cadogan, 1985.

D. H. Lawrence, *D. H. Lawrence and Italy* (D. H. Lawrence e a Itália). New York: Penguin Books, 1997.

Paolo Prada e Vanda Ricciuti, *The Cooking of the Sardinians: Sweet flavours from harsh earth and sea horizons* (A cozinha dos sardos: Doces sabores da terra agreste e horizontes marinhos). Legenda, s.r.l., Novara, Itália, 1999.

Bradley J. Wilcox, D. Craig Wilcox e Makoto Suzuku, *The Okinawa Program: How the world's longest-lived people achieve everlasting health – and how you can too* (O Programa Okinawa: como o povo mais longevo do mundo conseguiu a saúde eterna – e como você também pode). Nova York: Three Rivers Press, 2002.

NA WEB

AKEA Study in English. Sigam os links a partir de: http://fds.duke.edu/db/aas/PublicPolicy/pparc/staff/grant.manager/grants/4509 e http://72.14.253.104/search?q=cache:_qg89WE0OG8J:paa2005.princeton.edu/download.aspx%3FsubmissionId%3D50431+science+direct+experimental+gerontology+family+clustering+in+sardinia+longevity&hl=en&ct=clnk&cd=1&gl=au

Dados sobre a família real britânica: www.royal.gov.uk

Grupo de Pesquisa de Gerontologia/ estatísticas globais de centenários: www.grg.org

Estatísticas demográficas do governo italiano: www.demo.istat.it

Journal of the American Geriatric Society:
http://www.blackwell-synergy.com/doi/abs/10.1111/j.1532-5415.2006.00774

Calculadores de expectativa de vida: www.livingto100.com

Estudo sobre longevidade da Universidade Adventista do Sétimo Dia de Loma Linda:

www.llu.edu/llu/health/
Estudo de Centenários da Nova Inglaterra:
www.med.harvard.edu/programs/necs/centenarians.htm

Estudo sobre Centenários de Okinawa: http://okicent.org/ evidence.html

Fundação Padre Pio da América: www.padrepio.com

Ponce de Leon: www.fountainofyouthflorida.com e www.enchantedlearning.com/explorers/page/d/deleon/shtml

Shardna Life Sciences: www.shardna.com

Relatório sobre longevidade na Nova Escócia da revista Smithsonian: www.smithsonianmag.com/people-places/10009351.html

Resumo de pesquisa sobre os benefícios de comer peixe da Universidade de Maryland:
www.unm.edu/altmed/articles/omega-e-000316.htm

O Estudo das Freiras: http://64.233.179.104/scholar?hl=en&lr =&q=cache:KMSvL4PM20IJ:www.psych.utah.edu/ e www.mc.uky.edu/nunnet/Abstracts.htm

Vários estudos sobre longevidade de publicações conceituadas através do Centro Nacional para Informações sobre Biotecnologia, Biblioteca Nacional de Medicina e Institutos Nacionais de Saúde: www.pubmed.gov

GLOSSÁRIO DE PALAVRAS ITALIANAS E SARDAS

A *kent'annos* saudação sarda, literalmente "Rumo aos 100 anos", mas significando "Que você viva até os 100"
agriturismo um hotel-fazenda
amaretti biscoitos com sabor de amêndoas
anziani anciãos, pessoas idosas
arugula rúcula
basta chega, pare
bottarga ova seca de tainha cinza
bottinos botas de couro de cano alto, usadas pelos pastores
bue rosso "boi vermelho", uma espécie de gado de corte
buon giorno bom dia, olá
buon/a bom, boa
cacciuccio ensopado de peixe
caffé café
campanilismo orgulho do próprio bairro ou cidade
carabinieri polícia militar italiana
cardone/i alcachofra-brava, ou "aspargos cardos"

carta da musica veja *pane carasau*
casadina tortinha recheada com queijo pecorino e salsinha
casizolu del Montiferru queijo de leite de vaca da região de Santu Lussurgiu
casu marzu "queijo podre", freqüentemente comido com seus vermes
cazzu tipo de queijo feito na Barbagia pela fermentação do conteúdo estomacal de um filhote de cabra recém-amamentado
coccoi pão ornamental com o formato de uma guirlanda de flores
corvina tipo de peixe
culurgiones tipo de ravióli recheado com batatas e hortelã
domus de janas "casas de bruxas", pequenas fendas alongadas esculpidas na rocha, que teriam sido cemitérios dos sardos neolíticos
Elicriso Helichrysum italicum, arbusto de flor amarela encontrado na região da Ogliastra, que teria propriedades medicinais
erba cipolina cebolinha
fa male faz mal para você
fa ritorno voltou
faida inimizade sangrenta entre famílias, vendeta
farre/i ghingiada pãezinhos ocos de forma triangular feitos com farinha grosseira
fico/i d'India "figos-da-índia", a fruta da figueira-da-índia
filu 'e ferru "fio de ferro", a aguardente tradicional caseira da Sardenha
finanza renda
finanzieri polícia da receita
fiore sardo "flor da Sardenha", um queijo artesanal maturado, às vezes defumado, feito de leite de ovelha
fogarizzu uma espécie cara de faca *pattadesa*
fool medames sopa de favas
formaggio Marcio veja *casu marzu*

fregola espécie de cuscuz
frue queijo fresco parecido com coalhada
gelateria sorveteria
gelatto sorvete
genti arrubi "gente rosa", apelido dado pelos sardos aos flamingos cor-de-rosa
giorno dia
giusto justo ou honesto
gnocchi bolinhos feitos de semolina na Sardenha
gola garganta, goela
guanciale queixada de porco curtida na salmoura
il continente o continente – como os sardos chamam o resto da Itália
la bella figura ter boa aparência
latte leite
launedda flauta antiga de três palhetas
luce luz
lumache espécie comestível de caracol, como a variedade francesa *petit gris*
maccarones de busa macarrão oco e tubular
macchia planícies rochosas e cerradas do Mediterrâneo
maestrale veja *mistrale*
male ruim
malloreddus nhoque de semolina, freqüentemente servido com molho de tomate e lingüiça
mamma mãe
mammoni filhinho da mamãe
mandarini mandarinas ou tangerinas
marasma senile termo médico antiquado para uma combinação de velhice e senilidade

mattanza ritual anual de pesca em que atuns são conduzidos para dentro de redes e mortos com arpões antes de serem enlatados

mia minha

mille grazie muito obrigado

mirto licor tinto ou branco destilado de frutilhas vermelhas ou de mirtilo

mistrale forte vento frio

mortadella grande salsicha feita de carnes temperadas

mouflon carneiro com chifres anelados, ancestral sardo do carneiro moderno

nero preto; também uma gíria para vinho tinto

nonna avó, vovó

nuraghe/i torres de pedra do período neolítico, que teriam sido fortalezas, das quais se encontram milhares por toda a Sardenha

occhiata brema listrada

orata brema do mar

*panada*s pequenas tortas recheadas com pedacinhos de carne de porco e berinjela picada

pane pão

pane carasau pão tradicional da Sardenha, assado duas vezes; torradas redondas e crocantes

passata concentrado de tomate

pastorale pastor

pattadesa canivete de alta qualidade da cidade de Pattada

pavesine biscoitos tipo champanhe

pecora in cappotto pedaços de carneiro cozidos com cebolas, cenouras e batatas

pecorino queijo de leite de ovelha

peperoncino pimentão picante

piccolo pequeno
pistizone espécie de macarrão pequeno
pistoccu tipo de pão
poco um pouco
porcheddu leitão assado
porcini cogumelos silvestres, como os *cêpes* franceses
prosciutto presunto cru, curado
prosecco vinho branco frisante da região de Vêneto
provolone queijo macio, às vezes defumado, feito de leite de vaca
pulito limpo
putti criança gorducha com asas, como um querubim
quinque libri os "cinco livros", antigos manuais nos quais os padres das paróquias registravam os nascimentos, mortes, batismos e casamentos
salsa molho para massas, geralmente feito de tomate
salute um brinde à saúde
saraghi espécie de peixe prateado, como a brema
sardo modicana veja *bue rosso*
sardo/i sardo/s
scorfano peixe-escorpião
sebada pastelzinho de sobremesa frito, recheado com queijo e raspa de casca de laranja, servido com açúcar ou mel
siete fuentes aperitivo amargo feito de ervas
succú veja *fregola*
tacchi saltos de sapato
taccula pequeno pássaro parecido com o tordo
tattaliu vísceras de porco ou carneiro empaladas em um espeto, embrulhadas com os intestinos, e assadas
telefonino telefone celular

A ILHA DOS ANCIÃOS

tomba/e di gigante "tumba/s de gigante", espécie de lápides com dois metros de altura em formato de barco que guardam túmulos em forma de chifres de touro
torrone o nugá da Sardenha, feito com nozes e mel
trenino verde trem de bitola estreita, o "trenzinho verde"
vohe cantor principal ou solista em grupo de música folclórica sarda
zia tia
zuppa di pesce sopa de peixe, como a *bouillabaisse* francesa

NOTA DO AUTOR

Uma nota sobre estilo. O sardo não é italiano e não é um único idioma, mas dúzias de línguas e dialetos – não existe algo como a ortografia "correta". Escolhi o uso e a ortografia da região na qual estávamos no momento. Por exemplo, *culurgiones* é a maneira como o prato nacional sardo, o ravióli, é escrito em seu lugar de origem, a província de Campidano, em vez de *culurziones* ou meia dúzia de outras variações. Todos os preços estão em dólares australianos, baseados no câmbio da época da viagem, em 2007: AUD$ 1 = US$ 0,85 = 0,40 libras esterlinas = 0,60 euros.

AGRADECIMENTOS

Assim como Mayu, cujas lúcidas e evocativas fotografias iluminam este livro e foram apresentadas em uma exposição, eu gostaria de agradecer a muitas pessoas que tornaram este projeto possível – especialmente aos centenários e seus parentes, que nos receberam em seus lares e nos deram algumas horas de seus preciosos meses, ou anos, na terra. *Mille grazie* à incansável Simonetta Selloni, do jornal *La Nuova Sardegna*. Sem os seus esforços de muitos meses procurando centenários, marcando entrevistas, traduzindo conversas, quase sempre em dialetos obscuros, e atuando como nossa guia, mentora e amiga, este livro não teria sido possível. Também devo muito a Alice Arpin-Pont, que desempenhou serviços igualmente valiosos para nós em Cagliari e nas vizinhanças. Por sua amizade e hospitalidade, ficamos muito gratos a nossos "senhorios" em Cagliari, Randi Hansen e Chicco Melis. Muitos conselhos regionais foram imensamente úteis providenciando nossa apresentação, mas eu gostaria de destacar o doutor Raffaele Sestu, pela sua gentileza. Seus esforços tornaram nossa estada em Arzana mais bem-sucedida do que poderíamos esperar.

Dos cientistas que entrevistamos, fico muito grato à dedicada doutora Paola Melis, que foi tão instrutiva e generosa com seu tempo. Também devo minha gratidão, por ter emprestado partes do seu belo trabalho sobre a genética dos centenários, ao professor Luca Deiana, da Universidade de Sassari, e ao doutor Mario Pirastu, do Instituto de Genômica Shardna. O professor Arthur Everitt, o grande homem da gerontologia australiana, foi de ajuda imensurável. Também agradeço a minha agente, Margaret Gee, pelo apoio e por sugerir a idéia original; e a Kay Scarlett, da editora Murdoch Books, por seu entusiasmo e estímulo.

Este livro foi impresso pela Prol Editora Gráfica
para a Editora Prumo Ltda.